하나님과 대화하기

Originally published in English under the title

Dialogue With God

by Mark and Patti Virkler

Copyright © 1986 by Mark and Patti Virkler
Published by Bridge-Logos
14260W Newberry Road #409
Newberry, Florida 32669-2765, U.S.A.

All rights reserved.

This Korean edition copyright © 2018 by Kyujang Publishing Company

이 한국어판의 저작권은 Bluth 에이전시를 통하여 Bridge-Logos와 독점 계약한 규장에 있습니다.
신 저작권법에 의하여 한국 내에서 보호를 받는 저작물이므로 무단 전재와 무단 복제를 금합니다.

하나님과 대화하기

마크 & 패티 버클러

규장

● prolog

이제 독백에서
대화하는 기도로

    이것은 하나님의 음성을 탐색해 나아가는 나의 이야기이다. 나는 그리스도인의 삶을 시작한 이후 처음 10년 동안, 그리스도인의 합리적인 삶의 모습을 설정해놓고 그 틀 안에서 열심히 살았다. 성경공부를 통해 발견한 성공적인 그리스도인의 삶을 위한 원칙과 규칙들을 성실히 지키며 살았다. 그러나 나의 기도는 언제나 독백으로 끝날 뿐 침묵을 뚫고 그 이면에 도달하거나 하나님과의 쌍방향대화가 이루어지는 데 이르지 못했다.

    사실 나는 늘 그리스도인들이 하나님의 음성을 들을 수 있어야 한다고 믿었다. 나는 하나님께서 우리를 지속적으로 인도하기를 원하시며 그 방법의 하나가 바로 '세미한' 음성으로 인도하시는 것임을 잘 알고 있었다. 예수님도 "내 양은 내 음성을 들으며"라고 말씀하지 않으셨는가?

    그러나 아무리 노력하고 애써도 내게 말씀하시는 그런 음성은 들을 수가 없었다. 신앙서적들을 수없이 탐독하고, 온갖 세미나에 참석하고, 하나님 말씀을 연구하고, 하나님 음성을 들을 수 있는 사람들을 만나 진지하게 질문했지만 그럴수록 나의 탐색은 헛수고로 끝나고 말았다. 하나님 음성을 마음으로 아는 사람들은 아주 쉽고도 당연하게 그것을 분간하는 것 같아 보였다. 그들은 선천적으로 직관력을 소유하고 있고 또 신비로운 경험에 익숙한 터라 내가 왜 그다지도 단순한 것을 하지 못하여 고생하는지 도무지 이해하지 못했다. 그들은 나를 돕고자 했지만 무슨 말로 도와야 할지 알지 못했다.

주님의 음성을 들을 때 새로운 삶이 열린다

그러나 하나님은 그분의 음성을 알고자 하는 나의 소망, 계속되는 실패와 실망에도 무너지지 않는 내 마음의 진실한 소망을 보셨다. 그리고 점차 나를 올바른 수단으로 인도하시어 하나님 음성을 듣는 데 필요한 것들을 가르쳐주셨다. 그것은 바로 내적 고요함 유지하기, 자연스러움에 파장 맞추기, 환상을 구하기, 기도일지 작성하기 같은 것들이었다.

마침내 하나님의 음성을 분별하는 데 필요한 모든 요소들을 갖추었을 때, 나는 예상했던 것보다 훨씬 더 많은 것을 받았다는 것을 깨달았다. 단지 음성 듣기를 갈망했지만 인격이신 그분을 발견했기 때문이며, 단지 안내를 구했지만 목자를 발견했기 때문이며, 단지 하나님의 뜻을 찾았지만 하나님의 아들과 친밀한 관계를 이룰 수 있었기 때문이다.

나는 주님의 음성을 마음으로 분별할 수 있게 된 후로 예수님과 달콤한 교제를 나누는 삶을 살기 시작했다. 전에는 율법(내가 신약성경에서 추출한 성공적인 그리스도인의 삶을 위한 원칙과 규칙들) 아래 놓여 있었지만 지금은 사랑의 통치를 받고 있고, 전에는 그리스도인으로서 성공적인 삶을 살기 위해 규칙과 원칙들을 지켰지만 지금은 예수님과 인격적으로 달콤한 교제를 나누는 데 전념하고 있다. 지금 나는 매일 주님과 즉각 접촉한다. 그뿐 아니라 나의 인격과 가족과 사역 또한 언제든지 나의 것으로 사용할 수 있는 예수님의 지혜와 자비로움에 의해 모두 바뀌었다. 그렇다. 이제 나의 삶 자체가 완전히 변화되었다. 지금 내 마음은 나를 향한 하나님의 사랑을 깊이 확신하고 있다. 나는 이렇게 날이 갈수록 새로운 사람이 되어가고 있다.

나는 자녀들을 향한 하나님의 깊은 사랑과 자녀들 하나하나와 소통하기를 바라시는 하나님의 크신 소망에 힘입어, 내가 배운 하나님과의 의사소통 기술을 책으로 써서 세상에 내기로 결심했다. 하나님은 그분의 모든 자녀가 하나님과 친밀하고 복된 교제를 나누기를 바라신다. 나는 이러한 하나님의 짐을 기꺼이 나누어서 지고 그동안 깨달은 것들을 다른 사람들에게 나눠주기 시작했고, 하나님의 음성을 듣는 법과 하나님과의 쌍방향 대화에 들어가는 법을 가르치기 시작했다. 그리고 수많은 사람이 기쁜 마음으로 이 새로운 삶의 방식을 받아들이고 있다.

하나님의 친구가 되어 인생의 참 의미를 깨달으라

지금 교회는 하나님의 음성을 듣고 하나님께서 주시는 환상을 보기 시작하고 있다. 애통하며 슬퍼하는 때는 지나갔다! 바야흐로 부흥과 회복의 때가 우리 위에 임하여 있기 때문이다. 회개를 촉구하는 선지자들은 임무를 완수했다. 교회가 지금 자신의 죄와 책임과 주님 나라의 권세를 깨달고 있기 때문이다. 이 세상 나라는 결국 하나님의 나라와 하나님의 아들 그리스도의 나라가 될 것이다. 그리스도께서 우리를 통하여 이 땅에서의 삶의 모든 국면에서 통치하실 것이다.

주님께서 이 책에 기름을 부어주시기를! 이 책을 사용하시어 나와 같은 수많은 사람을 하나님과 양방향의 대화를 나누는 새로운 차원의 신앙으로 데려오시기를 기도한다. 주님께서 당신을 사랑하시어 자녀로 받아주셨다는 사실을 의지하여 당신의 모든 두려움을 떨치고, 당신이 자격 없다는 생각을 버리고, 당신 삶에 기꺼이 변화를 모색하기를 기도한다. 하나님께서 주시는 환상이 당신 심령 안에서 태어나기를, 그래서 당신이 하나님 나라에서 자신의 위치를 깨닫게 되기를 기도한다. 아울러 당신이 친구와 이야기를 나누는 것처럼 하나님과 얼굴을 맞대고 대화를 나누면서 인생의 참 의미를 깨닫게 되기를 기도한다.

contents

프롤로그 · 4

01 하나님의 음성을 듣기 위한 몸부림 · 11
02 자연스러운 흐름에 집중하라 · 49
03 생각과 감정을 잠잠히 가라앉히라 · 75
04 성령 안에서 꿈과 환상을 바라보라 · 95
05 하나님과 나눈 대화를 기록하라 · 147
06 하나님의 임재를 향해 지성소로 · 183
07 하나님의 음성인지 확인하는 방법 · 233
08 기도의 여섯 가지 원칙 · 265
09 기도일지 속에서 말씀하시는 하나님 · 283
10 음성 듣기를 넘어 깊은 사랑으로 · 317

부록 · 342

1

하나님의 음성을
듣기 위한
몸부림

"마크야! 일어나라!"

어디선가 위엄 있는 음성이 들렸다. 나는 깊은 잠에서 벌떡 일어나 침대 위에 바로 앉았다. 그런 음성을 그전에도 이후로도 들어보지 못했지만, 내가 정말로 하나님의 음성을 들었다는 것을 즉시 알아차릴 수 있었다.

"네? 뭐라고요?" 나는 어리둥절하여 말했다.

"일어나라! 내 음성을 듣는 법을 네게 가르쳐주겠다!"

"좋습니다." 나는 피곤한 몸을 다시 누이며 말했다. "계속하세요!"

"어서 일어나라! 너의 사무실로 가라. 오늘밤, 내 음성 듣는 법을 네게 가르칠 것이다!"

마침내 나는 그 순간의 중요성을 깨닫고 즉각 순종했다. 그날 밤, 내가 사는 작은 마을의 예배당 제단 앞에 무릎을 꿇고 있을 때 성령께서 내가 그렇게 오랫동안 갈망하던 귀한 은사를 허락하셨고, 내 남은 생애의 유일한 열정이 될 소명을 향해 나아가게 하셨다. 성령께서는 내가 1년 동안 기도와 하나님의 음성을 듣는 것에 대해 집중적으로 연구하여 배운 모든 것을 하나로 모아, 그 모두가 하박국서 2장 1,2절에 계시된 네 가지 간단한 열쇠와 어떻게 잘 들어맞는지 보여주셨다.

나는 '성경적인 사람'이 되고 싶었다

열다섯 살에 그리스도를 영접한 후 나는 즉각 하나님 말씀을 배우는 데 갈급함을 느꼈고, 이를 내 식으로 표현하면 '성경적인 사람'이 되는 것이었다. 그것은 만족을 모르는 절실한 배고픔이었다. 3년 후, 나는 신학과 철학을 공부하려는 원대한 포부를 안고 로버츠 웨슬리안(Roberts Wesleyan) 대학에 들어갔다.

대학생활은 무척이나 흥미로웠다. 성경을 안팎으로 철저하게 공부할 수 있었기 때문이었다. 시간이 흐르면서 성경적인 사람이 되고자 하는 나의 배고픔은 서서히 채워지기 시작했다. 나는 성경을 여러 번 통독했으며, 성경 각 권의 내용을 요약하고 도표로 만들었고, 청년부 목사로서 주일마다 가르쳤다. 당시에는 성경을 녹음한 카세트테이프가 없어서 아내가 직접 신약성경을 읽으며 녹음을 했고, 나는 일할 때마다 아내가 녹음한 성경테이프를 틀어놓고 들었다.

나는 언제나 '실제적인', '성경적인', '논리적인' 이러한 단어들에 마음이 끌렸다. 보수적인 농촌의 낙농가에서 성장했기 때문에 인생에 대해서도 실제적, 현실적, 실용 위주의 접근방식을 갖게 된 것이었다. 나는 낙농가의 실제적인 삶의 방식, 특히 오랜 시간 수고한 끝에 가시적인 성취를 볼 수 있는 것이 정말 마음에 들었기 때문에 사실 농부가 되려는 마음이 늘 있었다.

그러나 그리스도를 영접하고 매우 보수적인 침례교회에 출석하면서 곧 목회자가 되는 것이 내 평생의 소명이라고 느꼈다. 그러므로 성경을 내 삶의 생생한 실제와 현실로 만들고자 하는 강력한 욕구가 나의 내면에서 일어난 것은 당연한 결과였다. 나는 성경을 공부하고 가르치면서 '하나님의 음성' 혹은 선지자들이 일컫은 대로의 "주의 말씀"이 매우 실제적인 것이며 또 성경의 지속적인 주제가 된다는 것을 깨닫게 되었다. 창세기에서 요한계시록에 이르기까지 남녀를 불문하고 수많은 사람이 그들에게 말씀하시는 하나님의 음성을 들었다는 사실을 주목하면서, 마음속에 하나님의 음성을 듣고 싶은 배고픔이 자라났다. 나도 하나님의 음성을 들을 수 있는 성경적인 사람이 될 수 있다는 것을 깨달으면서, 영적인 사람이 되고 성령의 길을 깨닫고 싶다는 강렬한 욕구가 불타오르기 시작했다.

하나님의 음성을 찾는 갈망

나는 마음으로 하나님 음성을 탐색하기 시작했다. 나는 하나님께서 내 적으로 들을 수 있는 '목소리'로 "안녕, 마크! 나는 하나님이야!"라고 말씀해주시기를 잔뜩 기다렸다. 물론 하나님은 매우 깊은 베이스 톤의 목소리를 갖고 계실 것이다. 어쩌면 하나님께서 그렇게 말씀하실 때 하늘에서 번개가 치며 강한 바람이 불어와 창문을 산산이 부술지도 모른다. 그러면 나는 벌떡 일어나 즉각 순종할 것이고, 하나님께서 무엇을 명하시든지 그대로 실행할 것이다.

그러나 아무 일도 일어나지 않았다. 귀를 기울여 듣고 또 들어도 '하나님 음성'이라 생각할 만한 것은 아무것도 들리지 않았다. 내가 들은 것이라고는 내 생각을 가득 채우고 있는 잡념의 소리들뿐이었다. 나는 그렇게 공상과 몽상 속을 정처 없이 떠돌다가 잠들어버리곤 했다.

너무나 좌절감을 느꼈다! 기도는 아무 효과가 없었고 나는 그 까닭을 이해할 수 없었다. 나는 하나님 말씀을 더 많이 읽으면 하나님 음성을 듣는 데 도움이 될지도 모른다고 생각해서, 앉은 자리에서 성경을 단숨에 끝까지 다 읽은 적도 있다. 그래도 그 조용한 내적 음성은 분별할 수가 없었다.

어느 날은 이사야서 58장에서 올바른 마음으로 금식을 하면 하나님께 부르짖을 수 있을 것이고 그럴 때 하나님께서 대답하실 것이라는 말씀을 읽었다. 하나님은 이사야 선지자를 통해 "네가 부르짖을 때에는 내가 여기 있다 하리라"(사 58:9)고 분명히 말씀하셨다. 예수님의 가르침 또한 금식이 우리의 영적 능력과 권세를 증대시킬 것이라고 암시했다. 그래서 과연 금식이 나를 영적으로 더욱 민감하게 만드는지 확인해보기로 하고는 한 번에 며칠씩, 심지어 몇 주씩 금식을 했다. 그래도 내 마음에서 여전히 음성을 들을 수 없었다.

나는 기독교대학을 졸업할 때 학위증서와 더불어 하나님 음성을 들을 수 있는 능력도 부여되기를 소망하기도 했다. 그러나 대학졸업장을 받은 후에도 정처 없이 방황하는 나의 잡념 외에는 아무것도 들리지 않았다. 하나님 음성을 듣기 위해 아무리 마음의 귀를 기울여도 갈망하던 내적인 음성 같은 것은 들리지 않았다. 영적인 사람들이 무엇이라 말하고 성경이 무엇이라 가르치든, 나는 그런 '음성'을 도무지 들을 수가 없었다.

시간이 흘러 목회를 시작하게 되었다. 나는 목사 안수를 받을 때 그 음성이 나를 찾아오기를 진정으로 소망하고 기도했다. 하나님 음성을 듣지도 못하는 사람이 어떻게 목회자가 될 수 있겠는가? 나 같은 사람이 복음의 은사를 충만하게 받은 교인들의 목회자가 된다면 그보다 더 당혹스러운 일은 없을 것이다. 생각해보라. 어떤 교인은 분명 방언으로 교회에 메시지를 전달할 텐데 아무도 통역할 사람이 없다면 그 메시지를 통역하여 교회의 덕과 질서를 유지하는 것은 그 교회 목회자인 나의 책임이 될 것이다. 그러나 내가 하나님의 음성을 듣지도 못하면서 어찌 방언을 통역할 수 있겠는가? 그럴 때 교인들은 자기들 목회자가 가짜 협잡꾼이라는 것을 금세 알아차릴 것이고 나는 파멸을 면치 못할 것이다. 사랑이 충만하신 하나님은 나에게 그런 일이 일어나기를 바라지 않으실 것이다. 하나님은 나의 안수 예식을 기회로 삼아 그동안의 침묵을 깨고 내 마음에 음성을 들려주실 것이다. "하나님! 꼭 그렇게 해주실 거죠?" 그러나 안수식이 끝나도 여전히 음성은 들리지 않았다. 나는 더욱 낙담했다. 알고 있는 모든 것을 다 시도해보았지만 여전히 하나님의 음성은 들리지 않았다.

하나님은 말씀하시는 분이시다

나는 하나님의 사람들이 정말로 하나님 음성을 들은 것인지 확인하기 위해 다시 성경을 읽기 시작했다. 그건 의심의 여지가 없는 사실이었다. 하나님은 창세기에서 요한계시록까지의 모든 언약에서 하나님의 자녀들에게 명백히 말씀하셨다. 이 진리를 확증하는 수백 개 성경구절 가운데 몇 구절만 소개하면 다음과 같다.

"그들이… 여호와 하나님의 소리를 듣고"(창 3:8).
"여호와께서 아브람에게 이르시되"(창 12:1).
"여호와께서 모세에게 이르시되"(출 4:21).
"여호와께서 아론에게 이르시되"(출 4:27).
"네가 네 하나님 여호와의 말씀을 삼가 듣고"(신 28:1).
"여호와께서… 여호수아에게 말씀하여 이르시되"(수 1:1).
"여호와께서 내게 이르시되"(사 8:1).
"여호와께로부터 예레미야에게 말씀이 임하니라 이르시되"(렘 7:1).
"여호와의 말씀이… 에스겔에게 특별히 임하고"(겔 1:3).

"내가 아무것도 스스로 할 수 없노라 듣는 대로 심판하노니"(요 5:30).

"성령이 내게 명하사"(행 11:12).

"성령이 아시아에서 말씀을 전하지 못하게 하시거늘"(행 16:6).

"너희는 삼가 말씀하신 이를 거역하지 말라"(히 12:25).

"주의 날에 내가 성령에 감동되어 내 뒤에서 나는 나팔 소리 같은 큰 음성을 들으니 이르되"(계 1:10,11).

나는 이 은혜의 시대, 특히 나처럼 하나님의 음성 듣기를 깊이 갈망하는 사람들이 많은 이때에 하나님께서 사람들에게 말씀하시기를 중단하셨다는 주장을 받아들일 수가 없었다. 그러한 갈망을 우리 마음에 심어주신 분이 바로 하나님이기 때문이다.

하나님의 음성을 듣는 사람들과의 만남

그때쯤 하나님께서 우리 교회 장로 한 사람이 내 인생에 들어오게 은혜로 허락하셨다. 그는 하나님의 음성을 분명히 듣고 아름다운 예언의 말로 전할 수 있는 사람이었다. 그가 하나님께 받은 말들을 얼마나 정결하고 정확하게 강력한 능력으로 전하는지 나는 그저 탄복했다. 그래서 대체 어떻게 하면 하나님 음성을 들을 수 있는지 그에게 물어보기로 하고, 그에게서 내 인생에 마침내 양방향의 기도로 향하는 문을 활짝 열어줄 단서들을 얻을 수 있으리라 기대했다.

나는 그에게서 가능한 모든 지침과 깨달음을 끌어내려 무진 노력했고 그 역시도 자신이 체험한 것들을 참을성 있게 알려주었다. 그러나 그의 조언과 나의 노력은 아무 결과도 낳지 못했다. 마침내 나는 그가 선천적으로 직관력을 소유한 사람이라서 하나님 음성을 듣는 것이 매우 쉬웠을 뿐이라는 결론을 내릴 수밖에 없었다.

사실 나는 직관적인 흐름의 자연스러움을 지나치게 분석적으로 이해하려는 성향이 있었다. 내게 '영적인 세계'란 상세한 지침들이 기록된 지도를 따라감으로써만 발견할 수 있는 어떤 것이었다. 그러나 그는 많은 이들이 이미 말했던 것을 말해줄 뿐이었다. "목사님은 자신이 답을 알고 있다는 것을 알고 계십니다!" 대체 이러한 설명을 들어본 적이 있는가? 어떤 것에 대해 아무것도 모르는 사람에게 "당신은 알고 있어요!"라고 말하는 것은 그 사람에게 아무 도움도 되지 않는다. 결국 나는 훨씬 더 좌절한 채로 돌아섰고, 사람의 조언을 구하는 것을 거의 단념했다.

나는 그렇게 완전히 절망한 상태에서 내가 생각해낼 수 있는 이유 가운데 유일하게 남은 것 하나를 조사하기 시작했다. 그것은 바로 내가 정말로 구원을 받았는지 짐검하는 것이있다. 내가 구원받았음을 확신하는 데에는 그다지 수고스러운 노력이 필요하지 않았다. 나는 분명히 오래 전에 죄를 자복하며 회개했다. 오래 전에 그리스도의 초대에 응하여 그분을 내 인생의 주님과 구세주로 영접했다. 교회의 장로님들은 내가 성령을 받도록 안수해주었고 목사님은 물세례를 베풀어주었다. 나는 성경을 오류가 없는 하나님 말씀으로 믿고 있으며 복음주의 신학의 모든 진리를 굳게 붙잡고 있다.

그렇다. 내가 구원받았다는 것은 분명했다. 그러면 대체 무엇이 문제였을까? 어쩌면 내가 하나님의 음성을 들으려고 무리하면서 그 문제에 대해 지나치게 현실적으로 접근하고 있었는지도 모른다. 어쩌면 내가 기독교에서 너무 많은 것을 기대하고 있었는지도 모른다. 어쩌면 나 역시 대부분의 그리스도인들처럼 현재 상태에 만족하며 지내야 했는지도 모른다. 어쨌든 나는 성경을 갖고 있고, 그렇다면 굳이 내적으로 하나님의 음성을 들어야 할 필요가 없는 것 아닌가?

나는 완전히 지쳐서 어찌할 바를 몰랐다. 알고 있는 모든 것을 시도했지만 아무 결과도 나타나지 않았다. 마음의 귀를 활짝 열고 최대한 주의를 기울여 들었지만 마음에서 내적인 음성 같은 것은 들리지 않았다. 그것은 거기에 있지 않았다! 나는 나 자신을 속이고 싶지도 않았고 마음으로 하나님 음성을 들을 수 있는 것처럼 가장할 의향도 없었다. 내 마음에서 하나님 음성이 들리지 않는다면 내 마음에는 하나님 음성이 없는 것이다. 그것은 부정할 수 없는 사실이었다.

하나님의 음성에 관한 놀라운 정의

얼마 후, 전국적으로 유명하고 내가 평소 깊이 존경하던 성경교사 한 분이 우리 교회에서 말씀을 전하셨다. 예배가 끝난 뒤 이런저런 질문을 쏟으며 그에게 물었다가 그의 대답에 깜짝 놀라고 말았다.

"목사님은 하나님의 내적인 음성을 어떻게 들으십니까?"

"많은 사람들이 '하나님의 음성'이라 일컫는 것이 따지고 보면 순전히 영적인 생각이 비밀스럽게 울려나오는 것에 불과해요."

말인즉슨 하나님의 음성이라는 것은 없다는 것이다! 솔직히 그의 말을 액면 그대로 믿고 싶었다. 존재하지도 않는 것을 가지지 못한 것이 내 인생의 약점이 되지는 않을 테니 말이다. 그렇지 않은가? 그러나 그때 하나님께 받은 말씀을 아름다운 예언으로 전하는 우리 교회 장로님이 생각났고 또 하나님께 받은 말씀을 솔직 담백하게 전하는 많은 사람들을 목격했던 것이 떠올랐다. 마침내 나는, 내 마음의 절실한 배고픔은 전능하신 하나님과의 온전한 쌍방향 교제가 아닌 다른 어떤 것으로도 채워질 수 없는 배고픔이라는 것을 알았다.

그러나 사실 하나님은 나의 간절한 배고픔과 번번이 실패로 끝나는 탐색을 통해 한 번에 한 걸음씩 나를 앞으로 이끌고 계셨다. 하나님은 우리가 의식하지 못할 때에도 전능하신 손으로 인도하신다. 하나님께 감사하라! 그 걸음은 주목할 만한 것들도 아니었고, 언뜻 보기에 별로 중요하지도 않았고, 그저 행운의 결과처럼 느껴졌지만 나중에 돌아다보았을 때 하나님의 손이 어떻게 움직이며 나를 도우셨는지 분명히 알 수 있었다. 하나님은 나의 모든 실패와 좌절과 혼란을 통해 모든 것이 내게 유익이 되게끔 늘 역사하고 계셨다.

하박국서의 네 가지 열쇠

이 문제에 관한 하나님의 계시는 매우 조용히 찾아왔다. 아내와 함께 근처 마을에서 열리는 옥외집회에 참석했다가, 예배가 끝난 뒤에 신앙 서적들을 진열해놓은 가판대를 돌며 책들을 훑어보았다. 마이클 스캔랜(Michael Scanlan)이 저술한 내적 치유에 관한 책이 눈길을 끌었다. 당시만 해도 아주 새로운 분야였고 나 역시 그것에 대해 아는 바가 전혀 없었기 때문이었다. 그 책을 구입해 읽으며 많은 감명을 받았다. 내가 아는 사람들 중에 마음에 깊은 상처를 갖고 있으면서도 상담의 도움을 받은 적이 없는 이들이 많았는데, 그 책을 읽는 내내 그들이 떠올랐고 그들에게 답이 되겠다는 생각이 들었다.

얼마 후에 아내와 나는 파더스 데니스와 매튜 린이 주도하는 내적 치유에 관한 수련회에 참석했다. 거기서 신학적인 문제들을 논의하며 대부분의 시간을 보냈지만, 하나님은 그 수련회를 통해 그리스도인의 삶에 꿈과 환상이 필요하다는 확신을 내게 심어주셨다.

그다음 몇 개월간은 기도에 관한 모든 것을 연구하는 데 몰두했다. 거의 1년 동안에 25권의 책을 읽었고, 성경에서 기도에 관한 구절들을 꼼꼼히 기록하면서 다양한 기도 방법을 실험했다. 그리고 그 해가 저물 무렵, 이번 장 초두에 잠깐 언급한 것처럼 하나님께서 내 귀로 생생하게 들을 수 있는 음성을 발하시어 깊이 잠든 나를 깨우시는 사건이 발생한 것이었다.

그날 밤 하나님은 내게 하박국서 2장 1,2절을 펼쳐주셨다. 하나님의 음성을 듣기 위해 하나님 앞에 나아갈 때 하박국 선지자가 무엇을 했는지 기술한 대목이었다. 하나님은 그 구절에서 내게 혁명과도 같은 열쇠 네 가지를 보여주셨다. 이전에 누가 그 구절을 본문으로 설교하거나 가르치는 것을 본 적도 없고 들어본 적도 없었기 때문에 사실 그 구절들은 다소 생소했다.

여기서는 일단 그 열쇠들을 간략히 소개하고, 다음 몇 장(章)을 할애하여 네 가지 열쇠 각각을 탐구하면서 그것들을 어떤 식으로 전개하여 당신의 기도생활에 적용할지 살펴보기로 하겠다.

내가 내 파수하는 곳에 서며… 그가 내게 무엇이라 말씀하실는지 기다리고 바라보며… 여호와께서 내게 대답하여 이르시되 너는 이 묵시를 기록하여… 합 2:1,2

첫째 열쇠 : 자연스러운 생각의 흐름 주목하기

하박국 선지자가 주님의 음성을 마음으로 분별할 수 있었다는 점은 명백하다. "여호와께서 내게 대답하여 이르시되"라고 말하고 있을 뿐 아니라 하나님께서 말씀하신 것을 하박국서 전반에 기록했기 때문이다. 하박국 선지자는 하나님의 음성이 무엇인지 잘 아는 사람이었다.

하나님의 음성을 듣기 위한 첫 번째 열쇠는 우리 마음에서 말씀하시는 하나님의 음성이 무엇처럼 들리는지 배우는 것이다. 나는 우리 마음에서 말씀하시는 하나님의 음성이 하나의 뚜렷한 내적인 '목소리'가 아니라 '자연발생적인 생각의 흐름'처럼 들린다는 것을 깨달았다.

물론 하나님은 은혜롭게도 어느 날 밤에 내 귀로 똑똑히 들을 수 있는 목소리로 말씀하셨다. 그러나 그것이 표준인 것은 결코 아니다. 사실 그 사건은 내가 지나치게 어리석고 우둔하여 다른 방법으로는 하나님의 메시지를 접수할 수가 없었다는 것을 지적하는 의미가 더 크다. 나는 다메섹으로 가던 바울처럼 머리를 한 대 맞아야만 하나님께서 말씀하시는 것을 들을 수 있는 그런 사람이었다.

하나님은 필요한 경우에 특별한 조치를 취하실 것이다. 그러나 하나님은, 하나님께서 우리 마음에서 '자연스러운 생각으로' 말씀하시는 것을 우리가 분별하도록 배우기를 바라신다. 이에 대하여는 뒤에서 한 장 전체를 할애하여 설명할 것이고, 성경과 나의 체험을 들어 입증할 것이고, 이 진리가 우리 삶에 끼치는 영향에 대해 논할 것이다.

둘째 열쇠 : 잔잔하게 가라앉히기

하박국서에서 발견할 수 있는 두 번째 열쇠는 "내가 내 파수하는 곳에 서며"라는 구절 안에 있다. 하박국 선지자는 자신의 내면에서 일어나는 하나님의 자연스러운 움직임을 감지하기 위해 조용한 장소에 가서 생각과 감정을 고요하게 가라앉히는 법을 알고 있었다. 사실 자신을 차분하게 가라앉혀야 한다는 것은 누구나 다 알지만, 말처럼 쉽지가 않다. 그러나 성경에는 우리 마음 안에서 활동적으로 움직이는 하나님의 영의 흐름을 감지하기 위해 하나님 앞에서 우리 마음과 생각을 신속하게 가라앉힐 수 있게 도와주는 성경적인 방법이 매우 많다.

셋째 열쇠 : 바라보기

세 번째 열쇠는 "그가 내게 무엇이라 말씀하실는지 기다리고 바라보며"라는 구절 안에 있다. 하박국 선지자는 왜 "그가 내게 무엇이라 말씀하실는지 경청할 것이다"라고 말하지 않고 이런 식으로 말했을까? 하나님께서 무엇이라 말씀하실지 '바라보겠다'고 말하는 것보다 '들어보겠다'고 말하는 것이 더 사리에 맞지 않을까?

하나님은 기도에서 꿈과 환상이 차지하는 위치에 관해 완전히 새로운 계시를 열어주셔서(적어도 내 마음에) 나의 의문에 답을 해주셨다. 나는 기도하면서 환상을 구하는 것을 한 번도 생각해보지 않았다. 마음의 눈을 하나님께 향하며 하나님의 환상으로 채워달라고 구하는 것이나, 하나님께서 내게 보여주기를 원하시는 것들을 살펴보는 것에 대해 단 한 번도 고려해본 적이 없다.

그러나 성경을 깊이 읽을수록 꿈과 환상이 모든 선지자의 기도생활에서 통상적인 일부였다는 것을 깨닫게 되었다. 이에 대하여도 뒤에서 성경의 근거를 들어 설명할 것이며, 실제로 꿈과 환상이 기도에서 어떤 작용을 하는지 신중히 살필 것이다.

넷째 열쇠 : 기록하기

네 번째 열쇠는 "너는 이 묵시를 기록하여"라는 문구에서 발견된다. 하나님과 나눈 대화를 글로 기록하다니 얼마나 놀라운 생각인가! 나는 하박국서 전체가 자신의 기도 내용과 하나님께 받은 응답을 기록한 사람의 이야기이며, 하박국 선지자에게 그것을 기록하라고 명하신 분이 바로 하나님이라는 것을 곧 알게 되었다.

나는 하나님과 나눈 대화를 기록하는 것의 가치를 역설하는 설교를 한 번도 들어본 적이 없었고, 나의 기도내용과 그것에 대한 하나님의 대답을 기록하겠다는 생각 자체도 해본 적이 없었다. 그러나 성경을 읽으면서 이러한 과정을 '기도일지 작성'이라 일컫게 되었고, 성경에서 그 근거를 찾는 중에 성경 한두 구절이 아니라 수백 장(章)이 이러한 과정을 보여주고 있다는 것을 발견했다. 시편과 선지서들, 요한계시록 전체가 바로 그러한 예다.

나는 교회들이 단지 성경 몇 구절에 근거한 교리를 논하는 데는 많은 시간을 허비하면서도 성경이 명백하게 명령하고 성경의 수백 장(章)이 입증하는 가르침은 태만히 하고 있다는 것을 생각할 때마다 놀라게 되고, 우리가 균형을 잃고 있다는 생각을 종종 하곤 한다. 5장에서 이 '기도일지' 작성에 대해 논하고, 성경을 토대로 그 전체적인 과정을 살피며, 그것이 하나님의 음성을 들을 수 있게 엄청난 도움을 준다는 것을 입증해 보이고, 또한 그것이 실제적으로 어떻게 작용하는지 기술할 것이다.

안전장치

본격적으로 논의를 전개하기 전에 '성령의 감동'의 세계를 향해 나아가는 이 여정을 위해 안전장치를 언급할 필요가 있다.

전능하신 하나님의 음성을 듣는 것에 대해 말할 때, 사람들은 혹시 사탄의 음성이나 자기 생각과 혼동할까봐 두려워한다. 그런 일이 생겨서 잘못된 음성을 따라 행동했다가 삶이 엉망이 될 것을 염려한다. 그래서 단순히 성경의 율법 지키며 살기, 하나님께 직접 듣는 가능성 무시하기 등 영적인 삶을 전혀 구하지 않는 것을 최선의 해결책으로 여길 때가 너무나 많다.

그것이 하나의 대안인 것은 분명하며 많은 사람이 그러한 길을 따라 살고 있지만, 그것은 예수께서 우리에게 약속하신 풍성한 삶의 길이 아니라는 점 또한 명백하다. 그 대신 하나님께서 성경 말씀 안에서 우리에게 주신 몇 가지 안전장치를 준수하면 예수님이 사셨던 것처럼 살 수 있으며 영적인 면에서나 물질적인 면에서 아버지의 돌보심 안에서 안전하고 확실하게 보호받을 수 있을 것이다.

성경

영적인 여정에서 우리에게 절대적으로 필요한 안전장치는 무엇보다도 하나님의 말씀일 것이다. 튼튼한 성경 지식은 수많은 오류와 고통에서 벗어나게 해줄 수 있다. 내가 가르치는 성경학교에서는 모든 교사에게 일정 수준의 성경 지식을 요구하며 그 수준에 미달하는 사람들에게는 하나님의 음성을 듣는 것에 관하여 가르칠 자격을 부여하지 않는다. 나는 다른 교회에서 가르칠 때에도 하나님의 음성을 듣는 것에 관한 특별 강좌를 듣는 모든 교인에게 최소한 신약성경을 일독(一讀)하고 구약성경도 지속적으로 읽을 것을 권한다.

그렇다고 하나님께서 성경을 한 번도 읽어보지 않은 새 신자들에게 절대 말씀하지 않으신다는 것은 아니다. 하나님은 물론 그들에게도 말씀하신다. 그러나 그들이 열렬한 기도와 집중적인 성경공부를 서로 연결하지 않고 또 영적인 조언자와 관계를 쌓지 않는다면 분명 속히 위험에 빠져들 것이다.

성경은 두 가지 기본적인 방법으로 우리를 보호한다.

첫째, 하나님께 받았다고 여겨지는 모든 계시는 하나님의 기록된 말씀에 비추어 검사해야 한다. 만일 당신이 받은 계시가 성경 말씀의 문자 자체나 그 의미에 위배된다면 즉시 거부해야 마땅하다. 성경의 진리를 떠난 자신의 생각을 합리화하거나 억지를 부리거나 설명하는 것은 용납될 수 없다. 해석하기 까다로운 성경구절을 자기 마음대로 이상하게 해석해서는 안 된다. 하나님의 기록된 말씀은 영원히 타당한 진리이다. 그러므로 당신이 하나님께 받았다고 여겨지는 계시가 진정 하나님으로부터 나온 것이라면 기록된 성경 말씀 문자 자체나 그 의미와 정확히 일치할 것이다.

둘째, 하나님께서 주시는 계시는, 그것이 무엇이든지, 성경 말씀 위에 세워져 있다는 것을 깨달아야 한다. 하나님은 여호수아에게 하나님의 율법을 주야로 묵상하고 지키면 형통하리라고 말씀하셨다(수 1:8). 하나님의 말씀이 내 마음을 가득 채우고 있으면 성령께서 특정한 상황에서 나에게 가장 필요한 구절이나 원칙이나 이야기들을 콕 집어서 내게 보여주실 것이다. 내 마음이 하나님 말씀으로 가득할 때, 무슨 일을 만나든지 하나님을 의지하기만 하면 성경의 조명을 받은 말씀의 자연스러운 흐름이 내 생각이 줄 수 있는 것보다 훨씬 더 큰 지혜와 통찰을 가져다줄 것이다.

그리스도의 몸 된 공동체

온갖 오류와 영적인 해악에서 지켜주는 두 번째 안전장치는 기꺼이 배우러는 겸손한 정신이다. 하나님의 음성을 들을 수 있다고 주장하는 많은 사람이 너무나 자주 교만과 독단이라는 위험에 빠져 "하나님께서 내게 말씀하셨다니까 무슨 군소리가 많아!"라는 태도를 취한다.

그러나 하나님은 교만한 자를 물리치시고 겸손한 자에게 은혜를 주신다(약 4:6). 교만한 마음을 가진 사람들은 결국 스스로를 기만하는 오류에 빠지게 된다. 하나님께 받았다고 여겨지는 모든 계시는 검증받아야 한다. 안하무인으로 뻐기고 잘난 체하라고 하나님께서 우리에게 음성을 들려주시는 것이 아니다. 오히려 우리는 가장 온유하고 겸손한 사람으로 사람들에게 알려져야 한다.

우리는 그리스도의 몸을 이루는 지체로서 그리스도의 몸의 지엽적인 표현이라는 것을 명심하라. 예수님의 온전한 계시는 개인으로서의 우리 안에 거하는 것이 아니라 우리가 오직 하나의 몸으로서 함께할 때에만 우리 안에 거한다. 따라서 인생의 영적인 차원을 탐사하기 원하는 사람은 누구든지 자신이 존경하는 영적인 조언자와 지속적인 관계를 유지해야 한다.

혼자 걸으려고 애쓰면 살아남을 수 없다. 그리고 주님께 구하기만 하면 어떤 사람과 책임 있는 관계를 형성하며 영적인 여정을 걸어야 할지 가르쳐주실 것이다. 잠언 11장 14절은 "지략이 없으면 백성이 망하여도 지략이 많으면 평안을 누리느니라"라고 말한다. 이 말씀이 당신의 영적 삶을 위한 강력한 방책이 될 것이다. 영적 조언자 개념에 대해서는 뒤에서 상세히 논할 것이다.

겸허함

하나님은 오직 우리에게 권위와 책임을 주신 영역에 관해서만 계시를 주신다. 아내들은 통상적으로 가정이나 그녀의 바깥일을 위한 계시를 받을 것이고, 남편들은 가족이나 사업 경영을 위한 지혜를 받을 것이며, 목회자들은 하나님께서 책임을 맡겨주신 교회를 위한 계시를 받을 것이다. 이는 당신이 어떤 분야에서 영향을 끼치도록 하나님께 허락 받았을 때, 그 영향력을 지혜롭게 행사하도록 하나님께서 계시를 허락하신다는 뜻이다. 따라서 책임과 영향력을 행사할 수 있는 분야에 한정해서 계시를 기대해야 한다.

그러니 책임도 질 수 없고 영향도 끼칠 수 없는 분야에 관한 계시를 구하는 자만에 빠지지 말라! 당신이 회사 상사나 사장이나 목회자에게 그들의 가까운 친구나 영적 조언자로서 책임을 지니고 있지 않다면, 그들을 위한 계시를 구하는 오만에 빠지지 말라. 하나님은 오직 당신이 권위와 책임을 행사하도록 정해주신 영역에만 계시를 주신다.

열매

우리가 받는 모든 계시가 우리를 더욱 온전하게 만들고, 하나님을 더욱 사랑하는 능력과 하나님을 더욱 완벽하게 전하는 힘을 준다는 점을 명심하라. 따라서 하나님과 대화를 나누려는 당신의 진지한 시도가 이상하게 파괴적인 결과를 가져온다면 그러한 시도를 즉각 중단하고 당신의 영적 조언자를 찾아가야 한다.

어쩌면 당신은 이러한 경고에 덜컥 겁을 먹고 그러한 위험을 감수하느니 차라리 영적인 세계를 완전히 무시하고 그냥 이전처럼 살겠다는 유혹을 받을지 모른다. 이 모든 것을 혼자서 잘 해낼 수 있다고 생각하는 사람들, "오직 예수님과 나"라는 태도를 가진 사람들만이 그런 걱정을 할 것이다.

내가 언급한 안전장치들을 충실하게 적용하고 진심으로 하나님의 음성을 구한다면 성령 안에 있는 삶을 향해 확신을 갖고 나아갈 수 있을 것이다.

안전장치를 점검하고 든든히 세워라

당신이 이 책을 계속 읽어나가기 전에 강력히 권면한다. 당신의 삶을 신중히 살펴, 위에서 말한 안전장치들이 튼튼하게 서 있는지 점검하라. 만일 그렇지 않다면 부디 이 책을 내려놓고 당신 삶에 그러한 방어책들을 세우는 시간을 갖기를 진심으로 바란다.

주님의 계시는 주님 앞에서 의롭게 걷는 사람들에게는 말로 다 할 수 없는 축복이 되겠지만 어리석은 사람들에게는 사탄의 유혹으로 향하는 열린 문이 될 수도 있다. 자기 주변에 하나님의 안전장치를 튼튼하게 세운 그리스도인은 사탄의 기망(欺罔)을 결코 두려워할 필요가 없겠지만 우리 모두는 "우는 사자같이 두루 다니며 삼킬 자를 찾는"(벧전 5:8) 원수 마귀를 경계하는 일을 게을리하지 말아야 할 것이다.

내가 하나님의 음성을 듣는 법을 배우기 위해 좌절과 낙심을 거듭하며 보낸 많은 시간들은 실로 값진 열매를 맺었다. 나는 자연스러운 생각의 흐름으로 내게 말씀하시는 하나님의 음성을 경청하려면 마음을 잔잔하게 가라앉혀야 하고, 하나님께서 내 안에 주시는 꿈과 환상의 흐름을 보려면 마음을 활짝 열어야 하며, 무엇보다도 전능하신 하나님과 대화 나눈 것을 기도일지에 기록해야 한다는 것을 배웠다.

나는 하나님께 계시를 받을 때마다 먼저 안전장치들이 내 삶에서 제대로 기능하고 있는지 확인했다. 나는 하나님 말씀을 열심히 읽어 잘 알고 있었다. 나는 하나님께 무슨 계시를 받든지 기꺼이 성경 말씀 문자 자체와 그 말씀의 의미에 비추어 검사했다. 나는 그리스도의 몸의 지체가 된 다른 그리스도인들, 특히 하나님께서 나의 영적 조언자로 지정해주신 사람과 관계를 맺으며 기꺼이 걸었다. 나는 하나님께 받은 모든 계시가 과연 나를 더욱 온전하게 하는지, 하나님을 더욱 사랑하는 능력을 주는지, 하나님을 더욱 완벽하게 전하는 힘을 주는지 확인했다. 그렇게 나는 인생 최대의 모험을 위한 준비를 갖추었다.

하나님은 자녀들과 교통하기를 깊이 갈망하신다

왜 하나님은 나를 진작 포기하지 않으셨을까? 왜 나를 한 걸음씩 인도하여 하나님의 음성을 알게 하셨을까? 왜 나는 하나님의 음성 듣기를 그렇게 필사적으로 갈망했을까? 과거와 현재를 막론하고 거의 모든 그리스도인이 보편적으로 하나님의 음성 듣기를 열망한 까닭은 무엇일까?

역사를 통해 수많은 남자와 여자들이 하나님의 음성 듣기를 필사적으로 갈망하여 자기 삶에서 세상의 다른 모든 위안거리와 쾌락을 제거했다. 그들은 하나님과 그들 사이에 아무것도 껴들지 못하도록 세상의 좋은 것들을 포기하고 가장 단순한 삶을 살았다. 그들 가운데는 자신들이 듣는 유일한 음성이 하나님의 음성이기를 바라며 침묵의 서약을 하는 이들도 적지 않았다. 역사의 숱한 경건한 성도들이 하나님의 음성을 듣기 위해 그렇게 열중한 까닭이 무엇일까? 내가 그다지도 열중한 까닭이 무엇일까?

대답은 간단하다. 하나님의 자녀들과 교통하는 것이 하나님 마음의 가장 깊은 소망이기 때문이다. 하나님 마음의 소망은 태초부터 지금까지 동일하게 남아 있다. 하나님은 우리를 부드럽게 그러나 집요하게 부르고 계시고, 심지어는 우리가 하나님 없는 삶의 불만족을 경험하여 하나님을 간절히 찾도록 하기도 하신다. 우리 마음과 영이 어지럽고 혼란스러워도 내면에서 특별한 관계를 향한 깊은 갈망, 곧 우리 마음을 만족시킬 특별한 사랑을 향한 갈망이 이는 것을 느낀다.

에덴에서의 교제

> 하나님이 아담을 부르시며 그에게 이르시되 네가 어디 있느냐 창 3:9

우리는 이 말씀을 읽을 때 인간과 하나님의 교제가 끊어진 그 비극적인 날을 상기하게 된다. 그렇다면 그날 이전에는 어땠을까? 아버지께서 날마다 선선한 때에 에덴동산에 오시어 사랑하시는 남자와 여자와 함께 거닐지 않으셨을까? 하나님께서 얼마나 자주 "아담아, 아담아!" 부르시고, 아담은 기쁜 표정을 지으며 "네, 주님!"이라고 대답했을까?

하나님과 아담과 하와가 손을 맞잡고 꽃이 만발한 동산을 거닐고, 때로 멈추어 과즙 풍부한 열매를 따 먹는 것이 보이는가? 분명 아담은 복숭아나무 가지를 친 것이며 딸기 씨앗을 뿌린 것이며 그날 한 일들을 하나님께 낱낱이 아뢰었을 것이고 하나님은 그런 아담을 기특하게 여기며 들으셨을 것이다. 하와는 원숭이들이 재주를 부린 것이며 다람쥐들이 원숭이들을 약 올린 일이며 자신의 동물 친구들에 대해 하나님께 이야기했을 것이다. 그렇게 그들은 하와가 말로 묘사하는 그림을 연상하면서 한바탕 웃었을 것이다. 뉘엿뉘엿 석양이 질 무렵이면 다양한 색깔로 눈부시게 물든 하늘을 바라보면서, 혼자가 아니라 셋이 함께 있기 때문에 더욱 기뻐하면서 부드러운 침묵으로 빠져들었을 것이다.

이것이 하나님과 교제하는 것이다. 이것이 바로 하나님께서 우리를 창조하시어 누리게 하신 그것, 하나님과 사랑을 나누는 것이다. 아버지께서는 우리가 삶의 모든 것을 갖고 아버지께 나아오기를 원하시며, 우리가 아버지와 함께 웃음을 나누고 아버지께서 창조하신 세상에서 느끼는 기쁨을 나누기를 바라신다. 아버지께서는 우리의 가장 친한 친구가 되고 동료가 되고 연인이 되기를 바라신다.

그럴진대 우리가 일부러 시간을 내어 일상의 수고에서 물러나 아버지와 대화하는 일에 전념할 때 아버지께서 얼마나 기뻐하실까? 아버지께서 우리를 창조하신 것이 바로 그것을 위해서였다. 아버지께서는 그 무한하신 사랑을 나누어줄 누군가를 갈망하신다. 아버지는 사랑이시다. 그리고 노랫말에도 있는 것처럼 사랑이란 '주어야만 사랑이 되는 것'이다. 아버지께서는 우리가 아버지께 나아오기를 바라신다. 이유는 하나, 그 무한하신 사랑을 우리에게 주고 싶으시기 때문이다. 그것이 아버지 마음의 깊은 소망이기 때문이다.

나는 꽤나 오랫동안, 서늘한 때에 동산을 한가로이 거니는 것을 시간 낭비로 여겨왔다. 그것이 생산적이지 못하다고 생각했기 때문에 그런 불필요한 여분의 행위에 쏟을 시간이 없었다. 그러나 하나님은 한가로이 동산을 거닐며 하나님과 사랑을 나누는 것이 불필요한 여분의 행위가 아니라 그분께서 창조하신 목적의 절정이라는 것을 사랑으로 부드럽게 가르쳐 주기 시작하셨다. 하나님께서 우리에게 바라시는 것이 바로 그것이다. 그것이 바로 하나님의 창조와 우리 인생의 목적이다.

하나님은 나와 사랑을 나누는 궁극적인 목적을 위해 나를 창조하셨다. 하나님은 내가 하나님께 받은 사랑을 그분께 돌려드릴 수 있도록, 나를 창조하실 때 사랑할 수 있는 능력을 부여하셨다.

하지만 나는 밀치락달치락하는 인생의 소동 어딘가에서 이 중요한 사실을 망각했고, 하나님을 위해 무엇인가를 이루어내는 것을 하나님과 사랑을 나누는 것보다 더 중요하게 여겼다. 그러나 하나님은 내게 창조를 상기시키시면서 일을 우상처럼 숭배한 것을 회개하라고 촉구하시고 사랑을 다시 무대 중앙에 올려놓으라고 요구하셨다. 그래서 나는 하나님 말씀을 듣고 순종했다. 나는 회개했고 치유를 받았다.

하나님의 음성을 거부한 백성들

하나님은 그 옛날 에덴에서 아담과 하와와 나누던 친밀한 교제를 회복하기를 바라셨다. 그분은 이스라엘 백성과 언약을 맺어 하나님은 그들의 하나님이 되고 그들은 하나님의 백성이 되리라고 약속하셨으며, 시내산에서 그들에게 음성을 들려주셨다. 하나님은 그분의 자녀들과 대화하기를 갈망하셨다. 하나님께서 그들을 창조하신 목적 자체가 바로 그들과 교제를 나누기 위함이 아닌가?

모세는 그때 어떤 일이 일어났는지 신명기 5장 22-31절에서 묘사했다. 하나님께서 시내산에서 이스라엘 백성들을 향해 음성을 발하셨는데 그 음성이 불 가운데서 나왔다. 불은 씻음과 정화를 나타내는 성경의 전형적인 상징이다. 하지만 이스라엘 백성은 하나님께서 내미신 사랑과 친교의 손을 꼭 붙잡고 그에 따르는 씻음의 과정을 감내하는 대신 다른 해결책을 택했다.

그들은 모세에게 "당신은 가까이 나아가서 우리 하나님 여호와께서 하시는 말씀을 다 듣고 우리 하나님 여호와께서 당신에게 이르시는 것을 다 우리에게 전하소서 우리가 듣고 행하겠나이다"(신 5:27)라고 말했다. 그들은 모세처럼 하나님과 얼굴을 맞대고 교제하는 것을 누리는 대신 억지로 지켜야 할 율법 목록을 받는 것에 만족했다(신 5:31).

하나님은 하나님과 친밀한 관계를 맺으며 사는 것을 받아들일 것인지 아니면 율법 목록을 따라 사는 것을 받아들일 것인지 내 마음속 깊이 감동을 주셨다. 나는 신약의 율법(그리스도교 신앙의 규칙과 원칙들)을 따라 살려고 무척 노력해보았기 때문에, 율법의 결국은 사망이라는 성경의 진리에 동의하지 않을 수 없었다. 아무리 좋은 율법이라도 그것을 지키려고 애쓰다 보면 결국 죄책감, 정죄, 의기소침, 낙담, 무거운 마음 등 죽음의 과정을 낳는 데 이를 수밖에 없기 때문이다.

마침내 나는 성령의 인도를 받는 한 율법 아래 놓여 있지 않다는 것을 깨닫기 시작했다. 전능하신 하나님과 교제하며 걸으면 율법의 요구를 충족하며 살고 있다는 것도 자연스레 발견하게 될 것이었다. 이런 삶이 율법에 얽매이는 삶보다 훨씬 더 수월하지 않을까? 성령의 인도를 받는 사람은 더 이상 수많은 계명을 지켜야 한다는 짐을 지지 않을 것이요 완전한 성품, 곧 그리스도의 성품을 따라 살 것이다.

그렇게 나는 내 안에서 아버지의 주도권과 움직임을 감지하는 지점에 이르게 되었으며 율법에서 은혜로, 지속적으로 순간순간 임하는 은혜로 자리를 옮겼다.

하나님과 교제한 다윗

하나님은 이후에도 계속 백성들에게 교통과 친교를 제안하셨지만 그들은 하나님을 거부하고 율법 아래서 살기로 선택함으로써 하나님의 마음을 아프게 했다. 그러나 구약 역사의 기간에 규칙 아래서 사는 것에 만족하지 않고 창조된 목적을 따라 하나님과의 친밀한 관계를 추구한 사람이 가끔 있었다.

구약에서 하나님과 가장 높은 차원에서 교통한 사람은 아마 다윗일 것이다. 그는 자신의 생각이나 느낌을 비밀로 숨기려 애쓰는 사람이 아니었다. 그는 골리앗이 이스라엘의 군대와 하나님께 도전한다는 소식을 들었을 때 그 사건에 대한 자신의 생각을 공언했다. 자신의 생각을 누가 알게 될까 걱정하지도 않았고 그것이 어떤 결과를 불러올지 염려하지도 않았다. 또한 하나님의 언약궤가 예루살렘으로 돌아올 때는 조금도 부끄러워하지 않고 기쁨을 표현했다. 그가 얼마나 흥분한 상태에서 기쁘게 춤을 추었던지 그의 아내조차 당혹할 정도였다.

그는 하나님과 교통할 때에도 이와 동일한 열렬함과 자유로운 감정을 나타내보였다. 그는 무엇을 느끼든지 곧장 하나님 앞에 나아가 솔직하고도 격렬하게 자신의 느낌을 표현했다. 죄로 인한 죄책감에 짓눌렸을 때는 하나님 앞에 나아가 마음을 쏟아냈다.

"나의 죄악을 말갛게 씻으시며 나의 죄를 깨끗이 제하소서 무릇 나는 내 죄과를 아오니 내 죄가 항상 내 앞에 있나이다 내가 주께만 범죄 하여 주의 목전에 악을 행하였사오니 주께서 말씀하실 때에 의로우시다 하고 주께서 심판하실 때에 순전하시다 하리이다… 주의 얼굴을 내 죄에서 돌이키시고 내 모든 죄악을 지워주소서… 하나님이여 나의 구원의 하나님이여 피 흘린 죄에서 나를 건지소서 내 혀가 주의 의를 높이 노래하리이다"(시 51:2-4,9,14).

위험한 상황에서 두려움에 압도되었을 때는 자신의 구원자에게 부르짖었다.

"내가 소리 내어 여호와께 부르짖으며 소리 내어 여호와께 간구하는도다 내가 내 원통함을 그의 앞에 토로하며 내 우환을 그의 앞에 진술하는도다… 여호와여 내가 주께 부르짖어 말하기를 주는 나의 피난처시요 살아 있는 사람들의 땅에서 나의 분깃이시라 하였나이다 나의 부르짖음을 들으소서 나는 심히 비천하니이다 나를 핍박하는 자들에게서 나를 건지소서 그들은 나보다 강하니이다"(시 142:1,2,5,6).

원수들의 불의를 참을 수 없게 되었을 때 그는 정의와 복수를 구하며 모든 것을 심판하시는 이에게 울부짖었다.

"내가 찬양하는 하나님이여 잠잠하지 마옵소서 그들이 악한 입과 거짓된 입을 열어 나를 치며 속이는 혀로 내게 말하며… 악인이 그를 다스리게 하시며 사탄이 그의 오른쪽에 서게 하소서 그가 심판을 받을 때에 죄인이 되어 나오게 하시며 그의 기도가 죄로 변하게 하시며 그의 연수를 짧게 하시며 그의 직분을 타인이 빼앗게 하시며 그의 자녀는 고아가 되고 그의 아내는 과부가 되며"(시 109:1,2,6-9).

기쁨과 평화가 영혼에 범람했을 때 그는 땅으로도 다 담을 수 없는 웅대한 찬양을 했다.

"할렐루야 그의 성소에서 하나님을 찬양하며 그의 권능의 궁창에서 그를 찬양할지어다 그의 능하신 행동을 찬양하며 그의 지극히 위대하심을 따라 찬양할지어다… 호흡이 있는 자마다 여호와를 찬양할지어다 할렐루야"(시 150:1,2,6).

하나님은 고삐 풀린 망아지 같은 다윗의 이러한 감정 표현을 어떻게 느끼셨을까? 사도행전 13장 22절이 명확한 답을 준다.

"내가 이새의 아들 다윗을 만나니 내 마음에 맞는 사람이라 내 뜻을 다 이루리라."

하나님께서 단지 다윗을 기뻐하셨다고 말하는 것은 매우 약한 표현이 될 것이다. 하나님은 다윗이 하나님과의 관계를 기뻐하는 것만큼이나 다윗과의 관계를 기뻐하셨다. 이것이 바로 하나님께서 우리 각자와 나누기 바라시는 숨김없는 솔직한 교통의 종류이다. 하나님은 우리가 기쁨과 슬픔, 성공과 실패, 높아짐과 낮아짐 등 삶의 모든 것을 다 갖고 하나님께 나아오기를 바라신다.

내가 다윗과 하나님의 관계를 곰곰이 묵상할 때, 하나님은 나의 모든 감정을 마음 깊이 쑤셔 넣고 그것들을 "주님을 찬양하라!"라는 말로 덮어 버리면 안 된다고 가르치시고, 대신 아무것도 숨기지 말고 솔직하게 하나님을 대하라고 하셨다. 하나님은 내가 모든 아픔과 두려움과 분노를 하나님 앞에 솔직하게 표현하고, 그 모든 감정 안으로 하나님을 초대하고, 하나님께서 그 감정들에 대해 말씀하시고자 하는 바를 내가 신중히 듣기를 바라셨다.

나는 하나님 앞에서 나 자신을 온전히 자유롭게 표현하는 법과 나 자신을 잔잔하게 가라앉히는 법, 그리고 하나님께서 말씀하시는 것을 듣고 기록하는 법을 배웠다. 그렇게 했을 때 하나님은 나의 분노를 하나님의 사랑으로, 나의 우울함을 하나님의 기쁨으로, 나의 죽음을 하나님의 생명으로 대체해주셨다. 나는 하나님의 음성을 들으면서 하나님께서 생명의 말씀을 하신다는 것을 정말로 깨달았다.

하나님과 온전히 하나이셨던 예수님

예수님은 자신과 아버지의 관계에 대해 많이 말씀하지 않으셨다. 그러나 예수님은 대제사장으로서 드린 기도에서 자신과 아버지가 하나인 것처럼 우리도 아버지와 하나가 되기를 기도하셨으며(요 17:22,23), 자신이 마음 내키는 대로 아무렇게나 말씀하는 것이 아니라 아버지에게서 본 것을 말하고(요 8:38), 자신 안에 거하시며 자신의 일을 하시는 아버지의 말씀을 하는 것이라고 선언하셨다(요 14:10).

사실 예수님은 스스로 아무것도 하지 않았다고 말씀하셨다(요 8:28). 예수님은 아버지와 하나로서 매우 밀접하게 교통했기 때문에 언제나 아버지의 인도하심을 따라 반응하셨다. 예수님은 아버지의 뜻을 언제나 잘 알고 계셨으며 언제나 순종하셨다. 예수님과 아버지는 하나였다.

그러므로 예수님은 우리 또한 아버지와 하나가 되기를, 우리가 언제나 아버지의 음성을 듣고 순종하기를, 그래서 "우리는 스스로 아무것도 하지 않았습니다. 우리는 그저 아버지께서 말씀하시는 대로 했습니다. 아버지의 뜻이 이루어질 것입니다!"라고 간증하기를 기도하셨다.

이 얼마나 놀라운 삶의 방식인가! 우리 스스로 아무것도 하지 않고 모든 것을 아버지께서 말씀하시는 대로 하는 이런 삶이 우리에게 가능할까? 예수께서 우리 같은 인간이 마땅히 살아야 할 바를 가르치신 것일까? 아니면 하나님께서 세상에서 어떻게 살아가는지를 보여주신 것일까?

나는 빌립보서 2장 5-8절에 기록된 예수님의 '자기비움'(kenosis)에 관한 구절을 묵상하면서, 예수께서 인간이 세상에서 어떻게 살아야 하는지를 모범으로 보여주시기 위해 자신을 온전히 비워 종의 형체를 입으셨다는 것을 깨달았고, 예수께서 살아가신 것처럼 살기 위해 힘써야 한다는 도전을 받았다. 요한복음 5장과 8장은 예수님이 아버지께서 주도하시는 대로, 아버지께서 행하시는 것을 본 대로, 아버지께서 말해주신 말씀을 따라 살았다는 점을 명백히 밝힌다. 예수님의 삶은 하나님께서 언제나 바라고 계신 것이 온전히 이루어진 상태였다.

그러나 나의 실제 삶의 방식은 그러한 예수님의 삶과 완전히 동떨어져 있어서 그렇게 사는 것은 거의 불가능해 보였다. 내가 정말로 나 자신의 생각으로는 아무것도 하지 않는, 내 안에서 말씀하시는 아버지께 들은 것만 말하는, 아버지께서 행하시는 것을 목격한 것만 행하는 그런 경지에 이를 수 있을까? 내가 과연 아버지의 음성과 아버지께서 주시는 환상을 언제든지 받아들이고 또 언제든지 그것들을 따라 살아가는 이런 종류의 영적 민감성을 배양할 수 있을까?

그러나 나는 하나님께서 펼쳐주셨던 기도에 관한 네 가지 열쇠들을 갖고 하나님 음성을 듣기 위해 열렬하게 시도하며 인내로 훈련한 결과, 예수님처럼 하나님의 생각을 따라 사는 것이 가능하다는 것을 확신하게 되었고 하나님의 음성과 환상에 지속적으로 주파수를 맞추기 위한 방법을 배우기로 작정했다. 사실 나는 이런 식의 삶을 사는 것이 오늘의 그리스도교 문화에서 격리되는 것임을 모르지 않았지만, 그리스도인들은 예수님처럼 살라는 부름을 받은 사람들이라는 믿음을 갖고 있었기 때문에 변화에 따르는 대가를 기꺼이 치르기로 결단했다.

내 삶에 이러한 기본적인 변화를 구축하기 시작하는 데에는 적지 않은 시간이 걸렸다. 이것은 어제 결심하고 오늘 완전히 이룰 수 있는 그런 간단한 변화가 아니다. 특히 나처럼 모든 것을 논리적으로 분석하는 성향을 가진 경우는 더욱 그렇다. 예수께서 내 삶의 방식을 이런 식으로 변화시키기까지는 많은 시간이 걸렸고, 이런 삶의 방식을 지속하겠다는 매일의 결정도 수반되어야 했다. 하나님께서 이러한 변화의 길로 인도하실 때는 아마도 자신을 깨뜨리는 느리고도 고통스러운 과정을 거쳐야 할 것이다. 나도 그랬다. 그러나 주 예수 그리스도 안에서 성장의 발걸음을 내딛은 사람들은 자신들이 치른 대가가 충분히 가치 있는 것이었다는 사실을 기쁘게 간증할 수 있을 것이다.

마르다와 마리아의 선택

어느 날 예수님과 제자들이 마르다의 집에 저녁 초대를 받았다. 당시 많은 손님을 위해 음식을 준비하는 것은 복잡하고도 시간이 많이 걸리는 일이었다. 요즘이라면 냉동실의 고기를 전자레인지에서 해동하여 오븐에 구우면 만사 끝이겠지만 당시에는 송아지를 직접 잡아 손질하여 화덕에 구워야 했다. 빵과 채소와 후식도 직접 준비하려면 시간과 노력이 많이 들었다.

그러므로 마르다는 예수님과 제자들을 초대했을 때 손님들을 위해 기꺼이 자신의 시간과 에너지를 희생하고자 하는 마음이었을 것이며, 자신의 동생 마리아가 최소한 하인들을 재촉하며 음식 준비를 도와줄 것이라 생각했을 것이다. 예수님 일행이 도착했을 때, 그녀는 손님들이 편안히 쉬도록 자리를 살펴준 뒤 급히 서둘러 음식을 준비하러 나가면서 마리아도 뒤따라 나올 것이라 예상했을 것이다.

마르다는 가장 포동포동하게 살이 오른 송아지를 직접 고르고, 하인들이 속히 송아지 요리를 식탁에 올리도록 꼼꼼하게 감독했다. 송아지 요리가 그럭저럭 익을 즈음, 마르다는 마리아에게 빵 굽는 것을 도와달라고 부탁하려고 집으로 들어갔다. 하지만 동생이 보이지 않자, 그녀는 마리아가 필요한 것을 빌리러 이웃에 갔나보다 생각했다.

그녀는 분주하게 손을 놀리며 음식을 준비했지만 아직 준비하지 못한 것들을 생각하니 마음만 더 급해졌다. 그런데 문 앞을 지나다가 어디선가 마리아의 목소리가 들리는 것 같아 잠깐 멈추고 손님들의 방을 들여다보았는데 바로 거기, 예수님 발치에 마리아가 앉아 있는 것이 아닌가! 믿을 수가 없었다.

'나는 손님들에게 좋은 음식을 대접하려고 고심하면서 바쁘게 뛰어다니고 있는데 쟤는 어떻게 저기 그냥 앉아 있을 수가 있지? 대체 무슨 권리로 나한테 일을 다 맡기고 자기는 저러고 있는 거야? 나라고 편히 쉬면서 예수님 말씀을 듣고 싶지 않겠냐고. 이제 곧 시장기가 몰려오면 손님들이 불평하기 시작할 테고, 바로 식사를 내야 하잖아! 예수님은 또 왜 쟤를 저기 그냥 앉혀 놓으시지? 내가 바빠 죽을 지경인 걸 잘 아시면서 왜 쟤더러 일을 도우라고 하시질 않는 거야?'

일에 속도를 낼수록 마르다의 짜증도 두 배로 몰려왔다. 마침내 폭발하고 만 마르다는 밀가루 반죽이 손에 엉겨 붙은 채로 손님들의 방으로 뛰어 들어갔고 예수님께 곧장 나아가 하소연하듯 요청했다.

"주여, 내 동생이 나 혼자 일하게 두는 것을 생각하지 아니하시나이까 그를 명하사 나를 도와주라 하소서"(눅 10:40).

그러나 예수님은 마르다가 예상한 반응을 보이지 않으셨다. 아마 그녀는 예수님의 눈동자에서 사랑과 연민의 눈빛을 목격하는 순간 울컥 눈물이 솟았을 것이다. 예수님은 그녀에게 "마르다야 마르다야 너는 많은 것을 신경 쓰면서 걱정하고 있구나. 그러나 필요한 것은 하나다. 마리아는 그 좋은 몫을 택했으니 그녀에게서 그것을 빼앗으면 안 될 것이다"(눅 10:41,42 KJV 역자 사역)라고 대답하셨기 때문이다.

당신도 예수님이 무엇이라 말씀하셨는지 분명히 들었는가? 예수님은 인생에 필요한 것이 하나 있으니 그것이 바로 예수님과 교통하는 것이라고 말씀하셨다! 이 말씀을 처음 묵상했을 때 나의 존재 자체가 저항했다. "아니에요, 예수님! 그렇지 않아요! 그리스도인의 삶에는 많은 것들이 필요합니다. 사역의 열매도 맺어야 하고, 봉사도 해야 하고, 전도도 해야 하고, 가르쳐야 하고, 저술해야 하고, 가난한 이들을 돌봐야 해요. 이 모든 것이 필요합니다. 이해할 수가 없어요. 어떻게 그렇게 말씀하실 수 있죠?"

내가 예수님의 이 말씀에 그렇게 완강하게 저항한 까닭은 마르다처럼 섬김의 성과를 나타내는 것에 열중했기 때문이었다. 나는 예수님의 이 말씀을 그대로 받아들일 경우에 나의 삶 자체를 재조정해야 한다는 것을 잘 알고 있었다. 그러니 주님은 내 생각에 문제가 있다는 것을 점차 깨우쳐 주기 시작하셨다.

봉사와 가시적 성과와 전도가 매우 중요하다는 것은 의심의 여지가 없지만 그것들 자체가 목적이 되어서는 안 된다. 그것들이 그 자체로 목적이라면 우리는 다시 율법(그리스도인의 삶을 위한 원칙과 규칙)으로 돌아가야 한다. 주님은 그런 것들이 주님과의 교통의 산물이 될 때에만 중요성을 갖는다는 사실을 깨우쳐주셨다.

내가 주님의 음성을 듣기 시작하자 주님은 나의 영적 생산력을 백 배로 증대시켜주는 지침과 아이디어를 주셨다. 또한 주님께서 나를 창조하실 때 예비하신 봉사 직분이 무엇인지 직접 들려주시자, 나의 모든 노력에 온전한 성취와 결과가 뒤따르는 것을 보게 되었다. 전도할 때도 주님의 인도하심을 따르자 그물이 차고 넘쳐 거의 찢어질 지경에 이르렀다. 이 모든 일이 내 인생에 필요한 것 하나, 즉 예수님의 음성을 들으며 예수님과 교통하는 것을 최우선 순위에 놓았을 때에 일어난 것이었다.

내가 아내와 결혼한 것은 섬김을 받고자 함이 아니었다. 나는 아내와 하나가 되기 위해, 동행을 누리기 위해, 인생을 함께 나누기 위해 결혼했다. 내가 아내에게 가장 바라는 것은 그녀의 섬김이나 순종이 아니라 사랑이다. 예수님은 교회의 신랑이시다. 예수님이 기본적으로 교회와 혼인하신 까닭은 교회의 섬김을 받고자 함이 아니라 바로 교회와 사랑을 나누고 싶어서이다.

바울의 깊은 소망

바울은 가장 위대한 사도의 한 사람이요 가장 위대한 선교사의 한 사람이었다. 아마 그는 다른 어떤 사도보다 더 많은 영혼의 구원에 관계한 사람일 것이다. 그러나 그는 자신의 가장 깊은 갈망이 바로 '그리스도를 아는 것'(빌 3:10)이라 토로했다. 바울은 그 누구보다 더 많은 영혼을 구원했지만 가장 원하는 바가 많은 영혼의 구원이라고 말하지 않았다. 그는 누구보다 많은 교회를 세웠지만 자기가 가장 원하는 바는 교회를 세우는 것이라고 말하지도 않았다.

그가 무엇보다 관심을 가진 것은 예수님과 친밀한 관계를 갖는 것이었다. 그는 예수님을 알고자 했고, 예수님과 함께하고자 했고, 예수님께 듣기를 원했다. 그는 날이 갈수록 예수님을 더욱더 사랑하기를 원했다. 그리고 그가 그렇게 주님과 교통했을 때 세상을 바꾸는 역사를 이룰 수 있었다. 우리도 세상을 먼저 바꾸고 난 다음에 주님과 친밀한 교제를 나누려고 한다면 아무것도 이루지 못할 것이다. 모든 봉사, 모든 영적 생산력, 모든 전도가 주님과의 친밀한 교제에서 흘러나와야 한다.

영생은 더욱더 친밀해지는 관계

구약에서 이스라엘 백성들과 언약을 맺으셨던 하나님은 은혜의 새 언약을 통해 인간에게 다시 한번 말씀하셨으며, 하나님과 온전한 관계를 맺으라고 우리에게 제안하셨다.

나는 예수님을 내 인생의 주님과 구세주로 영접했을 때 '영생'을 받았다. 나는 영생의 의미를 곰곰이 묵상하다가 천국의 진주 문 앞에 서 있는 베드로에게 보여주고 안으로 들어갈 허락을 받는 회원권 같은 게 아닐까 생각했다. 나는 영생이라는 것이 말 그대로 영원히 사는 것을 뜻한다고 생각했는데 예수님은 '영생'에 대해 나와 다르게 생각하신다는 것을 발견하고 얼마나 놀랐는지 모른다.

> 영생은 곧 유일하신 참 하나님과 그가 보내신 자 예수 그리스도를 아는 것이니이다 요 17:3

영생은 하나님 아버지와 그 아들을 아는 것이다. 여기 '아는 것'이라 번역된 헬라어 원어 '기노스코'(ginosko)는 매우 강력한 단어이다. 그것은 '점진적으로 발전하는 관계 속에서 친밀하게 사귀는 것'이라 정의될 수 있다. 이 단어는 70인역 성경에서 창세기 4장 1절 같은 구절을 번역하는 데 사용되었다.

"아담이 그의 아내 하와를 아니 하와가 임신했다"(Adam knew Eve his

wife and she conceived. KJV 역자 사역).

이 단어는 남편과 아내의 가장 은밀하고 친밀한 관계를 뜻한다. 그렇다면 영생은 깊어지는 관계 속에서 아버지와 아들과 친밀하게 사귀는 것이라 말할 수 있다. 영생이란 관계이다!

많은 그리스도인이 기본적으로 천국을 세상의 근심과 시련에서 벗어나는 곳으로 여기는데, 그것은 천국에 관한 올바른 생각이 아니다. 하나님은 우리가 하나님과의 친밀한 관계를 영원히 지속할 수 있도록 천국에서 우리에게 영생을 주신다. 우리를 영원히 사랑하시는 하나님과의 친밀한 교통, 이생에서 시작되어 영원으로 들어감에 따라 더욱 달콤해지는 그 친밀한 교통이 없다면 그 어디라도 천국이 될 수 없겠지만, 우리가 아버지와 아들과 친밀하게 교제할 때 천국은 이 땅에 내려온다. 당신이 율법에서 사랑으로 이사하는 날, 규칙과 원칙에서 관계로 자리를 옮기는 날, 당신이 진정으로 하나님을 알기 시작하는 날, 바로 그날 천국은 당신에게 시작될 수 있다.

예수님은 우리에게 영생을 주시려고 이 땅에 오셨다. 아버지께서 여전히 걷고 계시고 여전히 우리를 사랑하시고 우리와 달콤한 교제를 나누기를 갈망하시는 그 동산으로 돌아가게 하시려고 이 땅에 오셨다.

히브리서 12장 18-25절은 교회인 우리에게 주시는 말씀이다. 히브리서 기자는 그 옛날 하나님께서 불이 붙은 산에서 이스라엘 백성들에게 관계를 제안하셨을 때 그들이 두려워하며 거부했던 일과 시온산의 영광을 비교하면서 "너희는 삼가 말씀하신 이를 거역하지 말라"(히 12:25)라고 엄중히 주의를 주었다. 그리고 오늘 하나님께서 다시 한번 말씀하시며 우리에게 관계를 제안하신다.

"너희는 이스라엘 백성들이 했던 것처럼 하지 말라! 내 음성을 거역하지 말라! 율법으로 돌아가지 말라! 또 다시 나를 거부하지 말라!"

우리는 지금 이스라엘 백성들이 처했던 것과 같은 양자택일의 기로에 있다. 그 음성을, 그것과 함께 오는 불을 받아들일 것인가? 친밀한 관계 속에서 매일 하나님과 대화를 나누며 살 것인가? 아니면 두려워하며 돌아서서 우리 삶에 죽음만을 일으킬 뿐인 율법에 예속된 채 살아갈 것인가? 우리에게 말씀하시는 이를 거역하지 말자.

주님의 신부

또 내가 들으니 허다한 무리의 음성과도 같고 많은 물소리와도 같고 큰 우렛소리와도 같은 소리로 이르되 할렐루야 주 우리 하나님 곧 전능하신 이가 통치하시도다 우리가 즐거워하고 크게 기뻐하며 그에게 영광을 돌리세 어린양의 혼인 기약이 이르렀고 그의 아내가 자신을 준비하였으므로 계 19:6,7

역사의 절정은 어린양의 혼인 예식이다! 모든 피조물, 온 우주, 모든 생명이 창조주의 사랑을 궁극적으로 표현하는 '아들의 혼인 예식'을 향해 나아가고 있다. 지금 우리는 교회로서 그 아들과 약혼한 상태이다. 약혼한 남녀가 보통 무엇을 하는가? 그들은 많고 많은 시간을 함께 보내고, 서로 사랑을 나누고, 삶과 모든 것을 함께 나눈다.

아내와 내가 데이트를 하던 대학시절, 우리는 캠퍼스의 커다란 단풍나무 아래 앉아 이야기를 나누면서 몇 시간씩 보내곤 했다. 오후 내내 거기서 무슨 이야기를 그렇게 나눴는지 모르겠다. 우리는 그저 생각과 느낌,

꿈과 두려움, 중요한 것들, 그리고 두 사람이 함께 나누기 때문에 중요해진 것들에 대해 그저 대화하고 또 대화했다. 서로 사랑했기 때문에 우리 삶의 모든 것을 함께 나누기 원했다.

우리는 그리스도와 약혼한 상태이다. 우리의 신랑께서는 자신의 생각과 느낌, 꿈과 사랑을 우리와 함께 나누기를 갈망하신다. 당신의 마음도 그분의 사랑에 똑같은 갈망으로 반응하고 있지 않은가? 당신의 삶 전체를 당신의 약혼자와 나누고 싶지 않은가?

이제 하나님의 기다림에 반응할 때다

무엇을 만들어내는 생산성보다 사랑이 우주의 중심이다. 주님께서 사랑이 일보다 훨씬 더 중요하다는 것을 깨우쳐주셨을 때 나는 결단했다. 삶의 속도를 늦추기 시작했고, 삶의 모든 순간을 기쁨으로 누리기 시작했으며, 아버지와 주변 사람들에 대한 사랑에 흠뻑 젖어 내 삶의 기쁨을 사람들과 나누기 시작했다. 물론 내 주변에 아무도 없다고 해도 나는 이러한 내 인생을 사랑할 것이며, 이렇게 살아가는 것을 사랑할 것이며, 창조의 아름다움을 사랑할 것이다.

그러면 일은 어떻게 할까? 하나님은 내가 한 달 동안 할 수 있는 것보다 훨씬 더 많은 일을 단 한순간에 할 수 있다고 내게 거듭 말씀하셨다. 그 말씀이 정말이라는 것을 알고 있는가? 체험해본 사람만이 알 수 있을 것이다. 하나님과 친밀하게 교제하기 시작하자, 하나님께서 나의 영적 생산력을 몰라보게 증대시켜 이전에 내가 나 자신을 몰아쳤을 때보다 훨씬 더 풍성한 열매를 맺게 하셨다.

지금 나는 기쁨이 넘치는 삶을 살고 있다. 아내, 아이들, 내가 섬기는 사람들, 나를 섬기는 사람들 모두를 기쁨으로 대하고 있다. 나는 결코 '일 중독'으로 돌아가지 않을 것이다. 주님과의 친밀한 사랑의 교제가 언제나 내 삶의 중추가 될 것이다.

잠시 이 책을 내려놓고 예수님께 당신의 사랑을 표현해보면 어떨까? 예수님을 향한 당신의 사랑, 예수님이 당신에게 허락하신 모든 축복에 대한 감사를 말로 표현하거나 글로 기록해보라! 하나님께서 당신에게 깨우쳐주신 모든 것에 대해, 하나님의 아름다운 창조에 대해 감사하라. 하나님이 당신에게 무엇을 의미하든지 그저 하나님을 사랑하라.

그러고 나서는 그분의 대답을 기다려라! 당신 마음에 무슨 생각이 떠오르든지 기록하라. 그분도 당신을 사랑한다고 말씀하고 싶으실지도 모른다. 당신이 하나님께 너무나 소중하다고 말씀하실지도 모른다. 당신이 염려하는 부분에 대해 안내와 평강을 주실 수도 있다. 하나님께서 무슨 말씀을 하고 싶으시든지 그분께 말씀하실 기회를 드리라! 그분은 당신을 기다려 오셨다. 이제 하나님의 기다림에 반응하지 않겠는가?

2

자연스러운 흐름에 집중하라

첫째 열쇠

내 안에 자연스럽게 흐르는 성령의 음성을 받기 위해 마음의 주파수를 맞춰야 한다.

마음속에 들리는 하나님의 음성을 명확하게 분별하기 위해 먼저 할 일은 하나님의 음성이 무엇처럼 들리는지 확실히 정하는 것이다.

우리 하나님은 그분의 생각과 뜻을 우리에게 알리기를 간절히 바라시는 소통의 하나님이시다. 하나님은 이 땅의 삶을 지배하는 법들을 가르치고 또 그 법들을 준행하거나 위반했을 때 나타나는 결과들을 본보기로 보여 주시고자 우리에게 '로고스', 곧 기록된 말씀(성경)을 주셨다. 하나님은 영적으로 교제하는 친구들과 조언자들의 권고를 통해서도 말씀하신다. 환경을 사용하여 우리를 하나님이 원하시는 곳으로 인도하기도 하신다. 이 모든 것이 하나님께서 하나님의 뜻을 사람에게 전달하시는 중요한 수단들이다.

그런데 하나님의 자녀들에게는 또 다른 소통의 길이 활짝 열려 있다. 그들은 성경에 등장하는 사람들처럼 "하나님의 말씀이 내게 임했다"는 것을 알 수 있다. 우리는 하나님의 음성을 들을 수 있다! 그 음성은 반드시 귀로 들을 수 있는 것은 아니지만 그렇다고 명백하게 들을 수 없는 것도 아니다.

많은 그리스도인이 우리 주님과 이런 종류의 소통을 하기를 갈망한다. 그러나 어떤 이들은 오늘날의 우리는 하나님과 이렇게 소통할 수 없다고 못을 박는다. 그들은 성경에 등장하는 인물들이 오늘의 우리와는 전혀 다르게 하나님의 특별한 사랑과 은혜를 받은 이들이었을 뿐, 하나님께서 이 교회의 시대에는 신자들에게 개인적으로 말씀하지 않기로 하셨다고 주장한다. 우리는 그 말을 그대로 믿어서, 하나님께서 우리를 창조하시고 구속하신 목적인 '하나님과의 달콤한 교제'를 도둑맞았다.

엘리야 선지자는 하나님의 말씀이 임한 사람이었다. 그러나 야고보서 5장 17절은 그가 우리와 똑같은 본성을 지닌 사람이었다고 분명히 밝힌다. 하나님은 인간을 편애하지 않으신다! 나는 하나님의 모든 자녀가 아담과 하와가 에덴에서 누리고, 모세가 회막에서 경험한 것과 똑같은 하나님과의 교제를 체험할 수 있다고 믿는다. 예수님은 "내 양은 내 음성을 들으며"(요 10:27)라고 선언하셨다. 나는 이 말씀이 진리라고 믿는다. 예수님은 항상 양 떼에게 말씀하시며 양 떼는 그 음성을 듣는다.

불행히도, 우리 문화가 우리의 사고에 너무 많은 영향을 주어서 종종 우리는 우리의 목자께서 말씀하고 계시다는 것을 깨닫지 못한다. 현대 서구 문명은 너무도 합리적이고 인간 중심적이고 과학적이라 영적인 것들이 가시적인 세계에 비집고 들어올 만한 틈을 남겨놓지 않았다. 그러나 미친 듯이 날뛰는 생각들을 잔잔하게 가라앉히고 조용히 인내하며 기다리면, 우리는 분명 "방금 멋진 생각이 떠올랐어!" 또는 "그래! 응답이 왔어!"라고 탄성을 지르게 될 것이다. 그러나 인간이 우주의 중심과 모든 지식의 원천이 되면 '나'(자아)가 모든 생각의 원조가 될 것이다.

하나님의 음성은 자연스러움으로 온다

나는 약간의 교육과 훈련만으로도, 성인의 세련됨에서 한 발짝 물러나는 것만으로도 하나님 음성을 듣고 아는 것뿐만 아니라 하나님과 친밀한 교제를 나누며 양방향의 대화를 하는 것이 가능해진다는 사실을 나 자신의 삶과 내가 가르치는 다른 사람들의 삶 속에서 분명히 체험하고 또 목격했다.

아마 당신은 어떻게 하나님의 음성을 분간할 수 있느냐고 물을 것이고, 서구의 그리스도인들을 이보다 더 괴롭히는 질문은 없을 것이다. 나도 수년간 이에 대한 해답을 탐색해 왔다. 신약의 신자들이 어떻게 성령의 인도를 받았는지 암시하는 단서들을 찾으려고 성경의 모든 것을 진지하게 탐구했고, 하나님의 음성과 성령의 은사에 관한 일체의 서적들을 탐독했다. 그리고 은사들, 특히 '말'과 관련된 은사들을 발휘하며 성령의 쓰임을 받으려면 하나님의 음성을 분간할 수 있어야 한다는 결론에 이르렀다.

그러나 은사의 본질에 대해 저술한 저자들은 많아도 '말'과 관련된 은사를 발휘하면서 어떻게 쓰임을 받을 수 있는지 명확하게 가르치는 사람은 하나도 없었다.

그래서 나는 성령의 세미한 음성에 귀를 기울였으나 들리는 것이라고는 내 마음을 분주히 가로지르는 통상적인 생각들뿐이었다. 나는 종종 절망의 한가운데서 "하나님, 어디 계십니까?"라고 부르짖곤 했다.

그렇게 탐색하며 공부하던 어떤 해, 마침내 성령께서 내 마음에 진리를 계시하셨다. 성령께서는 하나님의 음성이란 내 마음에 자연스럽게 떠오르는 생각으로 감지된다고 알려주셨다. 여기서 핵심은 바로 '자연스러운'(spontaneous)이라는 단어이다.

하나님의 음성은 성령께서 나의 영에 직접 말씀하시는, 영과 영이 대면하는 소통이다. 그것은 내 마음에 나타나는 자연적인 생각, 아이디어, 말, 느낌, 환상 등으로 감지된다.

머리와 사고방식에서 나오는 생각들은 분석적이고 경험적 지식에 바탕을 둔 것들이다. 그것들은 내가 논리적으로 추론해낸 것들로서 한 가지 생각에 다른 생각이 논리적으로 뒤따른다. 그러나 마음에서 나오는 생각들은 자연발생적이다. 그것은 직관적 과정이다.

이제 나는 이것이 하나님의 음성이 실제로 어떻게 들리는지에 대한 참된 정의라는 것에 여러분이 동의하리라 생각한다. 나는 아주 어려운 질문에 매우 간단명료하게 대답해드린 것이다.

모든 사람이 매일 자연적인 생각을 한다. 그렇다면 그 모두가 하나님의 음성일까? 자연스러운 생각이 모두 다 당신에게 말씀하시는 성령의 음성인 것은 아니다. 나는 자연스러움은 마음의 차원에서 일어나는 소통이고 분석과 추론은 정신의 차원에서 일어나는 소통이라고 말하고 싶다. 그러므로 머리에서 마음으로 옮겨 귀를 기울이고 싶다면, 인지적이고 분석적인 생각에서 자연발생적인 생각의 흐름으로 옮기고 주파수를 조정해야 한다.

그렇게 해서 마침내 마음에 도달했을 때, 나는 내 마음에서 들을 수 있는 음성이 세 가지가 있고 그것들을 구별해야 한다는 것을 깨달았다. 그것은 바로 내 마음의 음성과 성령의 음성과 사탄의 음성이다. 그러므로 나는 여전히 판단하고 분별해야 한다. 하지만 적어도 나의 머리에서 마음으로 옮기기는 했고, 그 사실 자체는 서구 문명 속에서 사는 우리 대다수에게 매우 중대한 성과이다.

이러한 자연스러운 생각의 흐름을 구별하는 것에 관해서는 뒤에서 깊이 논의할 것이다. 먼저 성경의 적절한 예와 확실한 체험들을 들어, '하나님의 음성이 우리 마음에서 무엇처럼 들리는가?'라는 질문에 관하여 앞에서 내린 정의를 뒷받침하고자 한다.

기도는 우연한 접촉이다

'간구'에 해당하는 히브리어 '파가'(paga)에는 '우연한 접촉' 혹은 '우발적 만남'이라는 문자적 의미가 있다. 창세기 28장 11절은 이 단어가 문자적 의미 그대로 사용된 예이다.

> 한 곳에 이르러는 해가 진지라 거기서 유숙하려고 그 곳의 한 돌을 가져다가 베개로 삼고 거기 누워 자더니

야곱은 외삼촌의 집으로 도망치다가 "한 곳에 이르러는", 즉 '우연히 어떤 곳에 이르러'(paga) 밤을 지내게 되었다. 그곳을 예약한 적도 없고 자신의 여행 일정에 포함시킨 적도 없었다. 그냥 걷다가 그곳에 이르렀을 뿐이다.

사실 나는 '우연히 만나거나 부딪히는 것'이 기도나 간구의 정의라는 것을 깨달았을 때 적잖이 당황했다. 당신도 마찬가지일 것이다. 만일 내가 뜬금없이 "간구는 우연한 접촉이나 우발적 만남"이라고 말한다면, 당신은 분명 머리를 긁적이면서 '이 사람이 술에 취했나?' 할 것이다. 어떻게 기도나 간구가 우연한 접촉이나 우발적 만남이라는 것인가? 당신이 겪었음직한 경험을 통해 입증해 보이겠다.

운전 중에 문득 어떤 사람의 이름이 떠올라 그를 위해 기도해야 한다고 느낀 적이 있는가? 누구나 한두 번쯤은 그런 적이 있을 것이다. 당신은 그

순간에 그 사람을 생각하고 있지 않았는데 그 생각이 '어딘가에서' 불쑥 당신 마음으로 들어온 것이다. 그러나 당신은 그것을 하나님께서 그 사람을 위해 기도하라고 재촉하시는 것으로 받아들였다. 그것이 바로 간구라는 것이다. 그것이 바로 '파가'이다. 어떤 '우연한' 생각이 우리의 추론 과정과 교차할 때, 그 우연한 접촉이 바로 하나님과의 접촉이라는 것이다. 하나님께서 우리 마음에 조용히, 그리고 틀림없이 말씀하고 계신 것이다.

이런 것들이 하나님의 음성이다. 그것은 당신의 생각과 교차하는 우연한 아이디어다. 당신의 통상적인 사유(思惟) 과정에서 흘러나온 것이 아니라 단지 그냥 당신 마음에 떠오른 생각이다. 하나님에게서 나와서 당신의 마음을 밝혀주는 생각이며, 당신의 머리에 자연스럽게 떠오른 생각이다.

내가 이미 나에게 말씀하시는 하나님의 음성을 듣고 있었다니! 그것은 너무나 신나는 발견이었다. 나는 내적인 '목소리'를 들은 적이 없었지만 나의 사고(思考)를 밝혀주는 발상이나 인상들을 의식하고 있었다. 그것들은 그냥 자연스러운 생각으로 나에게 왔다. 그리고 이러한 깨달음은 하나님의 음성을 들으려면 무엇에 귀를 기울여야 하는지 명확하게 가르쳐주었다. 그래서 지금 나는 하나님의 음성을 들으려고 할 때마다 내 마음에 자연스럽게 떠오르는 생각에 귀를 기울인다. 그리고 이러한 직관적인 생각들을 글로 기록했다가 나중에 다시 읽어보면 그 속에 담긴 놀라운 지혜에 경탄하게 된다. 지금 나는 하나님께서 내게 하시는 말씀을 듣고 있다고 확신한다.

하나님의 음성이 지닌 독특한 특징들

하나님의 음성은 종종 자연스럽게 떠오른 생각의 흐름처럼 들린다. 물론 하나님께서 언제나 이런 방식으로만 말씀하신다는 뜻은 아니다. 나는 이 장의 서두에서 하나님의 뜻을 알 수 있는 몇 가지 다른 방법을 열거했다. 심지어 어떤 때에 하나님은 우리 귀로 들을 수 있는 목소리로 말씀하기도 하신다. 그러나 나는 통상적으로 하나님의 음성이 우리 마음을 밝혀 주는 자연스러운 생각의 흐름처럼 들린다는 것을 깨달았다.

하나님께서 불쑥 끼워 넣어주신 생각에는 그것이 정말로 하나님으로부터 나온 것임을 식별하고 확신하도록 도와주는 독특한 특징들이 있다.

자연스러운 나 자신의 생각처럼 들린다

하나님의 음성은 우리 자신의 생각처럼 들린다. 하지만 하나님께서 우리 마음에 넣어주신 생각들은 분석적이거나 경험적이지 않고 자연발생적이기 때문에 우리는 그것들이 머리가 아니라 마음에서 온 것임을 분별할 수 있다.

분석적이고 논리적으로 살던 내가 자연스러움 안에서 사는 삶으로 바꾸는 데에는 명확하고도 의도적으로 삶의 초점을 다시 맞추는 과정이 필요했다. 그래서 하나님의 음성을 듣기 시작한 몇 년 동안, 이것이 내 삶의 목표였다. 전에는 운전을 하면서도 하루의 일을 고민하고 생각하느라 머리가 복잡했다. 나는 누군가에게 들은 모든 말을 컴퓨터에 기록하여 분석하고 검토했다. 그렇게 늘 분석하며 살았다.

그러나 더는 그렇게 살지 않는다. 이제는 운전할 때 하나님을 예배한다. 예수님과 사랑을 나누고 그분께 사랑의 노래를 불러드리며, 예수님이 내 마음의 자연스러운 생각으로 응답하시기를 기다린다. 그렇게 나는 내 영혼을 사랑하시는 크신 연인과 그분을 사랑하는 것에 언제나 주파수를 맞춘 상태가 되기 위해 내 삶을 변화시키는 일에 힘썼다.

나는 어떤 문제에 대해 생각하거나 판단할 일이 생겼을 때 자연스러운 생각의 흐름에 귀를 기울이기만 하면 주님께서 놀라운 지혜와 통찰력을 주신다는 것을 깨달았다. 처음에는 그렇게 주님과 교제하는 것이 시간낭비라고 생각하기도 했고, 그렇게 시간을 낭비해버리면 막상 일터에 도착했을 때 필요한 조치를 취할 준비를 갖추지 못할 것 같았다. 하지만 그 반대로 주님은 내가 주님을 사랑할 때 생산성과 창의력, 권위, 사람들의 호의, 믿음과 지혜를 보상으로 제공해주신다는 것을 가르쳐주셨다.

자아의 소리에 방해를 받는다

하나님의 음성은 종종 부드럽고 가볍게 다가오기 때문에 우리의 자아에 쉽게 훼방을 받는다. 내가 분석적인 생각이나 나 자신의 의지로 자연스럽고 직관적인 생각의 흐름을 방해하면, 하나님은 그 소음보다 더 크게 말씀하지 않으시고 나의 주의를 되돌리려고 하지도 않으신다. 내가 다시 들을 준비가 될 때까지 그저 조용히 기다리신다.

하나님의 음성을 듣는 법을 배울 때, 나는 설교하려 드는 나의 목회자 성향이 오히려 극복해야 할 단점인 것을 깨달았다. 한번은 주님께서 십자가를 지고 자아가 죽는 것에 관해 말씀하기 시작하셨는데, 나는 즉시 '오, 그건 내가 잘 알지. 그 주제로 설교를 한두 번 한 게 아니거든!'이라고 생각하고는 자아의 죽음에 관하여 내가 아는 것과 믿는 것을 모두 적기 시작했다.

그러다가 내가 무슨 짓을 하고 있는지 문득 깨달았다. 내 머리가 주도권을 쥐고는 자연스러운 생각의 흐름 대신 이성에 귀를 기울이고 있던 것이다. 그 사실을 깨닫자마자 내 생각을 멈추고 직관으로 돌아갔다.

"알겠습니다. 주님! 조금 전에 끊어졌던 대목에서부터 다시 시작해주세요. 자아가 죽는 것에 관해 제게 말씀하시고자 했던 것들을 말씀해주세요!"

그러자 주님께서 그렇게 해주셨다! 그때 말씀해주신 것들은 평소 내가 믿고 가르쳤던 것들과 조금 달랐고, 그로 말미암아 나는 내 삶과 사역을 재정비할 수 있었다.

혹여 당신이 이런 식으로 주님을 훼방하고 있다는 것을 깨달았을 때는 자책하지 말고, "아차!" 하고는 바로 자연스러운 생각의 흐름과 직관으로 돌아가라.

종종 1인칭으로 말씀하기도 하신다

하나님의 음성은 1인칭으로 들려오기도 한다. 일례로, 그분은 내게 "마크야, 나는 너를 사랑한다!"라고 말씀하실 수 있다. 물론 언제나 그런 식으로 말씀하신다는 것은 아니다. 이러한 생각을 하나님의 음성으로 받아들일지 말지는 당신에게 달렸다. 이러한 생각을 하나님으로부터 나온 말씀으로 받아들일 때 당신의 믿음이 도약하고 변화를 이룰 것이다. 하나님께 나아가는 사람은 누구든지 믿음으로 나아가야 한다는 것을 기억하라!

내 생각과 다른 의외의 말씀으로 오기도 한다

하나님의 음성은 종종 뜻밖의 내용을 함축하고 있다. 이는 그분의 뜻이 우리 자신의 생각과 매우 다르며 훨씬 더 좋다는 의미이다. 하나님의 음성은 우리 생각보다 훨씬 더 지혜롭고 자비로우며 분별력을 지녔고, 하나님은 우리의 동기에 더 관심을 가지셨다. 예수님이 인간으로서 땅 위에 계실 때 그러셨듯이, 때로 하나님께서 우리가 여쭌 질문을 무시하고 문제의 진짜 핵심을 언급하시는 것처럼 보이기도 한다.

처음에 나는 하나님의 음성을 기도일지에 낱낱이 기록하는 것에 대해 의심을 품기도 했고, 그 모든 것을 내 생각의 산물로 간주하여 집어 던지고 싶던 적도 많았다. 그러나 그것을 다시 읽어보니, 내가 기도일지에서 말씀하는 그 인격과 같은 방식으로 삶을 보고 있지 않다는 사실을 깨달을 수 있었다. 나는 문제의 표면을 바라보며, 사람들이 하는 말만 듣고 그들의 행위에만 반응한다. 그러나 나의 기도일지에는 마음속을 헤아리고 사람들의 동기를 이해하며 그들의 상처를 치유하고자 하는 바람이 표현되어 있었다.

내 안에 특별한 반응을 일으킨다

하나님의 음성은 종종 내 안에 특별한 반응을 일으킨다. 하나님의 음성을 받을 때 나는 종종 감격, 확신, 믿음, 생동하는 삶, 경외심, 평안을 느끼곤 한다. 내 영혼에 생동감이 느껴지거나 내가 예수님의 짐을 나눠서 지고 있다는 느낌이 들 때도 많다.

실행력이 있다

하나님이 하신 말씀은 그것을 실행할 수 있는 능력을 지니고 있다. 주님의 멍에는 쉽고 주님의 짐은 가볍다. 주님의 뜻은 우리를 속박과 굴레 아래 놓는 것이 아니라 만족과 기쁨으로 데려가시는 것이다. 우리에게 어려운 것을 요구하시더라도 주님은 그것을 감당할 능력을 함께 주신다. 따라서 주님께 기꺼이 순종하면 주님의 은혜가 우리를 관통하여 흘러 주님의 뜻을 성취하게 하실 것이다. 하나님의 영은 하나님의 말씀과 함께 다니시며 하나님의 뜻을 이루신다.

나의 생각이 아닌 것들

영적 감각은 사용할수록 훈련되어서, 당신은 시간이 흐를수록 하나님께서 말씀하시는 것을 더 쉽게 더 자주 듣게 될 것이다. 처음에 당신은 하나님께서 당신 마음에 끼워 넣으신 생각들과 당신 자신의 머리에서 나온 분석적인 생각들을 구별하는 법을 배워야 할 것이다.

내 추측으로 당신이 이미 하나님께서 당신의 머리에 끼워 넣어주신 생각들을 체험했을 것 같다. 일례로, 어려운 문제로 고심하고 있는데 상상하지도 못한 창의적인 해결책이 갑자기 떠오른 적이 있는가? 그럴 때 당신은 어쩌면 그 모든 공을 자신에게 돌리고, 스스로 등을 토닥이며 "내가 그렇게 멍청하지는 않네!"라고 했을지도 모른다.

그러나 나는 어려운 문제에 대해 머리에 떠오르는 그런 자연스럽고 창의적인 해결책은 결코 내게서 나오지 않는다는 것을 발견했다. 그것들은 하나님께서 내 안에 말씀하신, 하나님의 것들이다. 이제는 그런 것들을 나의 공으로 여기는 대신 하나님께 영광을 돌린다.

당신은 또 다른 유형의 체험도 했을 것이다. 열심히 기도하는 중에 쓰레기 같은 생각들이 떠올라 기도를 더럽힌 적이 있는가? 아마 당신은 그런 생각들을 자신의 책임으로 돌리고 당혹스러워하면서 죄책감을 느꼈을 것이다.

나는 그것들도 당신의 생각이 아니라고 말하고 싶다. 그런 생각들은 당신의 기도를 망쳐놓으려고 사탄이 찾아낸 것이다. 다시 말하지만 그러한 생각들을 당신의 책임으로 돌리며 죄책감에 빠지거나 부끄러움을 느껴서는 안 된다. 나는 그런 생각이 들 때 사탄을 향해 "나는 지금 기도하는 중이니 너의 쓰레기 같은 생각을 갖고 속히 사라져라!"라고 예수님의 이름으로 명한다. 그런 다음 예수님께 생각을 돌리면 내 마음과 생각에 놀라운 자유가 흐르는 것을 느끼게 된다.

나는 마음에 자연스럽게 흐르는 좋은 생각이나 악한 생각을 나의 것으로 돌리지 않는 법을 배웠다. 나는 좋은 생각에 대해서는 하나님께 공을 돌리고 악한 생각에 대해서는 사탄에게 책임을 돌린다.

레마의 능력

성령께서 우리 마음에, 그리고 우리를 통해 말씀하신 하나님 말씀에 수반되는 능력에 대한 성경의 증거는 실로 놀랍다. 몇 가지 예를 살펴보자.

생산력

어느 날 아침, 어부 시몬이 게네사렛 호숫가에서 그물을 씻고 있었다. 밤새 그물을 내렸지만 한 마리도 잡지 못해 무척이나 피곤하고 낙심한 채였다. 실패감과 우울함에 젖어 있던 시몬은 그 선생이 근처에서 말씀을 전하는 것도, 한마디라도 더 들으려는 떠들썩한 군중들의 소동에 밀려 호숫가로 내려온 것도 알아차리지 못했다. 그래서 그 선생이 멀리서 걸어와 배에 올랐을 때 깜짝 놀라 바라보지 않을 수 없었다.

시몬은 자기 배에서 당장 내려오라고 요구할 참이었지만 그 선생이 먼저 말을 걸면서 군중들에게 용이하게 말씀을 전할 수 있게 배를 육지에서 조금 떼어놓으라고 요청했다. 시몬은 퉁명스럽게 거절하려다가 그 선생을 열정적으로 따르는 군중들을 보고 생각했다. '대체 이 사람 어디에 끌려서 들 저러지? 직접 알아봐야겠군. 어차피 오늘은 시장에 내다 팔 생선도 없잖아!' 그래서 그는 그 선생의 요청대로 했다.

시몬은 자신의 배에 앉아 시간 가는 줄 모르고 그 선생의 말을 경청했다. 그런데 그 선생의 가르침은 너무도 놀라웠다! 시몬은 골똘히 생각에 잠겼다. '저 말들이 정말일까? 하나님의 왕국에 나 같은 놈을 위한 자리가 있을 수 있을까? 여호와 하나님이 나처럼 거칠고 충동적이고 천한 놈을 정말로 사랑하시는 걸까?'

어느새 그 선생의 가르침이 끝났다. 그런데 그 선생이 시몬을 바라보며 "깊은 데로 가서 그물을 내려 고기를 잡으라"고 했다. 그 말씀에 깜짝 놀라 냉혹한 현실로 돌아온 시몬은 진저리를 치며 대답했다. "선생님, 우리들이 밤이 새도록 수고했지만 잡은 것이 없습니다." 순간, 방금 들었던 그 선생의 말씀에 능력이 실려 있었다는 사실이 시몬의 머리를 스치고 지나가서 그는 "하지만 말씀(헬라어 원문에 레마로 표기됨)을 의지하여 그물을 내리겠습니다" 하고는 깊은 데로 배를 몰았다.

그의 신호를 따라 동료들이 그물을 내리자 누군가가 보이지 않는 손으로 신호라도 보낸 것처럼 갑자기 물고기들이 그물 안에서 퍼덕이기 시작했고, 곧 그물이 찢어질 정도로 팽창했다. 그들은 미친 듯이 소동을 피우며 다른 배의 어부들에게 도움을 청했고, 배 두 척이 만선을 이루어 거의 물에 잠길 지경이 되었다.

무엇이 차이를 만든 것일까? 밤새도록 헛수고를 한 그들이 주체할 수 없을 만큼 많은 고기를 잡게 된 까닭이 무엇일까? 차이를 만든 것은 바로 레마(rhema)였다.

나는 할 필요가 있다고 생각되는 일을, 내가 생각한 때에, 내가 생각한 곳에서, 내가 생각한 방식으로 할 수 있다. 나는 내가 가진 에너지와 수단들을 완전히 고갈시키면서 열심히 일할 수 있다. 나는 하루를 시작할 때 나의 주의를 요구하는 과업들을 주목하고 그것들의 아우성을 만족시키기 위해 나 자신을 완전히 녹초로 만들 수 있다. 그러나 그렇게 일하고도 아무것도 이루지 못할 수가 있다.

혹은 나는 하루를 기도로 시작하며 하나님께서 레마로 주시는 지침, 즉 어디에 내 시간과 에너지를 쏟을 것인지 일러주시는 지침을 받을 수 있다. 그리고 그렇게 하루를 시작하면 죄와 생활에 들볶이는 데서 완전히 해방되어 평화롭게 하루를 걸을 수 있으며, 나 자신이 주도권을 잡았을 때보다 훨씬 더 많은 것을 이룰 수 있다.

레마는 우리에게 어떤 일을 해야 할 적절한 타이밍과 장소를 알려준다. 레마는 우리에게 생산력을 제공한다.

생명력

앞에서 우리는 관계 속에서 살지 율법 아래서 살지 결정해야 한다는 점을 살펴보았다. 율법 조항은 우리를 죽이지만 성령은 생명을 주신다. 예수님은 "살리는 것은 영이니 … 내가 너희에게 이른 말(레마)은 영이요 생명이라"(요 6:63)라고 말씀하셨다.

누군가가 당신에게 레마를 말할 때, 당신은 당신의 영이 높이 들리는 것과 하나님의 생명이 당신을 관통하며 흐르는 것을 느끼게 된다. 하나님의 말씀은 우리를 속박과 죽음 아래로 데려가는 율법으로 선포될 수도 있고 또 자유와 생명으로 데려가는 성령의 능력 안에서 선포될 수도 있다. 그 차이는 단순한 강조점, 즉 부활하신 그리스도의 능력이 우리에게 자유와 생명을 주는 일을 하고 있다는 진리를 명백히 선포하느냐 그렇지 않느냐에 있다.

어떤 설교자가 하나님 앞에서 올바로 서기 위해 순종해야 할 규칙만을 전할 때 하나님 말씀은 단순한 율법으로 축소되겠지만, 똑같은 말씀이라도 성령의 기름부음 아래서 우리에게 활짝 열릴 때는 우리 안에 그리스도의 영광을 보여주며 죄와 사망의 권세에서 우리를 해방시킬 것이다.

권위 있는 가르침

예수께서 가르치실 때 유대인들은 깜짝 놀랐다. 큰 권세로 가르치셨기 때문이었다. 예수님은 어디서 그런 권세를 얻은 것일까? 그것은 예수님 자신의 신적인 권세가 아니었다. 예수께서 인간이 되셨을 때 자신을 온전히 비우셨고 신성의 모든 권세와 특권을 내려놓으셨다고 빌립보서 2장이 명확하게 밝히고 있기 때문이다.

예수님 말씀의 권세의 비밀은 무엇이었을까? 요한복음 14장은 예수께서 스스로 말씀하신 것이 아니라 아버지께서 예수님 안에 거하고 계셨다고 분명히 밝힌다. 그렇다. 예수께서 하신 말씀들은 예수님께 주어진 레마, 즉 예수께서 아버지 면전에서 친밀하게 교제하며 받으신 레마였다. 예수님의 가르침이 강력한 능력과 권세를 나타낸 것은 예수께서 아버지께 말씀을 받아 가르쳤기 때문이었다.

이 진리는 오늘의 신자들에게도 그대로 적용된다. 내가 상담을 하거나 가르치면서 하나님께 들은 레마를 말할 때, 사람들의 삶을 변화시키는 권세와 능력이 나타난다. 나는 이것이 바로 성령의 '기름부음'이라고 믿는다. 레마는 권위 있는 가르침을 낳는다.

온전한 소망

"너희가 내 안에 거하고 내 말(레마)이 너희 안에 거하면 무엇이든지 원하는 대로 구하라 그리하면 이루리라"(요 15:7).

누구든지 하나님의 음성을 듣고 순종하면서 하나님과의 관계 안에서 살면 언제든지 구하는 것을 받을 것이다. 요한복음의 이 말씀은 시편 37편 4절 말씀을 상기시킨다.

"또 여호와를 기뻐하라 그가 네 마음의 소원을 네게 이루어주시리로다."

위의 두 구절은 각각 전반부가 후반부의 열쇠가 된다. 우리가 주님만을 기뻐하면, 주님과 함께하는 것과 주님을 기쁘시게 하는 것을 가장 큰 기쁨으로 삼으면, 당연히 우리 마음의 소망은 오직 주님을 기쁘시게 하는 것이 될 것이다.

주님이 주시는 레마가 우리 안에 거하면 그 불이 우리 안에서 일하기 시작할 것이고, 그럴 때 우리는 주님의 것이 아닌 일체의 소망으로부터 깨끗해지고 정결해져서 오직 주님이 소망하시는 것을 소망으로 삼을 것이다. 어거스틴은 모든 신자를 향해 "하나님을 사랑하라! 그리고 네가 기뻐하는 대로 행하라!"고 권고했다. 그것은 방종한 죄를 허락한 것이 아니라, 우리가 진정으로 하나님을 사랑하면 당연히 하나님의 뜻을 행하는 것을 기뻐할 것이라고 선언한 진술이다.

믿음을 일으킴

레마가 가져오는 가장 중요하고 의미심장한 결과는 바로 레마가 믿음을 가져온다는 것이다. 로마서 10장 17절은 사람들에게 잘 알려졌지만 제대로 이해되지 못한 구절의 하나이다.

"그러므로 믿음은 들음에서 나며 들음은 그리스도의 말씀(레마)으로 말미암았느니라."

믿음은 하나님의 주도권의 결과이다. 그리스도께서 우리에게 하시는 말씀을 들을 때 우리 마음에서 믿음이 활활 타오르게 된다.

아마 당신은 이미 이런 것을 체험했을 것이다. 당신은 시련이나 문제에 직면하여 하나님을 신뢰하기를 바란다. 당신은 그분의 약속을 잘 알고 있고 또 그분이 약속을 지킬 수 있다는 것도 잘 알고 있지만, 과연 당신을 위해 그런 일을 해주실지는 잘 모르겠다. 그런데 어느 날, 성경을 읽거나 기도하거나 설교를 듣는 중에 갑자기 구체적인 말씀이 마음에 다가온다. 하나님께서 당신을 위해 달려오고 계시는 느낌이다. 당신에게 믿음은 더 이상 정신적인 활동이나 영적인 훈련이 아니다. 이제 믿음은 살아 생동하는 현실이 된다. 당신은 더 이상 믿으려고 애쓰지 않는다. 당신은 하나님을 확신하는 복된 안식에 들어간다. 그렇다. 레마는 믿음을 낳는다.

그러므로 의심이 마음을 파고들어 믿음이 약해질 때, 하나님의 기록된 말씀을 의지할 뿐 아니라 기도하며 아버지의 말씀을 당신의 심령에 말씀해달라고 간절히 구해야 한다. 아버지께서 말씀해주실 때 믿음이 당신 안에서 강력한 폭발을 일으킬 것이다. 그러니 어디로 가야 할지 무엇을 해야 할지 모를 때 하나님에게서 오는 레마를 들어라! 강력한 능력의 믿음으로 들어가기를 원하는가? 그렇다면 당신 안에서 역사하시는 성령의 증거인 레마에 반응하여 발걸음을 옮겨라!

머리와 마음의 균형

지금까지 하나님의 음성이 종종 우리 마음에 떠오르는 자연스러운 생각을 통하여 흐른다고 말했기 때문에 당신은 내가 '머리'를 던져버리라고 권하리라 생각할지 모른다. 절대 그렇지 않다! 하나님은 우리에게 마음도 주셨지만 또한 머리도 주셨다. 그러므로 둘 중 어느 하나를 가볍게 여겨도 안 되고 지나치게 남용해도 안 된다. 이 둘은 전능하신 하나님께서 우리에게 주신 선물로, 나름의 자리를 갖고 있다.

우리 문화에서는 본질적으로 머리를 우상화하고 마음을 멸시하는 경향이 있다. 우리는 머리를 우상화한 것과 마음을 가볍게 여긴 것을 회개하고 그 두 가지가 삶에서 균형을 이루게 해달라고 하나님께 구해야 한다. 사실 이것이 바로 내가 해야 했던 것이다. 회개는 변화의 토대를 제공한다. 하나님은 우리 각자가 균형 잡힌 삶을 살기를 바라시며 또 우리 각자의 삶을 그렇게 만드실 능력을 가지셨다.

분석적인 접근 vs 직관적인 접근

누가의 방법과 요한의 방법을 서로 비교함으로써 하나님의 보좌의 방에서 순전한 계시를 받기 위한 두 가지 상이한 접근 방법을 고찰해보겠다.

누가는 천성적으로 분석적 성향이 강했던 것 같다. 누가는 자신이 어떻게 복음을 받았는지에 대해 다음과 같이 말했다.

> 그 모든 일을 근원부터 자세히 미루어 살핀 나도… 차례대로 써 보내는 것이 좋은 줄 알았노니 눅 1:3

이 구절을 보면 누가는 직관적이고 마음을 작동시키는 사람이기보다는, 오히려 전적으로 분석적인 사람이었음을 암시한다. 그렇다 해도 누가의 기록은 순전한 계시의 복음이다.

요한은 완전히 다르게 접근했다. 요한은 천성적으로 신비적 성향이 강한 것 같아 보인다.

> 주의 날에 내가 성령에 감동되어 내 뒤에서 나는 나팔소리 같은 큰 음성을 들으니 이르되 네가 보는 것을 두루마리에 써서… 계 1:10,11

이는 요한이 환상에 의해 직관적으로 하나님의 계시를 받았음을 나타낸다. 그러나 요한도 누가와 마찬가지로 순전한 계시를 받아 기록했고 그것이 오늘까지 이르고 있다.

그러므로 우리는 주님의 말씀을 듣기 위해 성령께 계시를 받는 방법이 적어도 두 가지가 있다고 말해야 한다. 누가의 방법은 분석적인 성향을 타고난 사람들의 마음을 사로잡을 것이고 직관적 성향이 강한 사람들은 요한의 방법에 더 매력을 느낄 것이다.

자신이 선호하는 것과 다른 방법을 받아들이고 존중하기는 결코 쉽지 않다. 아마도 분석적 성향이 강한 사람들은 직관적인 사람들에게 "이제 그만 땅으로 내려와서 두 발로 땅을 딛으세요. 그리고 괴팍한 짓은 그 정도로 그치세요!"라고 말할 것이다. 반면 직관적인 사람들은 "이제 그만 책에서 눈을 떼고 성령의 인도를 받으세요! 성령의 역사를 설명하려고 애쓰기보다 성령의 흐름을 따라가는 것이 어때요?"라고 말할 것이다. 그러나 우리는 하나님께서 이 두 가지 방법으로 순전한 계시를 허락하신다는 사실을 존중하는 법을 배워야 한다.

사실 나는 누가의 접근방법을 따를 때 가장 편안하다. 나는 문제를 신중하고 철저하게 연구한 뒤 그 모든 것을 성령께서 원하시는 방법대로 종합해달라고 성령께 구한다. 그러나 하나님의 순전한 계시를 받으려면 나의 분석적 능력 이상의 것을 사용해야 한다는 것 또한 믿는다. 나는 그 과정에 직관과 자연스러움이 흘러 들어오도록 해야 하며, 그렇지 않을 경우에는 나 자신의 분석적 추론의 산물을 만나는 것으로 끝나버린다는 것을 잘 알고 있다.

일례로, 나는 설교 준비를 할 때 다른 생각이 들어오지 못하게 내 두뇌에 자물쇠를 채우고 성경을 연구하면서 설교 본문으로 정한 구절을 따라 개요를 잡곤 했다. 그리고 만약 자연스러운 생각이 불쑥 등장하면 그것들을 걷어차면서 "저리 비켜! 지금 설교 준비를 하고 있잖아!"라고 말하곤 했다.

지금 돌이켜보면, 당시 나는 하나님의 양 떼를 먹이기 위해 준비하는 내게 지침을 주시려는 성령의 자연스러운 음성을 거부하고 있었다는 것을 깨닫게 된다. 지금은 설교를 준비하거나 책을 저술할 때 나의 분석적인 사유 과정에 직관이 흘러 들어오게 허락하는 법을 배워서 알고 있으며, 그렇게 함으로써 하나님의 순전한 음성과 더 완벽하게 소통하고 있다고 확신하고 있다.

경쟁이 아니라 섬김

당신은 어느 쪽으로 더 쏠려 있는가? 잘 모르겠다면 하나님께 구하라. 하나님께서 당신을 어느 방향으로 데려가기 원하시는지 말씀해주실 것이다. 만일 당신이 지나치게 분석적이라면 직관적인 면을 개발하기 시작하라고 알려주실지도 모르고, 매우 직관적이라면 분석 능력을 키우라고 하실 수도 있다.

하루는 기도를 하다가 천성적으로 직관적 성향을 타고나지 않은 나 같은 사람을 시켜서 사람들에게 성령의 음성을 직관적으로 듣는 법에 대해 가르치게 하신 까닭이 무엇이냐고 다소 불평하듯이 주님께 여쭤보았다. "하나님, 왜 선천적으로 직관적 성향을 타고난 다른 사람들에게 이 일을 시키지 않으시나요?" 하나님은 대답하셨다.

마크야, 분석적 성향이 강한 이 시대의 사람들에게 직관적으로 듣는 법을 가르치려면, 선천적으로 분석적 성향을 갖고 있으면서도 직관으로 이동한 너 같은 사람이 그 일을 맡아야 하지 않겠니?

나는 나의 분석적 성향이 오히려 강점이 될 수 있음을 깨달았다. 물론 필연적인 결과로서, 내가 가르치는 사람들 가운데 많은 이들이, 특히 선천적으로 직관적이고 예지력 있는 사람들이 하나님의 음성을 분별하고 체험하는 일에 나를 능가할 텐데, 그럼 나는 "멋지군요! 필요할 때 나한테 그 은사 좀 빌려주시겠어요?"라고 반응할 것이다.

나는 우리가 그리스도의 몸 안에서 경쟁 관계에 있지 않고, 각자의 은사를 갖고 서로 섬겨야 한다는 사실이 기쁘다. 나는 가르침의 은사로 그들을 섬길 것이며 계시와 분별의 은사가 부족하다면 그들에게 빌릴 것이다. 그러면 하나님께서 그분의 교회에서 영광을 받으실 것이다.

이제 수많은 하나님의 백성들을 자유롭게 하는 데 주된 수단이 되어 온

한 가지 원칙(다른 부차적인 원칙들에 대해서는 뒤에서 논할 것이다)에 대해 말함으로써 자연스러움에 주파수를 맞추는 것에 관한 이번 장을 마무리하겠다.

마음에 우상을 품고 기도하면 기도 응답이 왜곡된다

> 이스라엘 족속 중에 그 우상을 마음에 들이며 죄악의 걸림돌을 자기 앞에 두고 선지자에게로 가는 모든 자에게 나 여호와가 그 우상의 수효대로 보응하리니 겔 14:4

이 말씀은 오늘날 수많은 그리스도인이 저지르고 있다고 우려되는 부적절한 기도 방법에 관해 깜짝 놀랄 진리에 초점을 맞추고 있다. 기도로 하나님 앞에 나아갈 때 우리는 살아 있는 희생제물이 되어, 우리 자신의 뜻을 온전히 내려놓고 기도제목과 관련된 모든 것을 전적으로 하나님의 뜻에 맡겨야 한다. 만일 이러한 마음 자세를 갖지 못했다면 구체적인 기도제목을 갖고 기도하기 전에 먼저 이러한 마음을 갖게 해달라고 하나님께 구해야 한다. 어떤 문제에 대한 해결책을 나름대로 미리 정해놓고 기도한다면, 그것이 하나님의 보좌로부터 나오는 신호를 방해하여, 하나님께서 우리가 나름대로 정한 해결책을 확증해주신다고 착각하는 오류를 저지르게 된다.

어떤 문제에 관해 기도할 때 하나님보다 그 문제 자체를 더 바라보고 의식하면, 우리가 기도 응답이라고 생각하는 그것이 하나님에게서 나온 것이 아니라 우리 자신에게서 나온 것이 된다는 말이다. 반대로 문제보다 하나님을 바라보고 의식하면 하나님에게서 응답이 올 것이고, 그 응답은 자신의 욕망으로 오염되지 않은 하나님의 순전한 계시일 것이다.

여기서 중요한 원칙은, 내가 바라보는 것에서 직관적인 흐름이 나온다는 것이다. 우리는 우리 믿음을 시작하시고 온전케 하시는 바로 그분, 예수님께 시선을 고정하라는 명령을 받았다. 그렇게 할 때라야 우리의 시야는 순전해질 것이다.

민수기 22장의 발람 이야기는 선견자라 하더라도 스스로 자신의 시야를 흐려 해로운 지침을 받을 수 있다는 사실을 가르치는 좋은 예이다. 이스라엘 백성들이 모압에 이르자 이에 위협을 느낀 모압 왕 발락이 선견자 발람에게 신하들을 보내, 자기에게 와서 이스라엘 백성들을 저주해달라고 청했다. 이에 발람이 어떻게 해야 할지 하나님께 묻자 하나님은 "너는 그들과 함께 가지도 말고 그 백성을 저주하지도 말라 그들은 복을 받은 자들이니라"(민 22:12)라고 명확히 대답해주셨다.

발람이 가지 않겠다고 하자 발락은 이번에는 더 높은 고관들을 보내, 자기에게 와서 이스라엘 백성들을 저주해주기만 하면 크게 높여주고 무엇이든지 요구하는 대로 들어주겠다고 제안했다. 그러자 발람은 "발락이 그 집에 가득한 은금을 내게 줄지라도 내가 능히 여호와 내 하나님의 말씀을 어겨 덜하거나 더하지 못하겠노라"(민 22:18)라고 대답했다. 이 대답을 통해, 그의 마음에서 재물에 대한 탐심이 발동했다는 사실을 알아차릴 수 있다. 발람은 "너희도 이 밤에 여기서 유숙하라 여호와께서 내게 무슨 말씀을 더 하실는지 알아보리라"(민 22:19)라고 말했다.

발람은 다시 기도하며 하나님께 나아갔는데, 이번에는 마음에 우상을 품고 나아갔다. 발락이 제안한 명예와 재물을 간절히 원했기 때문이었다. 예상할 수 있는 것처럼, 하나님은 그의 마음에 우상이 있는 것을 보시고

발락에게 가도 좋다고 대답하셨지만, 발람에게 진노하셨고 검을 든 사자를 보내 그의 길을 막으셨다(민 22:22).

우리가 마음에 우상을 품고 하나님께 기도할 때, 하나님께 긍정적인 대답을 얻을 수도 있지만 그것이 결국에는 우리를 파멸로 몰고 갈 것이다. 그러므로 우리는 기도할 때 우리의 시야가 정결한지, 예수님을 우리의 문제나 기도제목보다 훨씬 더 크신 분으로서 또렷하게 응시하고 있는지 확인하고 또 확인해야 한다. 오직 그럴 때라야 생명을 주는 순전한 응답을 받을 수 있을 것이기 때문이다.

로고스와 레마

이 장의 결론으로 레마에 관해 잠깐 언급하도록 하겠다. 한국의 조용기 목사는 신약성경의 저자들이 하나님께서 우리 마음에 들려주신 음성을 기술할 때 특별히 레마라는 단어를 사용했다고 말한다. 나는 신약성경을 주의 깊게 연구한 뒤에 그의 견해에 동의하게 되었다(이 문제를 깊이 탐구하기 원한다면 본서 뒤에 첨부한 부록 1,2,3을 참조하기 바란다).

나는 이러한 관점에서 앞으로 계속 하나님의 내적 음성을 레마라 칭할 것이다. 물론 그것은 레마의 한 가지 용례일 뿐이지만 아주 단순하게 그 개념을 요약할 수 있게 도움을 준다.

분석과 인식의 영역 밖으로 나와 영적 직관의 차원으로 들어가기 시작하는 것은 정말로 어려운 일이었다. 그러나 그러한 행보를 지속할수록 그 길은 점점 쉽고 편해졌고, 이제는 그것이 나에게 거의 '천성'이 되었다. 하나님은 내 인생의 초점을 다시 맞추어주셨다. 그분은 당신을 위해서도 그렇게 하실 것이다.

지금 이 순간, 당신에게 권하고 싶은 것이 하나 있다. 잠시 책을 내려놓고 단 5분만 시간을 내어 이번 장에서 배운 것들을 실험해보기 바란다. 펜과 종이를 갖다 놓고, 상상력을 활용하여, 편안한 곳(복음서에 나오는 어떤 곳)에 예수님과 함께 있는 장면을 그려보라. 그리고 종이에 "주님, 제가 배우고 있는 것에 관해 무엇을 말씀하시기 원하십니까?"라고 기록하라.

그런 다음, 당신이 마음으로 그리고 있는 장면과 예수님께 마음의 눈을 집중하여 바라보고 자연스러운 생각의 흐름에 귀를 기울여라. 당신 마음에 흐르기 시작하는 생각들을 단순한 믿음으로 기록하라. 일단은 그 생각들에 이의를 제기하거나 의심하지 말라. 어린아이 같은 단순한 믿음으로 그것들을 받아들이고 그것들이 흐르는 대로 기록하라.

이것은 그저 실험이라는 것을 기억하라. 5분 정도가 지나 생각의 흐름이 끝나면 당신이 기록한 것들을 성경에 비추어 검사해보라. 그것들이 성경과 일치하는가? 그것들이 하나님께서 당신에게 말씀하기 원하시는 음성처럼 들리는가? 이러한 간단한 연습을 반복하면 당신이 하나님과 대화하기 시작하고 있다는 놀라운 사실을 발견하게 될 것이다.

3

생각과 감정을
잠잠히
가라앉히라

둘째 열쇠

하나님께서 내 안에 주시는 생각과 감정의 흐름을 감지하기 위해, 나 자신의 생각과 감정을 잔잔하게 가라앉히는 법을 배워야 한다.

나는 기도로 하나님께 나아가려고 할 때마다 내 삶의 모든 분주한 활동들이 나를 따라 기도의 자리로 들어온다는 것을 너무나 자주 느낀다. 기도만 하려고 하면 일상의 모든 소음과 돌풍이 나의 주의를 끌려고 고함을 치고 안에서는 삶의 중압감과 책임이 나를 부른다. 나는 정말이지 기도하는 방의 문을 닫자마자 즉시 하나님과의 달콤한 교제에 들어가기를 갈망하지만, 그것은 억지로 되지도 않고 서두른다고 되는 것도 아니라는 사실을 늘 깨닫는다.

단 10분이라도 기도하려고 기도의 자리로 나아갔는데 잡다한 생각들이 분주히 돌아다니고 감정이 심하게 요동쳐서 기도를 중단한 적이 있는가? 경주마처럼 어디론가 내달리는 생각들을 향해 "좋아! 3분을 줄 테니 실컷 떠들어봐. 하지만 그다음에는 진정해야 해! 그래야 내가 성령의 고요한 내적 감동과 성령께서 주시는 생각을 감지할 수 있지 않겠니?"라고 말해본 적이 있는가?

그런 적이 있다면 또한 제발 좀 조용하라고 당신 자신에게 압력을 행사하는 것도 시간 낭비라는 것을 깨달았을 것이다. 그것은 마치 지독하게 잠이 오지 않는 날 밤에 잠을 청하기 위해 침대에서 엎치락뒤치락 애를 쓰는 것과 같다. 그럴 때는 제발 잠 좀 자라고 자신을 압박할수록 정신이 오히려 말짱해진다. 마찬가지로, 나의 바쁜 생각과 감정에게 "하나님의 자연스러운 흐름을 감지해야 하니 제발 내 머리와 마음에서 떠나라"고 요구할수록 그것들은 더 동요하며 소동을 부린다.

극성스러운 자아의 소동을 진압하고 성령의 부드러운 내적 감동에 채널을 맞추는 데 실패해 완전히 낙심한 채로 기도의 자리를 떠난 적도 몇 차례나 된다. 어떤 때는 그렇게 분투하며 20분이 넘도록 시간을 보냈건만 단 1초도 하나님과 접촉하지 못했다는 사실을 깨닫고 기도하는 방을 나오기도 한다. 이런 경험이 사람을 얼마나 깊은 좌절에 빠뜨리는지 모른다. 더욱이 기도할 시간이 많지 않을 때는 나 자신에게 화내는 데 너무 많은 시간을 낭비해야 했다는 사실에 벌컥 울화가 치밀기도 한다.

그러나 하나님은 우리가 하나님 면전에서 우리 자신을 신속하게 진정시킬 수 있도록 한 가지 빼어난 기법을 고안하여 성경에 계시하셨다. 물론 이것이 기도의 끝도 아니고 목표도 아니다. 그러나 우리의 나머지 기도 시간이 전능하신 하나님과 대화하는 시간이 되도록 도와주는 데 필요한 첫 단계이다.

애쓰기를 중단하고 가만히 있어라

시편 46편 10절은 "너희는 가만히 있어(be still. KJV) 내가 하나님 됨을 알지어다"라고 말한다. 우리 영혼 속에는 각자가 몸과 마음을 잔잔하게 가라앉힐 때 체험할 수 있는 깊은 내면의 고요함이 있으며, 심지어 외적 혼란의 와중에서도 평화를 체험할 수 있다.

'신미국표준역성경'(NASB)은 이 시편 구절의 '가만히 있어'를 '애쓰기를 중단하라'(cease striving)로 번역하여 '가만히 있어'라는 어구에 대한 동의어구 혹 대체어구를 제공하고 있다. '애쓰기를 중단하라'는 어구는 '마음을 편히 가져라!', '꽉 쥐고 있던 것을 놓아라!'라는 의미로 이해할 수 있다. 어쨌든지 이러한 어구들은 내가 이 고요함의 자리에 나아갈 때 내 안에서 일어나는 일들을 훌륭하게 묘사한다.

고요함의 자리에 나아가는 것의 또 다른 의미는 매사에 여유로운 태도를 갖는 것이다. 과거의 내게 인생은 일 자체, 그것도 엄청나게 많은 어려운 일 자체였다. 내게는 일을 하지 않고 노는 것조차도 일이었다. 나는 내가 시작한 모든 것에 대해 진지했고 열심을 냈다. 그러나 주님께서는 그 모든 것을 하시는 이가 바로 주님이시라는 것을 가르쳐주셨다. 나의 모든 일을 이루시는 이는 내가 아니라 주님이시다. 나의 역할은 주님의 움직임에 휩쓸려 함께 흐르는 것이다. 나는 과도한 분투를 내려놓고 하나님의 완전하신 능력 안에서 편히 쉬어야 한다.

우리 학생들 중에 나처럼 매사에 과도하게 열심을 내며 고투하던 이가 하나 있었는데 그는 자신의 기도일지에 다음과 같이 기록했다.

"아버지, 오늘 제게 필요한 말씀이 무엇입니까? 주님을 더욱 경외하며, 사랑하며, 이전보다 더 많이 회개하며, 이전보다 더 많은 이들을 치유하고 전도해야 하는데 대체 무엇에 초점을 맞추어야 할지 혼란스럽습니다. 아버지 앞에 나아가려면 어떻게 해야 하는지 도무지 알 수 없습니다."

그래? 그 모두는 정말로 필요한 것들이다. 하지만 네게 가장 필요한 것은 내 발치에 조용히 앉아 내게서 배우는 거란다. 내 앞에 나오려고 그렇게 광적으로 버둥거리면 안 된다. 방금 말했듯이 그저 와서 내 앞에 앉으면 되는 거야. 내게서 얻어라! 가만히 있어라! 마음을 편히 가져라! 애쓰기를 중단하라! 그리고 내가 하나님이라는 것을 알아라!

받으려는 자세를 취해라. 자연의 세계에서도 미친 듯이 뛰고 있는 사람은 아무것도 받을 수가 없단다. 달음박질을 중단하고 멈추어서 손을 내밀어야 받을 수 있지. 영적인 세계에서도 마찬가지야.

그러니 중단하라! 손을 내밀고 그저 받아라! 나를 더 경외하려고 애쓰거나 그런 마음을 분발시키려고 힘쓰지 마라. 회개나 전도나 치유도 마찬가지야. 더 깊이 회개하려고 애쓰면서 마음을 끓이거나 네 자신을 억압하지 마라. 그것은 매우 필요한 것이니 당연히 네게 올 것이며 또 지금 오고 있다.

네 눈을 내게 돌려라. 네 시선을 내게 고정하라. 나를 보아라! 내게 초점을 맞추고 네 마음과 애착을 내게 고정하라. 그러면 내가 네 안에서 필요한 모든 것을 행할 것이다. 오너라. 쉬어라. 받아라. 내가 너를 안아주고자 할 때 편안히 안거라. 네게 아낌없이 줄 수 있게, 주고 또 주고 또 줄 수 있게 해라. 모든 것을 단번에 배울 수는 없으니 네 자신을 괴롭히지 마라.

날마다 내게 받아라. 조금씩 진리에 진리를 더하고 계시에 계시를 더하라. 고요함 가운데 있어라! 그리고 내가 하나님인 것을 알아라! 고요함 가운데 있어야 내 음성이 들릴 것이다. 고요함 가운데서 편히 쉴 때 내 음성을 들을 수 있고 내게서 받을 수 있을 것이다. 그러니 손을 멈추고 가만히 있어라!

마음을 산만하게 하는 외부 요인 제거하기

구체적으로 어떻게 해야 이러한 내적 고요함에 이를 수 있을까? 첫 단계는 외적으로 우리를 산만하게 하는 것을 모두 제거하는 것이다.

조용하고 한적한 장소

예수님은 한적한 곳으로 가서 기도하셨다(막 1:35). 하박국 선지자는 하나님의 음성을 듣기를 원했을 때 파수하는 곳에 올라갔다(합 2:1). 엘리야 선지자는 두렵고 낙심한 상태에서 깊은 산의 동굴에 혼자 있을 때 주님의 말씀이 그에게 임했다(왕상 19장).

내적 고요함을 탐색하기 시작했을 때 나는 아무에게도 방해받지 않고 혼자 있을 수 있는 조용한 곳을 찾아야 한다는 것을 깨달았고, 마침내 가족들이 모두 잠든 새벽 일찍 일어나 이른 아침의 정적을 나의 영에 평화를 가져오는 수단으로 활용하는 법을 배웠다.

그리고 그렇게 기도하는 시간에는 전화기 전원을 꺼야지, 그렇지 않으면 틀림없이 방해를 받게 된다는 것도 알게 되었다. 처음에는 그렇게 하느라 힘겹게 싸웠으나, 주님께서는 내가 세상에 절대적으로 필요한 사람도 아니고 또 내가 한 시간 정도 부재해도 세상이 썩 잘 돌아간다는 것을 확신시켜주셨다.

잠잠한 상태 유지하기

그렇게 내적 고요함을 탐색하는 처음 몇 주일 동안, 나는 오직 아침에 일어났을 때에만 직관이 맞춰지는 사람이라는 것을 알게 되었다. 내가 분석적 성향이 매우 강한 사람이므로 기도하기 전에 분석적인 생각에 잠기지 않게 조심하지 않으면 하루 종일 분석적인 생각에 사로잡혀 지낼 수밖에 없었다. 잠에서 깨자마자 하나님을 예배하고, 씻으면서도 찬송하고, 그런 마음을 유지하며 서재에 들어가면 기도하는 시간 내내 영적으로 조율된 상태에 머물 수가 있었다. 그러나 일단 분석적인 추론을 시작하면 다시 직관으로 돌아가기가 무척 어려웠다.

이렇게 계속했더니 점차 수월해졌다. 그런데 내가 새벽에 일어나는 버릇을 들이자 나의 어린 딸 채러티도 내가 일어나는 시간에 같이 일어나기 시작했다. 아내는 늘 밤에도 아기를 돌봐야 했으므로 아내가 잠을 잘 수 있게 내가 딸을 돌보았는데, 나 자신을 내적으로 잔잔하게 만드는 것에 더욱 편안해지면서 나는 어린 딸을 돌보면서도 내적인 고요함에 이를 수 있다는 것을 알게 되었다. 당신도 이러한 훈련을 지속하면 하나님 앞에서 마음과 정신을 잔잔하게 가라앉히는 기술을 익히고 발전시킬 수 있다는 것을 발견할 것이다.

적절한 자세 취하기

예수님께 마음과 생각을 집중하려고 애쓰면서 나는 이것을 산만하게 하는 또 다른 요인을 발견했다. 그것은 바로 내 몸이다. 신체 부위 어떤 곳이 긴장했거나 불편하면 고요함을 구하는 동안 자꾸 신경이 쓰였다. 내 경우에는 무릎 꿇는 자세가 기도에 큰 도움을 주지 못했다. 기도하는 시간에 전적으로 하나님만을 의식하는 것이 나의 목표였는데 무릎이 아프거나 발이 저리면 주의가 분산되어 집중할 수 없었기 때문이었다.

무릎 꿇는 자세나 다른 어떤 자세로 내 몸이 불편해지면 그것이 즉각 나의 주의를 끌었고 그러면 나의 기도는 여지없이 방해를 받았다. 물론 몸과 영혼이 완벽하게 편안해졌을 때 결국 잠들어버리는 경우도 있었다. 나는 그러한 시행착오를 통해, 내게 가장 알맞은 자세가 책상에 성경과 종이와 펜을 올려놓고 의자에 앉는 것임을 발견했다. 다윗도 때로 앉아서 기도했다(대상 17:16).

마음을 산만하게 하는 내적 요인 해결하기

고요함에 이르려 할 때 외부의 방해물을 조용히 시키는 것은 차라리 더 쉽다. 고요함에 접근하려고 할 때마다 나는 머릿속이 나의 주의를 끄는 온갖 소음과 생각과 압박감과 긴장으로 걷잡을 수 없이 소란해진다는 것을 알게 되었다.

할 일 적어두기

가장 크게 들리는 마음의 소음은 "자동차 엔진오일 교체하는 걸 잊고 있었어", "아직 부모님께 전화를 안 드렸네" 같은 것들이었다. 내 마음이 고요해지자마자, 아직 끝내지 못한 일들과 깜박하고 지나간 일들이 마치 경쟁이라도 하듯이 나의 주의를 끌며 목소리를 높였다. 나는 그냥 무시했지만 그것들은 기회를 엿보다가 약간의 틈이라도 발견되면 인정사정 봐주지 않고 달려들었고, 뒤로 미루려고 하면 오히려 더 크게 항의의 목소리를 터뜨렸다. 그렇다고 그것들에 집중하면 기도하는 일이 뒤로 밀린다. 그러니 어떻게 해야겠는가?

나는 그것들을 종이에 기록했다. 그 요구들에 귀를 기울이면서, 여기 이렇게 차근차근 적어놓았으니 기도를 끝내고 처리해주겠다고 약속했다. 그러면 그것들은 나중에 내가 돌봐줄 것이라고 확신하고는 조용히 가라앉았다.

죄의 회개

나의 고요함에 불쑥 난입하는 또 다른 소음은 나의 양심이다. 주님께서 말씀하신 것에 내가 아직 순종하지 않았을 때 양심은 경종을 울리며 말한다.

"너는 잘못했어! 죄를 지었다고!"

그럴 때 내가 그 소리에 위축되어 죄책감의 수렁에서 뒹굴어야 할까? 아니다. 내가 진정 예수님과 친밀한 교제를 나누고자 한다면, 나는 나 자신의 추악한 미숙함이 아니라 예수님의 놀라운 은혜에 초점을 맞추어야 한다. 그래서 나는 죄를 범했을 때 즉시 죄를 자백하고 예수님의 완벽한 용서를 받아들인다. 그럼으로써 나 자신과 나의 연약함을 넘어 예수님과 예수님의 크심 안으로 들어갔다.

고요함을 유지하고 주님을 향해 나아가기

올바른 곳을 바라보라

우리는 자신과 자신의 죄와 연약함을 바라볼 수도 있고 그리스도와 그분의 영광과 은혜를 볼 수도 있다. 성경은 우리가 바라보는 것의 모습대로 변화될 것이라고 가르친다.

"우리가 다 수건을 벗은 얼굴로 거울을 보는 것같이 주의 영광을 보매 그와 같은 형상으로 변화하여 영광에서 영광에 이르니 곧 주의 영으로 말미암음이니라"(고후 3:18).

그러므로 예수님께 시선을 고정하고(히 12:2) 예수님의 의의 옷을 입고 있는 자신의 모습을 보기로 결단했다면(갈 3:27) 예수님의 임재와 영광과

의로움으로 이끌려가는 자신을 발견할 것이다. 어디에 시선의 초점을 맞추느냐는 것은 매우 중요한 문제이다. 우리는 자신 아니면 예수님께 초점을 맞출 것이고, 자기 죄 아니면 예수님의 의로움에 초점을 맞출 것이다.

나는 성경이 진리라고 말하는 것에 초점을 맞추기로 결단했고, 그렇게 했을 때 내가 예수님 앞으로 즉각 인도되어 간다는 것을 발견했다. 이 책을 읽는 여러분도 기도에 들어갈 때 자신의 초점을 어디에 맞출지 신중히 결정하기를 권면한다. 올바른 시각은 생명을 주지만 그릇된 시각은 죽음을 가져온다!

내적 고요함의 목표는 정신을 완전히 비우거나 일체의 사유 과정을 중단하는 것이 아니라 마음의 초점을 다시 맞추는 것이다. 이렇게 마음에 있는 다른 모든 소음을 적절히 처리한 뒤에는 잡념과 추론의 잡음에서 벗어나 직관에 파장을 맞추기 위한 길을 탐색해야 할 것이다.

찬양으로 주님께 초점을 맞추라

영적 민감성을 제고하기 위한 가장 효율적인 성경의 도구는 음악이다. 엘리사 선지자는 주님의 음성을 듣기 원했을 때 거문고 타는 사람을 불러 자기를 위해 연주해달라고 부탁했다(왕하 3:15). 종종 나도 하나님께서 가까이 계시다는 것을 느껴야 할 필요가 있을 때 하나님을 예배하고 흠모하는 찬송을 드린다. 전 세계 수많은 그리스도인들이 단지 내적 고요함을 유지함으로써, 음악을 통하여 하나님께서 기다리고 계시는 그들 심령의 중심에 도달함으로써 주님의 임재 안에 '흠뻑 젖어' 왔으며 그러한 단순한 행위로 크나 큰 영향을 받아 왔다.

찬송에 주의를 집중하는 것, 특히 잠에서 깨자마자 찬송을 드리는 것은 당신의 영혼이나 당신의 영혼과 연합하신 성령께서 당신에게 주시고자 하는 메시지를 알게 하는 단서가 될 수도 있고, 어떤 때는 당신의 마음이 느끼는 것을 하나님께 표현하는 수단이 되기도 한다. 주님을 찬양하고 경배하는 찬송은 당신 영혼과 마음을 주님께 집중시키는 데에 말로 다 할 수 없는 귀한 가치를 지니고 있으며, 특별히 당신이 마음의 눈을 들어 자신이 찬양하는 것들을 환상으로 보기 위해 애쓸 때에는 더 그렇다.

예전에 내 마음에서 솟아나는 외마디 외침을 하나님 앞에서 노래한 적이 있다. 어느 날 아침, 나의 죄와 잘못에 압도된 채 하나님으로부터 너무나 멀리 떨어져 있음을 느끼면서 우리 교회 제단 앞에 상한 심령으로 부복했다. 나는 평소처럼 크로머하프를 연주하며 찬양하려 했지만 찬송가의 노랫말로는 내면의 갈망을 도저히 표현할 수가 없었다.

순간, 나의 내면에서 외침이 터져 나왔다.

"주여, 일어나소서! 주여, 제 안에서 일어나 저를 정결하게 씻으소서! 일어나 치유하소서! 주여! 일어나소서!"

나는 그 외침에 곡조를 붙여 하나님 앞에서 노래하고 또 노래했다. 다른 말로는 내 내면의 느낌을 표현할 수가 없었기 때문이었다. 10분쯤 지나자 어둠의 그림자가 내게서 흘러나가기 시작했다. 의의 태양이 내 안에서 떠올랐고, 믿음과 소망, 사랑과 기쁨, 하나님의 임재에 대한 달콤한 지식이 내 마음을 채웠다.

그렇게 어둠이 빛으로, 의심이 믿음으로, 절망이 소망으로 바뀌는 것은 상아탑에서 얻은 학구적 지식이 아니라 체험으로 얻은 현실이었다. 시편 기자는 하나님의 장막에 거하는 사람은 그 마음에 진실만을 말한다고 노래했다(시 15편). 당신의 마음이 무엇을 느끼고 있는지는 중요하지 않다.

중요한 것은 하나님 앞에 나아갈 때 당신 자신과 당신의 모든 느낌을 하나님께 진실하게 나타내 보여야 한다는 것이다.

상상력을 활용하여 장면을 그려라

내가 발견한 바, 고요함에 이르도록 도와주는 성경의 다른 두 가지 기술은 상상력과 사랑이다. 나는 고요함에 들어가려고 할 때 예수님과 내가 서로 이야기하는 장면을 상상한다. 그것이 나를 분석적인 생각 너머로 데려가는 능력이 있기 때문이다. 나는 예수님과 함께 있는 장면을 그리면서 예수님에게 느끼는 나의 모든 사랑을 낱낱이 표현한다. 그리고 그렇게 사랑의 고백이 범람할 때, 내가 그분의 임재의 고요함 안으로 끌려가는 것을 느낀다.

히브리어와 헬라어에서는 호흡과 영이 동의어로 사용된다. 나는 호흡을 사용하여 나의 영을 고요함 안으로 데려갈 수 있다. 나는 숨을 내쉬듯이 나의 모든 죄와 잘못을 고백하고 천천히 숨을 들이마시면서 성령의 깨끗하게 하심을 받아들인다. 이러한 과정을 반복하면서 나의 육신과 영혼은 하나님의 임재를 평화롭게 의식하게 된다.

지금 여기 계신 그리스도를 만나라

내적 고요함의 목표는 하나님의 움직임을 마음 깊이 아는 것이다.

> 너희는 가만히 있어 내가 하나님 됨을 알지어다 시 46:10
> 여호와 앞에 잠잠하고 참고 기다리라 시 37:7

고요함에 이를 때 내 안에서 일어나는 변화를 감지할 수 있으며 성령이 주시는 느낌과 생각과 비전의 활동적인 움직임을 체험하기 시작할 수 있다.

과거의 퀘이커 교도들은 하나님의 음성을 듣는 시간을 가지려면 자신들의 행위를 중단해야 한다는 것을 잘 알고 있었다. 그들 모임에서 필수적이고 생동감 넘치는 부분은 모임에 참석한 사람들 각자가 자신의 내면에서 하나님께서 말씀하시는 것을 듣기 위해 자신의 생각을 가라앉히며 침묵 속에서 보내는 시간이었다.

마치 외적 환경만이 자신의 모든 현실인 양 그것만 의식하고 거기에 반응하며 피상적으로 살아가면, 걱정으로 가슴이 찢어질 것이며 인격과 인생관과 영혼은 파열되고 균형을 잃고 만다. 그러나 내적인 고요함에 이르러 우리 안에 거하시는 하나님을 다시 의식하면, 우리의 존재는 평화와 온전함과 통일성을 회복하게 된다. 예수께서 우리 안에서 살고 계시기에 우리는 사랑과 믿음과 능력을 발견할 수 있으며 승리를 얻는 데 필요한 모든 자원을 얻을 수 있다.

고요함에 이르는 것은 무엇인가를 '하는' 것이 아니라, 내면에서 주 예수 그리스도와 접촉하는 것이다. 나는 고요함에 이르려고 몸부림치거나 나 자신에게 강요하지 않는다. 그것은 꽉 쥐고 있던 것을 그냥 놓는 것이며, 마음을 편히 갖는 것이며, 애쓰기를 중단하는 것이다. 고요함에 이르는 것은 지금 이 순간에 예수 그리스도를 체험하는 것이다. 그분은 스스로 계시는 분이다. 지금 여기에 계신 하나님과 함께 살려면 나는 지금 이 순간에 살아야 한다. 나는 과거를 애통해 하지 않으며 미래를 걱정하지 않는다. 나는 지금 여기에 계신 그리스도를 기뻐한다. 나는 나의 구원이 지금 이 현재의 시점에 오도록 허락한다. 나는 이 특별한 순간을 내가 사랑하는 그분과 함께 나눈다.

영적 교제가 동양의 신비주의는 아닐까?

어쩌면 당신은 내가 주장하는 것들이 요가나 초월적 명상, 선(禪)불교 같은 동양의 신비 종교들과 유사하다는 의혹을 제기할지도 모르며, 또 '내적 고요함'이라는 것이 마음에 귀신이 접근하게 허락하는 뉴에이지의 도구이니 특별히 경계해야 한다는 가르침을 받았을지도 모른다.

영적인 세계에 접근하기 위한 그들의 통로와 내가 주장하는 통로가 유사한 것도 사실이며 몇몇 사교 집단이 영과 영의 접촉을 신봉하는 것도 사실이다. 그러나 결정적인 차이점은 그들이 악한 자와 귀신의 영들과 접촉하는 반면 우리는 거룩하신 하나님과 교제한다는 사실이다. 영적인 세계에 접근하기 위한 통로 그 자체는 선하지도 악하지도 않다. 그것은 그저 수단일 뿐이다. 중요한 것은 우리가 이러한 방법을 통하여 접촉하는 것이 선하신 하나님이냐 악한 영이냐 하는 점이다.

나는 동양의 종교에 깊이 관여했다가 예수 그리스도를 영접한 사람들을 가르친 경험이 있다. 그들은 악령의 세계에서 돌아설 때 일체의 영적 체험에서도 돌아서버렸다는 공통점이 있었다. 나는 그것이 비극이라 생각한다. 왜냐하면 모든 종교를 뛰어넘어 그리스도인은 성령님과 활기찬 관계로 생동해야 하기 때문이다.

물론 우리는 영적 체험을 통하여 받은 계시를 기록된 말씀에 비추어 검사해야 하며 그리스도의 몸과의 관계에 예속시켜야 한다. 이에 대하여는 뒤에서 자세히 논하기로 하고, 여기서는 일단 기독교 신앙은 지적인 이해가 아니라 살아 계신 주님과 매일, 지속적으로, 역동적인 관계를 갖는 것이라는 점을 분명히 말해두고 싶다.

사탄은 왜 영적 교제를 모방하려 하는가

영적 교제는 하나님께서 그분의 백성들에게 주시는 선물이다. 하지만 모방의 대가 사탄은 이 귀한 선물을 우리에게서 훔쳐가려는 시도를 해오고 있다. 악마를 숭배하는 종교들이 교회를 위해 만들어진 영적 실체의 모조품을 들이밀어, 교회로 하여금 모조품을 염려하여 진품마저도 거부하게 만드는 것이 바로 그런 까닭이다.

모조품이 존재한다는 것은 두 가지 명백한 사실을 입증하는 증거가 된다. 첫째, 모조품이 있다는 것은 그것과 유사한 진품이 존재한다는 사실이다. 어떤 화폐 위조범도 5만 2천 원짜리 지폐를 위조하지는 않을 것이다. 누가 그런 것을 사용하겠는가? 모조품이 있다는 것은 그것과 유사한 진품이 있다는 반증이다. 나는 하나님의 자녀들과 성령이 교통하는 것이야말로 악한 영을 섬기는 영매(靈媒)들이 위조하려고 애쓰는 진품이라 믿는다.

둘째, 모조품이 있다는 것은 진품이 귀한 가치를 지녔다는 것을 입증한다. 내가 화폐를 위조한다면 5만 원짜리 지폐를 위조하지 1원짜리 동전을 위조하지는 않을 것이다. 1원짜리 가짜 동전은 만드느라 애쓸 가치가 없다. 마찬가지로 사탄이 영적 접촉을 위조한다는 것은 그리스도인과 성령의 접촉이 매우 귀한 가치를 지닌다는 사실을 입증한다.

그러니 사탄이 모조품을 만들었다는 이유만으로 진품마저 거부하는 오류를 저지르지 말자! 우리는 영적 체험에 대해 세심한 주의를 기울여야 하고 또 그리스도의 몸 된 교회의 감독을 받아야 하지만, 그것으로부터 도망칠 필요는 없다. 하나님께서 기록된 말씀과 교회 안에 충분한 안전장치를 공급하셨으므로 우리는 겸손하게 그것들에 굴복하기만 하면 된다. 사탄이 추한 고개를 곧추세우고 있는 이때, 교회가 귀한 영적 체험에서 도망치면 되겠는가? 지금은 교회가 사탄이 손대는 것은 무엇이든 넘겨주고 마는 행위를 즉각 중단해야 할 때이다! 교회는 예수 그리스도의 권세 안에 우뚝 서서 "사탄아! 이것은 하나님의 것이니 당장 손을 떼라!"라고 담대하게 명령해야 한다.

내적 고요함과 영적인 접촉은 교회에 주시는 하나님의 선물이다. 하나님께서 인간을 창조하실 때 영적 세계에 대한 의식과 영적 세계와 접촉할 필요를 인간 안에 넣으셨기 때문에 인간은 물질의 세계만으로는 절대 만족할 수 없다. 따라서 우리가 주변의 그리스도인들, 특히 젊은 그리스도인들에게 매일의 삶이 성령님이 실재하시는 현실이 되도록 권고하지 않는다면 그들은 다른 곳에서 그것을 찾을 것이며 필경 사탄의 거짓말에 걸려들고 말 것이다.

간증

간증 한편을 소개하며 이 장을 맺기로 하겠다. 이것은 과거 청년 시절에 잘못된 경험을 한 탓에, 인간이 하나님과 대화를 나눌 수 있다는 생각 자체가 하나님의 진리인지 마귀의 속임수인지 심각하게 의심했던 사람의 간증이다. 여러분 중에 그처럼 의심하는 사람이 있다면 이 간증을 읽고 자극받기를 진심으로 소망한다. 또한 그의 간증은 우리가 다음 장에서 상세히 논할 '환상'의 개념을 소개해준다.

이 간증은 간증의 주인공으로서 전에 청소년 사역 단체인 '틴 챌린지'(Teen Challenge)의 책임자로 일하다가 지금은 엘림 성경연구소(Elim Bible Institute)에서 일하고 있는 폴 에드워즈(Paul Edwards)의 허락을 받아 게재한 것이다.

인간이 하나님과 대화할 수 있다는 개념에 처음에 내가 어떤 식으로 반응했는지 생각해보면 저절로 웃음이 터집니다. 그게 이단이요 동양의 신비 종교를 그리스도교에 도입하려는 시도라고 단정했기 때문입니다. 그러한 반응의 상당 부분은 기도와 철저한 성경 연구가 아니라 저의 과거 경험에서 비롯되었습니다. 제 과거에 대해 대략 말씀드리면 제가 처음에 왜 그런 반응을 보였는지 이해하실 것입니다.

1970년, 대학시절에 저는 인생의 목적과 평안을 찾다가 요가, 명상, 염불 낭송, 실바 마인드 컨트롤과 마약에 빠지게 되었습니다. 그러한 탐색을 시작할 때 하나님이 나의 해결책이며 명상이 하나님을 발견하는 길이 될 수 있다고 느꼈습니다. 처음에는 이런 방법들이 효험을 나타내는 것처럼 보였지만, 명상을 할수록 악한 영과 접촉하기 시작했고 평화와 하나님께 닿는 대신 혼란만 가중되었습니다.

몇 년 후 인생의 막다른 골목에 이른 저는 마침내 예수님께 달려갔습니다. 그분은 항상 그 자리에 계셨습니다. 저는 예수님을 구세주로 영접했고 예수님은 제가 그토록 찾던 평강으로 저를 가득 채워주셨습니다. 그러나 저는 예수님께 제 인생을 맡기는 과정에서 조금이라도 신비로운 기미를 보이는 것들은 죄다 사탄의 딱지를 붙여 거부했습니다.

그래서 하나님과 대화하는 것에 관해 들었을 때 처음에 저는 마크 버클리라는 목사님을 찾아가 그 목사님의 잘못을 '바로잡아주려고' 했습니다. 그런데 목사님은 저의 두려움과 반대가 과연 성경에 입각한 것인지 아니면 단순한 반작용에 지나지 않는 것인지 직접 기도하고 성경을 읽으며 확인해보라고 권했습니다.

목사님 말씀을 따라 성경을 읽으며 기도하기 시작했는데, 어느 날 기도 중에 하나님께서 비록 사탄이 도적질하여 모방하고 있지만 하나님과 대화를 나누는 것은 참된 생각이라고 가르쳐주셨습니다. 그리고 그 이후로 기도할 때 제 사역을 위해 환상을 열어주기 시작하셨습니다. 전에 제가 '틴 챌린지'의 책임자 자리를 떠나는 것에 대해 기도할 때 기록했던 기도일지의 한 대목을 소개하겠습니다.

"아버지, 더 깊은 평화와 기쁨을 주시고 아버지의 성품을 닮아가게 하소서! 제가 어떤 결정을 내리기를 원하시는지 정말 모르겠습니다. 저는 이 사역에 푹 빠져 있다고 느끼고 있습니다. 제가 올바른 결정을 내릴 수 있으려면 아버지의 성품을 더욱 닮아가야 합니다."

그렇게 기도하고 있는데 제 마음에 환상이 보였습니다. 그 환상 속에서 예수님이 손을 내밀어 빵을 건네시면서 말씀하셨습니다.

"먹어라, 나의 평화다!"

그러고는 보석함을 건네시면서 그 안에 기쁨이 담겨 있으니 열어보라고 하셨습니다. 안에는 빨간 루비가 들어 있었습니다. 예수님은 다시 말씀하셨습니다.

"먹어라, 그것은 기쁨이다!"

그다음에 작은 문을 열어주셨습니다. 문 안에는 불이 타오르고 있었습니다. 예수님이 가까이 가서 보라고 하셔서 문 안으로 들어가 불을 들여다보았더니 그 한가운데 가느다란 작은 다리가 불을 가로질러 놓여 있었습니다. 바로 다음 순간, 제가 그 다리 위에 서 있다는 것을 알게 되었습니다. 제가 그 다리 위를 걸을 때, 균형을 잃지 않도록 주님께서 검 한 자루를 건네셨습니다. 그 검을 꼭 붙잡고 있으니까 떨어지지 않고 균형을 잡을 수 있었습니다.

주님께서 그 다리 자체를 자세히 들여다보라고 말씀하셔서 보았더니 그것이 살아 움직였습니다. 저는 그 다리가 예수님이라는 것을 알았습니다. 그 다리 맞은편에는 계단이 있었는데 그것이 하나님의 보좌로 이어진 계단임을 알 수 있었습니다.

그다음에 환상은 사라졌지만 주님께서 제 심령에 말씀하셨습니다.

"폴, 성품은 시련에 의해, 네가 너를 지탱하고 또 무엇이든지 뚫고 지나가기 위해 나를 의지함으로써 계발된단다. 방금 전에 너는 불을 보며 다리에서 떨어질까 염려했지만, 너를 굳게 붙잡고 있는 나와 네게 균형을 주는 말씀에 네 관심의 초점을 다시 맞추었을 때 새로운 힘을 얻게 되었지. 네가 이 시련을 지날 준비를 할 수 있도록 내가 나의 평화와 기쁨을 네게 먹였다는 것에 주목해라. 내가 네 평화와 기쁨이라는 것을 언제나 기억하렴!"

4

성경 안에서 꿈과 환상을 바라보라

셋째 열쇠

나는 기도할 때에 마음의 눈을 예수님께 고정하고 전능하신 하나님께서 주시는 환상과 꿈을 영으로 본다.

주님께서 내게 열어주신 셋째 열쇠는 기도의 삶에서 환상을 이용하는 것이다. 하박국 선지자는 하박국서 1장 1절에서 자신이 기록한 책 전체를 가리켜 "선지자 하박국이 본 말씀이다"(The burden which Habakkuk the prophet did see. KJV)라고 말했고, 2장 1절에서는 "그기 내게 무엇이리 말씀하실는지 기다리고 바라보며"라고 말했다.

이는 하박국 선지자가 전능하신 하나님과 접촉하는 수단의 일부로 환상을 활용하고 있었음을 말해준다. 하박국 선지자 외에 많은 선지자들 또한 하나님께서 그들 마음에 들려주신 말씀이 환상의 형태를 취하고 있었다고 말한다(사 1:1, 2:1, 6:1, 13:1 등).

따라서 우리는 하나님께서 우리 마음에 하나님의 말씀을 말씀하시기 위해 통상적으로 환상을 사용하신다고 말할 수 있다. 사실 이것은 내게 완전히 새로운 개념이었다. 환상이 하나님과의 소통에 중요한 국면이 될 수 있으리라고 단 한 번도 생각해본 적이 없었기 때문이었다.

처음에 나는 정말로 하나님께서 우리 마음에 환상을 보여주시는지도 확신하지 못했다. 그러나 성경을 집중적으로 연구하면서, 하나님께서 우리와 모든 언약을 맺으실 때 꿈과 환상을 통하여 우리 마음에 하나님을 계시하기로 선택하셨다는 사실을 입증하는 구절들이 창세기에서 요한계시록에 이르기까지 수없이 많다는 사실을 발견할 수 있었다.

나는 본서 부록 5에 꿈과 환상에 대해 언급하는 성경구절들을 나열했다. 물론 그것은 관련된 성경구절을 총망라한 것은 아니다. 두어 시간 정도를 투자하여 그 구절들을 꼼꼼히 읽고 하나님께서 꿈과 환상을 어떻게 사용하시는지에 대해 기본적으로 이해할 수 있기를 바란다. 그렇게 하면 내가 이번 장에서 말하려는 것들을 이해하기 위한 최상의 토대를 닦을 수 있을 것이다.

나는 환상의 문제를 성경적 신학적 철학적으로 숙고하던 중, 하나님께서 그분의 백성들에게 꿈과 환상을 통하여 계속 말씀하시리라고 기대하면 안 될 이유가 전혀 없다는 것을 깨달았다. 더욱이 하나님께서 "말세에 내가 내 영을 모든 육체에 부어주리니 너희의 자녀들은 예언할 것이요 너희의 젊은이들은 환상을 보고 너희의 늙은이들은 꿈을 꾸리라"(행 2:17)라고 말씀하시지 않는가? 말세에는 꿈과 환상이 성령의 움직임과 불가분의 관계로 연결되어 있다. 하나님께서 교회에 성령을 넘치도록 부어주시는 이 시대에 우리는 하나님의 자녀들이 꿈과 환상을 되찾을 수 있으리라 기대할 수 있다.

나는 주말마다 미국 전역에 세미나를 다니며 하나님의 음성을 듣는 것과 관련해 이 책에서 말하는 네 가지 열쇠에 대해 가르쳐 왔는데, 수많은 그리스도인이 내가 처음에 그랬던 것처럼 자신들의 기도생활에서 환상의 개념을 제대로 소화하지 못해 힘들어한다는 것을 발견했다.

오늘날 우리는 합리주의를 우상처럼 신봉하는 문화권에서 살고 있다. 따라서 환상을 통하여 살아 계신 하나님과 접촉하는 것이 가능하다고 믿는 것은 오늘날 문화와 완전히 단절하라고 요구하는 것일 수도 있다. 그러나 그리스도인은 자신이 성경의 견고한 기반 위에 서 있다는 것을 확신하는 한, 세상 사람들과 달라지는 것을 결단코 두려워하지 않았다. 부록 5에 제시된 성경구절들은 성인들의 기도생활에서 환상이 언제나 뚜렷하게 나타났음을 입증하는 동시에 교회생활의 맥락에서 환상에 대하여 성경적인 시각을 갖게 해준다.

'환상을 보는 것'이 정말 중요한가?

언젠가 신시내티에서 열린 한 세미나에서 하나님을 바라보고 하나님 말씀을 듣기 위해 마음의 눈을 사용하는 것에 대해 하나님께 묻는 시간을 가져보자고 참석자들에게 요청했다. 이에 모든 참석자가 조용히 기도했고 신시내티 성경학교의 교장 스탠 피터스(Stan Peters) 목사는 아래와 같은 응답을 받았다. 다음은 당시 그가 작성한 기도일지의 한 대목이다.

"주님, 제가 마음의 눈을 사용하는 것을 어떻게 생각하십니까? 그것이 하나님과 제게, 하나님과 저의 관계에, 하나님과 제가 동행하는 데에 얼마나 중요한지요?"

소경에게 아름답게 지저귀는 종달새를 보고 싶으냐고 물어보아라. 어머니와 아버지, 사랑하는 사람을 보기 원하느냐고 물어보아라. 그가 뭐라고 대답하겠니? 내가 장담하는데 그는 큰소리로 보고 싶다고 외칠 것이다. 네가 나와 완벽하게 하나가 되어 사랑으로 함께 걸으려면 나를 똑똑히 볼 수 있어야 하고, 그러려면 너도 소경처럼 치유를 받아야 한다. 두 사람이 마음이 다르면 어떻게 함께 걸을 수 있겠니? 너도 나를 보기 원하느냐?

"네, 주님!"

그렇다면 나를 보게 될 것이다! 스탠! 너를 사랑한다!

프레드 밴알멘이라는 사람은 다음과 같은 응답을 받았다.
"주님, 마음의 눈이 그렇게 중요한가요? 혹시 제가 이미 마음의 눈을 사용하고 있는 것은 아닌지요? 그것을 어떻게 사용해야 하는 것입니까?"

마음의 눈은 정말로 중요하다. 육신의 눈으로는 사람들의 옷과 얼굴밖에 볼 수 없지만 마음의 눈으로는 그들 안에 있는 것들을 볼 수 있지. 전체적인 그림을 더 잘 볼 수 있고, 어떤 상황이든 그와 관련된 모든 사정을 다 볼 수 있단다. 육신의 눈보다 마음의 눈으로 볼 때 너는 훨씬 좋아질 거야! 너는 마음의 눈으로 나를 볼 수 있고, 모든 사람 안에서 나를 볼 수 있으며, 다른 사람들은 네 안에서 나를 볼 수 있을 것이다…

나는 하나님께서 그분의 교회가 기도생활에서 영적인 환상을 사용하는 것을 회복하라고 말씀하신다고 믿으며, 이 두 가지 발췌는 그것을 분명히 보여준다. 그러므로 나는 이번 장에서 내가 '환상'이라는 단어로 무엇을 의미하는지 정의하고, 다양한 유형의 환상에 대해 설명하고, 창세기에서 요한계시록까지 등장하는 성경의 많은 인물이 환상을 받았음을 입증하는 성경적 근거를 제시하고, 하나님께서 주시는 꿈과 환상을 받으려면 어떻게 우리 자신을 준비해야 하는지 논할 것이다. 또한 마음의 눈을 발달시키는 방법들을 조사하고, 그것을 하나님 앞에 내놓으며 하나님의 꿈과 환상으로 가득 채워달라고 구하는 것에 대해 논할 것이다. 마지막으로, 환상을 검사하는 방법을 제시하고 환상을 통해 하나님과 접촉했을 때 그것이 나타내는 치유 능력의 예를 소개함으로써 이 장을 마무리하겠다.

환상은 마음의 눈으로 '보는' 것이다

내가 꿈과 환상에 대하여 말할 때, 그것은 개인의 백일몽이나 공상을 지칭하지 않는다. 그것은 마음의 눈으로 성령 안에서 하나님의 움직임을 보는 것을 가리킨다. 옛날에 선지자들은 '선견자'라 불렸다(삼상 9:9). 선견자란 전능하신 하나님의 움직임을 영으로 보는 사람들을 일컫는 말이다. 세상도 두 종류이며 우리 눈도 두 종류이다. 사도 바울은 에베소 교인들의 마음의 눈이 밝아져서 영적인 실체들을 알게 되기를 기도했다(엡 1:17,18). 따라서 영적인 세계 안에서 살기를 원하고, 성령의 역사를 분명히 알고 제대로 반응하기를 진정으로 바란다면 반드시 영적인 눈을 사용해야 한다.

환상은 여러모로 유익하다. 우리는 우리 바로 옆에 앉아 생명의 말씀을 하시는 예수님을 환상으로 보면서 예수님과 친밀하게 교제할 수 있다. 우리는 다른 사람들을 섬기는 사역을 할 때, 예수께서 사람들의 필요를 어떻게 만져주시기 원하는지 보여달라고 환상 속에서 구할 수 있다. 그리고 그럴 때 우리는 예수님께서 가르쳐주신 대로 우리의 환경과 상황을 향해 "나라가 임하시오며 뜻이 하늘에서 이루어진 것같이 땅에서도 이루어지이다"(마 6:10)라고 명령함으로써 예수님이 주신 환상에 호응할 수 있다.

사실 주기도문의 이 구절에 쓰인 헬라어 동사는 명령형으로서 명령을 반포한다. 환상을 받았을 때 우리는 우리의 환경에 명령함으로써 하나님 나라를 이루어 갈 수 있다. 예수님께서도 병든 사람들을 바라보셨을 때, 질병의 표면을 뚫고 지나가 하나님나라의 일부로서 하나님이 주시는 건강을 보셨고 병든 자들을 향해 "나아라!" 명하셨다. 그러자 백성들은 치유를 받았다.

환상의 다섯 가지 유형

환상의 유형은 적어도 다섯 가지로 나뉜다. 각각의 종류가 동등하게 타당하며, 하나님 말씀에 비추어 검사받아야 한다.

자는 중에 받는 것

첫째 유형은 밤에 꿈이나 환상으로 받는 것인데, 사도 바울은 사도행전 16장 9절에서 그러한 환상을 받았다. 그는 몇몇 도시에서 복음을 전하려 했지만 성령께서 막으셨다. 그는 몇 가지 이유로 인하여 평소에 길을 인도해주시던 주님의 인도하심을 받지 못했다. 그런데 밤에 하나님께서 환상을 주셨고 그 환상 속에서 마케도니아 사람이 나타나 도움을 청하며 그의 다음 여정을 안내했다.

잠든 동안에도 우리 마음은 하나님께서 주시는 메시지를 충분히 받을 수 있는 상태로 깨어 있다. 우리가 잠든 동안 하나님께서 꿈이나 환상을 통해 우리 영의 상태나 두려움, 분노, 증오를 그림처럼 상징적으로 보여주실 수도 있고, 우리의 기도가 필요한 상황을 상징적인 영상으로 계시해주실 수도 있다. 우리는 솔로몬과 다니엘이 그랬던 것처럼(왕상 3장, 단 7장) 하나님과 대화를 나눌 수도 있다.

몇 년 전에 꾼 꿈에서 예수께서 내가 어릴 적에 다니던 교회에 서 계셨다. 나는 예수님께 다가가 당시 나의 마음에서 늘 타오르고 있던 질문을 드렸다. "주님, 주님의 음성을 들으려면 어떻게 해야 합니까?" 그러자 주님께서 "너는 지금 제대로 가고 있다. 포기하지 말고 계속 그 길로 걸어라!"라고 대답하셨다. 나는 그러한 체험을 통하여 크나큰 위로를 얻었고 나의 탐색을 지속하리라는 소망을 가질 수 있었다. 우리 학교 학생들 가운데도 나처럼 꿈에서 주님과 대화를 나눈 뒤에 꿈속의 체험이 지니는 놀라운 가치를 확신하게 된 이들이 참 많다.

무아지경의 상태에서 받는 것

무아지경의 상태에서 받는 환상이 있다. 사도행전 10장 10-16절에서 베드로가 그러한 환상을 받았다. 주님은 이 환상 속에서 이방인들이 더 이상 부정하지 않다고 베드로에게 말씀하셨고 그가 백부장 고넬료를 위해 사역하도록 준비시키셨다. 나는 수년 동안 이런 유형의 환상만을 유일한 환상으로 간주했다. 그러나 나를 향한 하나님의 사랑과 나와 교제를 나누고자 하시는 하나님의 소망에 대해 더욱 알게 되면서 이것이 하나님께서 첫 번째로 선택하시는 방법이 아니라는 것을 확신하게 되었다. 일반적으로 무아지경 상태의 환상은 하나님께서 다른 방법으로는 우리를 깨우쳐 주실 수 없을 때 오는 것 같다.

영적인 세계를 보는 것

셋째 유형은 영의 눈으로 우리 자신 밖에 있는 것들을 보는 것과 관련 있다. 일례로, 사도행전 7장 55,56절에서 스데반은 하늘을 응시하면서 예수께서 하나님 우편에 서 계신 것을 보았다. 스데반은 자고 있지도 않았고 무아지경의 상태에 있지도 않았지만 육신의 눈으로 볼 수 있는 것 이상의 것을 보고 있었다. 그는 영적인 눈으로 영적인 세계를 보았다.

내가 이 책에서 말하는 환상은 이 세 가지 유형의 환상을 지칭하지 않는다. 이 세 가지 환상보다 '더' 표준적이지만 '덜' 극적인 다른 두 가지 유형의 환상과 관련되어 있다. 우리는 종종 하나님의 음성에 대해 생각할 때 우르르 쾅쾅 진동하는 천둥소리나 구름이 갈라지는 장면을 연상하지만 하나님은 우리에게 자연스러운 하나님이 되기 원하시며 우리에게 익숙한 방식으로 말씀하시고 싶어 하신다. 하나님의 음성과의 만남이 종종 너무도 평범하고 자연스럽게 이루어지고, 그런 탓에 우리가 하나님 음성을 단지 우리 자신의 생각의 산물로 간주하여 그냥 무시해버리려는 유혹을 받곤 하는 것이 그런 까닭이다. 이제부터 말하는 두 종류의 환상은 앞에서 말한 세 종류의 환상보다 더 부드럽고, 단순하고, 표준적인 것이다.

마음에 자연스럽게 펼쳐지는 내적 영상

이러한 유형은 구하지도 않았는데 마음속에 자연스럽게 펼쳐지는 내적인 영상이다. 이것은 하나님의 음성과 같은 방법으로 오는 환상이다. 나는 때로 어떤 사람의 이름이 문득 떠올랐을 때 그를 위해 기도해야 한다는 것을 깨닫는 것처럼, 어떤 사람의 얼굴이 문득 마음에 떠올랐을 때 그 사람을 위해 기도하라는 부름을 느끼는 체험을 한다.

나는 기도하고 있지도 않고 찬양을 하고 있지도 않은데 어떤 사람의 얼굴이 종종 내 마음에 떠오른다. 그 이미지는 보통 가볍고 부드러우며 내적으로만 볼 수 있다. 나는 나의 세미나에 참석하는 사람들을 대상으로 조사해본 결과, 대부분의 그리스도인이 이러한 유형의 환상을 체험하고 있다는 것을 발견했다.

기도나 말씀 묵상이나 찬양 중에 받는 것

이것은 기도하거나 말씀을 묵상하거나 찬양하면서 주님을 찾는 동안에 받게 된다는 점을 제외하면 넷째 유형의 환상과 유사하다. 나는 주님 앞에 나아갔을 때 혹시 내게 보여주기 원하시는 것이 있는지 여쭙고, 내 마음의 눈을 신중하게 주님께 내어놓으며 주님의 환상과 계시로 채워주시기를 기대한다. 이 환상 또한 가볍고 부드럽다.

나는 내가 선택하기만 하면 이러한 환상의 내용을 바꿀 수도 있다는 것을 발견했다. 물론 그러지 않는다. 나의 소망은 나 자신의 작품일 수도 있는 공상이 아니라 주님께서 주시는 환상을 보는 것이기 때문이다. 이런 유형의 환상이 이 책 전반에서 언급하는 가장 중요한 환상이다. 본서의 부록 4에 헬라어 신약성경에서 계시와 관련된 체험을 기술하는 데 사용된 단어 12개를 뽑아 제시했으니 참조하기 바란다.

환상을 보는 것이 하나님과 영적으로 접촉하는 것인가?

이러한 부드럽고 자연스러운 환상(네 번째와 다섯 번째 유형)을 보는 것을 실제로 하나님과 영적으로 접촉하는 것이라고 믿어도 좋은가? 성경은 그렇다고 분명하게 가르친다. 느부갓네살 왕은 머리에 떠오른 환상 속에서 천사를 만났다.

"내가 침상에서 머리 속으로 받은 환상 가운데에 또 본즉 한 순찰자, 한 거룩한 자가 하늘에서 내려왔는데 그가 소리 질러 이처럼 이르기를…"(단 4:13,14)

아마 우리 대부분은 천사와의 접촉이 머리의 환상 속에서 일어날 수 있다고 생각하지 않겠지만 성경의 가르침은 매우 명백하다.

다니엘은 머릿속으로 받은 환상 속에서 옛적부터 항상 계신 이와 인자 같은 이를 만났다. 아래 구절들을 숙고해보라.

> 바벨론 벨사살 왕 원년에 다니엘이 그의 침상에서 꿈을 꾸며 머리 속으로 환상을 받고 그 꿈을 기록하며 그 일의 대략을 진술하니라… 내가 또 밤 환상 중에 보니 인자 같은 이가 하늘 구름을 타고 와서 옛적부터 항상 계신 이에게 나아가 그 앞으로 인도되매… 나 다니엘이 중심에 근심하며 내 머리 속의 환상이 나를 번민하게 한지라 단 7:11,13,15

이 구절들은 우리가 하나님 말씀을 묵상할 때 아버지 하나님과 아버지의 아들과 아버지의 천사들과 접촉할 수 있다는 사실을 암시한다. 이러한 환상들은 생생하게 올 수 있고 또 생생하게 온다. 우리는 이러한 환상을 받을 때 하나님과 실제로 접촉하게 된다. 우리는 환상을 볼 수 있는 우리의 능력을 활용할 수 있으며, 마음의 눈을 하나님 앞에 내놓으면서 하나님의 계시와 환상으로 가득 채워달라고 구할 수 있다.

성경의 근거

꿈과 환상이 하나님과 인간의 소통에 필수적인 부분이었다는 것은 성경 전반을 통해 알 수 있다. 하나님은 구약과 신약 모두에서 인간과 접촉하기 위해 레마와 환상을 사용하셨다. 영적인 차원을 듣고 볼 수 있는 능력은 하나님과의 상호작용에 사용된 두 가지 영적 감각이다.

아브라함

창세기 12장에서 하나님은 아브람에게 말씀하시며 그를 큰 민족으로 만들어주겠다고 약속하셨다. 그것은 하나님께서 아브람에게 주신 레마였다. 아브람은 그 말씀에 순종했고 하나님께 순종하면서 앞으로 나아갔다. 나중에 하나님은 더 많은 말씀으로 아브람에게 돌아오셨다.

"내가 네 자손이 땅의 티끌 같게 하리니 사람이 땅의 티끌을 능히 셀 수 있을진대 네 자손도 세리라"(창 13:16).

하나님은 아브람이 하늘을 올려보든지 땅을 내려보든지 하나님께 받은 약속을 상기할 수 있도록 환상을 통하여 레마를 생생하게 묘사해주셨다. "이 후에 여호와의 말씀이 환상 중에 아브람에게 임하여 이르시되 … 하늘을 우러러 뭇별을 셀 수 있나 보라 또 그에게 이르시되 네 자손이 이와 같으리라"(창 15:1-5).

또한 창세기 15장 6절은 이 환상의 능력을 강조한다.

"아브람이 여호와를 믿으니 여호와께서 이를 그의 의로 여기시고."

참으로 놀라운 말씀이 아닌가! 환상은 레마를 구체적으로 표현했고 아브람의 마음에 믿음을 낳았다. 환상을 본 결과로 아브람의 믿음은 머리에서 마음으로 이동했다.

발람

발람은 선지자였다. 그는 하나님의 음성을 듣는 능력이 뛰어나 모압 왕조차도 그를 불러 도움을 청했다. 처음에 발람은 하나님께 들은 것만을 말하려 했기 때문에 모압 왕의 요청대로 이스라엘 백성들을 저주할 수가 없었다. 민수기 24장 2-4절과 15,16절에서 그는 자신을 가리켜 "하나님의 말씀을 듣는 자, 전능자의 환상을 보는 자, 엎드려서 눈을 뜬 자"라 일컬었다. 발람 또한 레마와 환상을 통하여 계시를 받은 인물이었다.

예수님의 사역

환상은 예수님의 사역에서도 주된 역할을 했다. 예수께서 말씀하셨다. "아들이 아버지께서 하시는 일을 보지 않고는 아무것도 스스로 할 수 없나니 아버지께서 행하시는 그것을 아들도 그와 같이 행하느니라 아버지께서 아들을 사랑하사 자기가 행하시는 것을 다 아들에게 보이시고…"(요 5:19,20).

그리고 몇 장(章) 뒤에서 같은 말씀을 되풀이하셨다.

"나는 내 아버지에게서 본 것을 말하고"(요 8:38).

예수님은 자신이 스스로 아무것도 할 수 없다고 분명히 밝히셨다. 성경은 예수님이 아버지께서 하시는 것들을 '환상 가운데' 보셨다고 직접 말하지 않지만 우리는 위의 요한복음 구절들을 통해 예수님이 마음으로 환상을 보셨음을 충분히 확신할 수 있다. 예수님의 모든 권세와 능력은 아버지께서 보여주신 행위에서 나온 것이었다. 예수님은 하나님께서 병든 자들에게 안수하시어 치유하시는 것을 보셨을 때 병든 자들에게 안수하여 치유하셨고, 하나님께서 귀신을 쫓아내는 것을 보셨을 때 귀신에게 명하여 물러가게 하셨다. 예수님의 행위는 예수께서 환상을 통해 보고 레마를 통해 들은 아버지 하나님의 움직임으로부터만 흘러나왔다.

이 사실을 깨달은 순간 나는 예수님이 사신 것처럼 살겠다고 마음으로 결단했다. 육신의 눈에 보이는 것을 따라 살지 않고 오로지 영의 눈에 보이는 것에 반응하겠다고 굳게 마음을 정했다.

"우리가 주목하는 것은 보이는 것이 아니요 보이지 않는 것이니 보이는 것은 잠깐이요 보이지 않는 것은 영원함이라"(고후 4:18).

나는 하나님께서 나를 사랑하신다는 것과 내가 그저 영의 눈을 크게 뜨고 보려고 하면(이에 대하여는 다음 장에서 말하겠다) 하나님께서 자신이 하시는 일을 보여주시리라는 것을 알고 있다.

예수님은 마음으로 환상을 보셨을 뿐 아니라 또한 자신이 환상으로 본 것을 그림의 언어로 가르치셨다.

"예수께서 이 모든 것을 무리에게 비유로 말씀하시고 비유가 아니면 아무것도 말씀하지 아니하셨으니"(마 13:34).

비유는 '말'로 만들어진 심상(心象. image)이다. 비유는 우리가 하나님께 받은 상상력의 렌즈를 통해 세상을 보게 해준다.

예수님은 추수할 준비가 된 들판을 보셨을 때 하나님나라 안으로 인도받을 준비가 된 인간의 마음을 심상으로 그리셨으며, 풍성한 열매로 휘어진 포도나무를 보셨을 때는 우리가 예수님의 생명 안에 거할 때 지닐 수 있는 놀라운 생산력을 마음에 그리셨다. 예수님은 군중들이 영적인 실체를 볼 수 있도록 '말'로 그림을 그려줌으로써 군중들을 가르치셨다.

하나님을 계시하는 하나님의 형상

더욱 놀라운 것은 예수께서 심상을 보고 가르치셨을 뿐 아니라 사도 바울이 예수님을 가리켜 "보이지 아니하는 하나님의 형상(image)"(골 1:15)이라고 말했다는 사실이다.

하나님은 택하신 백성들에게 구약 전반을 통해 자신을 계시하기를 원하셨다. 하나님은 자신이 누구인지 이스라엘 백성들에게 계시하시기 위해 율법과 규례와 제사장들과 선지자들과 성막과 성전을 주셨다. 그러나 이스라엘 백성들은 이해하지 못했다. 우리라도 마찬가지였을 것이다. 우리가 하나님을 우리의 죄와 연약함에 대해 질책과 징벌을 배당하는 무자비한 심판자로 생각하는 경우가 얼마나 흔한가?

그래서 하나님은 하나님에 대한 우리의 모든 오해를 깨끗이 청소해주시고 구약 때부터 말씀해오던 것을 생생한 그림으로 보여주시기로 결정하셨다. 예수님을 보내신 것이었다. 그 결과 이제 우리는 하나님이 어떤 분이신지 더 이상 의심할 필요가 없게 되었다. 하나님을 우리에게 계시하는 살아있는 형상을 갖고 있기 때문이다. 우리는 예수께서 사람들 가운데서 어떻게 걸으셨는지 살펴볼 때 하나님이 사랑이 풍성하시며 온유하고 자비로운 분이시라는 것을 알 수 있다. 하나님의 영광이 하나님의 형상이요 하나님의 충만함이신 아들 안에 계시되어 있기 때문이다.

사도 요한

이 장 서두에서 꿈과 환상이 성령의 역사와 밀접한 관계를 갖고 있다는 점을 보았다.

"말세에 내가 내 영을 모든 육체에 부어주리니 너희의 자녀들은 예언할 것이요 너희의 젊은이들은 환상을 보고 너희의 늙은이들은 꿈을 꾸리라"(행 2:17).

나는 우리가 성령이 강력히 부어지는 시대에 살고 있다고 믿으며, 또한 이 말씀대로 이러한 성령의 부어짐에 예언과 꿈과 환상이 강력하게 흐르기를 기대해야 한다고 믿는다. 그러므로 나는 신자들의 마음에 환상이 통상적으로 자연스럽게 흐르기를 기대한다.

환상이 영적 접촉에서 중심적 요소라는 점은 요한계시록 1장 10,11절에서도 입증된다. 이 두 구절은 우리를 하나님과의 쌍방향 대화로 데려갈 수 있는 몇 가지 원칙들을 담고 있다는 점에서 매우 흥미롭다.

"주의 날에 내가 성령에 감동되어 내 뒤에서 나는 나팔소리 같은 큰 음성을 들으니 이르되 네가 보는 것을 두루마리에 써서…"

요한은 자신이 성령에 감동되어 있었다고 말한다. 이는 그가 고요한 상대에서 내적으로 성령과 접촉하고 있었다는 의미이다. 그는 음성을 들었다. 그것은 레마다. 그는 하나님께 받은 계시를 기록했다. 그것은 기도일지이다(이에 대하여는 다음 장에서 논할 것이다). 그리고 그는 환상을 보았다. 심지어 그는 환상 속으로 들어가 천사들과 이야기했으며 자신이 환상으로 보고 있는 영적 세계 안에서 일어나고 있는 행위의 일부가 되었다.

하나님은 왜 이미지로 계시하실까?

지금까지 살펴본 것처럼 환상은 창세기에서 요한계시록에 이르기까지 하나님과 인간이 접촉하는 데, 레마를 구체적으로 표현하는 데, 영적인 진리를 예증하는 데, 믿음을 증대시키는 데 사용되었다. 그러나 아직도 질문 하나가 마음 한구석을 서성거리며 떠날 생각을 하지 않는다. 그것은 바로, "하나님께서 왜 비유와 영상으로 영적인 진리를 가르치기로 하셨을까?"라는 질문이다. 이 질문은 "왜 성경 자체가 일련의 이야기로 되어 있는 것일까?" 하는 또 다른 질문을 물고 온다.

이야기라는 것은 오해와 다툼을 일으킬 소지가 다분하다. 하나님께서 우리에게 성경이 아니라 조직신학 책을 주셨다면 하나님의 뜻을 훨씬 더 효율적으로 전할 수 있지 않았을까? 우리라면 당연히 그렇게 했을 것이다. 우리라면 성경의 주요 교리를 깔끔하게 정리하여 산뜻한 도표와 도식으로 나타냈을 것이다.

그러나 하나님은, 하나님께서 신학적인 책이나 도표와 도식을 그리는 대신 이야기책을 쓰신 데에는 매우 타당한 이유가 있었다는 점을 내게 깨우쳐주셨다. 그것은 바로, '말'로 만들어진 영상이 우리 마음을 움직이고 분발시킨다는 것이었다. 분석은 단지 정신만을 만족시킬 뿐이다. 그러나 하나님의 주된 관심사는 머리가 아니라 마음을 어루만지는 것이다. 그러므로 우리가 하나님에 대해 알고 있는 많은 것이 일련의 심상을 통하여 계시되는 것이다.

환상의 가치

한국의 조용기 목사는 심상(image)의 능력을 누구보다 강하게 믿는 사람이다. 그는 성령의 언어가 꿈과 환상이라고 말했다. 이는 성령께서 당신에게 무엇인가를 말씀하고자 하실 때에 통상적으로 꿈과 환상을 사용하신다는 의미이다.

그는 자신의 창의력이 꿈과 환상을 '품기' 시작했을 때 온 것이라고 말했다. 그가 주님께 받은 명령은 언제나 항상 꿈과 환상을 '품어야' 한다는 것이었다. 그 꿈의 하나는 그가 섬기는 교회의 교인 수를 증대시키는 것이었다. 지금 그가 섬기는 교회의 교인 숫자는 70만을 상회하며 그는 매주일 더 많은 사람에게 말씀을 전하고 있다. 그는 육신의 눈에 보이는 교인들 숫자보다 더 많은 교인들을 영의 눈으로 본다고 말했다.

환상의 가치를 가장 쉽게 식별할 수 있는 분야는 아마도 창의력과 관계된 분야일 것이다. 하나님은 우주에서 가장 창의적인 존재이시다. 그분이 바로 창조주 하나님이시다. 창조하는 능력은 창의적인 영 안에서 태동한다. 태초에 하나님의 영이 수면 위를 운행하셨고(창 1:2) 존재하지 않던 것들을 존재하게 하심으로써 세상을 만드셨다.

어떤 것을 먼저 마음에 그리면서 보지 않으면 아무것도 만들 수 없다. 마천루가 높이 솟아오르기 훨씬 전에 건축가는 그 건물의 세세한 면들을 마음에 그린다. 미켈란젤로는 거대한 대리석 바위를 보았을 때, 다른 사람들처럼 채석장에 뒹구는 투박한 돌덩어리를 보지 않고 그 안에서 아름다운 청년의 상(像)을 보았다. 그가 바윗덩어리를 깎아내면서 웅장한 다비드 상을 만든 것이 아니라 바위 안에서 이미 보았던 다비드 상을 바깥으로 드러낸 것이다.

하나님은 모든 인간 안에 영을 두셨다. 인간의 세계와 동물의 세계를 그것으로 구별한다. 인간은 영을 갖고 있지만 동물은 갖고 있지 않다. 모든 인간은 정도의 차이는 있겠지만 자신 안에 있는 영으로 무엇인가를 만들 수 있는 능력을 갖고 있다. 그러나 하나님은 우리가 우리 영의 창의력을 성령께 드려서 풍성하게 채우시도록 우리를 창조하셨다. 그러므로 우리는 성령께 우리 자신을 완전히 덮어달라고 구하고, 성령께서 우리를 통해 흐르시도록 구하며, 전능하신 하나님의 뜻에 우리의 뜻을 굴복시킬 수 있게 도와달라고 구해야 한다. 우리는 우리 자신의 능력으로 무엇을 만드는 대신에 하나의 관(管)이 되어 하나님께서 우리를 통해 움직이시며 하나님의 일을 하시도록 해야 한다.

하나님의 계획이 말씀과 환상을 통해 우리에게 오신다

아브라함은 하나님께서 한 인간의 영을 통하여 독창적인 이적을 낳으신다는 것을 보여주는 전형적인 예이다. 먼저 하나님은 아브람에게 말씀하셨다.

"… 너는 너의 고향과 친척과 아버지의 집을 떠나 내가 네게 보여줄 땅으로 가라 내가 너로 큰 민족을 이루고…"(창 12:1,2).

그다음에 하나님은 아브람의 마음에 한 가지 영상을 심어주셨다. 하나님은 환상 중에 아브람에게 오시어(창 15:1) 성취 과정 중에 있는 이적을 보여주셨다.

"그를 이끌고 밖으로 나가 이르시되 하늘을 우러러 뭇별을 셀 수 있나 보라 또 그에게 이르시되 네 자손이 이와 같으리라"(창 15:5).

순간, 아브람은 하나님께서 보여주신 것을 마음으로 품었다. 전능하신 하나님의 뜻이 한 인간의 마음에 깊이 심긴 것이다. 그의 마음에 씨앗 하나가 뿌려졌고, 그것이 발아하여 성장하도록 그가 허락했을 때, 그 씨앗은 전능하신 하나님의 독창적인 행위와 뜻을 낳았다.

여기서 주목할 것은 하나님께서 아브람의 마음에 주신 말씀이 그에게 보여주신 환상과 짝을 이루어 아브람 안에 엄청난 수준의 믿음, 하나님조차도 특별히 주목하신 믿음을 낳았다는 것이다.

"아브람이 여호와를 믿으니 여호와께서 이를 그의 의로 여기시고"(창

15:6).

하나님과 교통하면서 레마와 환상을 받는 모든 사람에게 바로 이런 일이 일어날 것이다. 그들은 전능하신 하나님께서 주시는 독창적인 아이디어를 자신들의 영 안에 품을 것이며 그것은 그들 안에 실로 엄청난 수준의 믿음을 낳을 것이다. 이전의 나는 두려움과 걱정에 짓눌린 비관주의자로 살았지만 그렇게 하나님과 교통하면서 믿음이 충만한 낙관주의자로 변모되었다.

아브람은 하나님께서 그의 마음에 주신 레마와 환상을 곰곰이 숙고했고, "믿음이 없어 하나님의 약속을 의심하지 않고 믿음으로 견고하여져서 하나님께 영광을 돌리며 약속하신 그것을 또한 능히 이루실 줄을 확신"(롬 4:20,21)했다. 그리고 하나님께 명을 받은 그대로 사람들에게 하나님 말씀을 말했다.

하나님은 그에게 말씀하셨다.

"이제 후로는 네 이름을 아브람이라 하지 아니하고 아브라함이라 하리니 이는 내가 너를 여러 민족의 아버지가 되게 함이니라"(창 17:5).

'아브라함'이라는 이름은 '여러 민족의 아버지'라는 뜻이다. 하나님은 그에게 새로운 이름을 주심으로써 그가 자신의 이름을 말할 때마다 하나님께 받은 약속을 선포하라고 명하셨다.

아브라함은 하나님께서 마음에 주신 말씀과 환상 위에서 행동했고 때가 이르자 그의 아내 사라가 약속의 아들인 이삭을 낳았다(창 21:1-5). 이는 하나님의 독창적이고 창의적인 계획이 우리의 영을 통하여 여기 이 물질의 세계에 들어올 수 있음을 보여주는 놀라운 예가 아닐 수 없다.

지금까지 우리 믿음의 조상 아브라함에 대해 이야기한 것들을 세 단계로 정리해보겠다.

제 1단계 : 품기

1. 그는 하나님의 음성을 들었다(창 12:1-3).
2. 그는 믿음의 눈으로 보았다(창 15:5,6).

제 2단계 : 배양하기

3. 그는 믿음의 마음으로 생각했다(롬 4:20,21).
4. 그는 믿음의 말을 했다(창 17:5).
5. 그는 믿음으로 행했다(창 17:23).

제 3단계 : 낳기

6. 그는 믿음의 약속을 받았다(창 21:5).

교회가 하나님과의 대화를 회복할 때

나는 하나님과 통상적으로 대화하기 시작하는 사람이라면 누구든지 자신의 영 안에서 이전에 결코 알지 못하던 창의력의 물결이 굽이쳐 흐르는 것을 느끼게 될 것이라 믿어 의심하지 않는다. 나는 교회가 '하나님과의 대화'를 회복할 때 오늘의 세상에서 가장 독창적이고 창의적인 세력이 될 것이라 믿는다. 그 무엇도 그 힘에 비견할 수 없을 것이며, 이 세상의 어려운 문제들에 대한 창의적인 해결책이 교회를 통해 풀려나가며, 세상은 하나님의 아들이 팔레스타인 땅을 걸으신 이래 체험하지 못했던 치유의 능력으로 치유될 것이다. 당신에게 정직하게 증언하고 싶은 사실이 하나 있다. 그것은 바로, 내가 내 삶에 하나님과의 교통과 대화를 회복한 이래 가장 창의적이고 생산적인 날들을 보내고 있다는 사실이다!

인본주의자들도 인간의 영 안에 창의적 능력이 있다는 진리를 인정한다. 그러나 그리스도인으로서 우리는 완전한 진리를 알고 있다. 그 진리란, 인간의 영이 성령의 창의적인 아이디어와 에너지를 품고 배양하고 때가 되었을 때 세상에 낳을 수 있는 자궁이 되도록 만들어졌다는 것이다. 그리고 우리는 우리의 성취에서 오는 모든 명예와 영광이 오직 예수님께 속한 것임을 잘 알고 있다.

성령께서는 내게 어떤 말씀을 하실 때, 그 말씀을 상기하는 수단으로 붙잡을 수 있도록 영상도 함께 주신다. 나는 가르칠 준비를 할 때 나의 가르침을 통하여 무엇을 이루기 원하시는지 환상으로 보여달라고 성령께 구한다. 가르칠 때는 그 환상을 꼭 붙잡고, 성령께서 원하시는 것이 이루어지는 것을 보겠다는 것을 목표로 삼고 전력을 기울인다. 그래서 지금 이 순간에도 예수 그리스도의 교회가 하나님과의 친밀한 대화를 회복함으로써 변모되는 환상을 꼭 붙잡고 이 책을 쓰고 있다.

하나님과의 교제를 위한 준비

나는 열네 살쯤 되었을 때 모든 상상과 환상을 던져버렸다. 어른이 되어가고 있었기에 그런 유치한 것들과 결별을 선언한 것이었다. 꿈과 환상은 중요하지 않았고 내게 아무 의미도 지니지 못했다. 어른들의 세계에서 성공적으로 살아가려면 오직 논리와 분석과 인식만이 유용하다고 생각했다.

꿈과 환상을 전혀 활용하지 않자 그것들이 내 안에서 급속히 쇠퇴했고 나중에는 결국 영으로 무엇인가를 보려고 해도 아무것도 보지 못하는 지경에 이르고 말았다. 그러니 내가 마음의 눈을 사용하는 것의 중요성을 확신하게 되었을 때 그런 영역 안으로 들어가는 것이 얼마나 힘들고 어려웠을지 짐작할 수 있을 것이다. 나는 그런 과정을 겪으면서 영적인 환상을 통하여 하나님과 교제하기 시작하려면 세 가지 기본적인 선행조건을 만족시켜야 한다는 것을 깨달았다.

첫째, 나는 꿈과 환상을 통해 사는 삶의 가치를 확신해야 했다. 그것은 성경에서 꿈과 환상이 어떤 역할을 하는지 깨닫기 위해 하나님 말씀을 철저히 연구하는 것을 의미했다. 하나님과의 영적 접촉에서 마음의 눈이 중심적인 요소가 된다는 점을 발견한 후에야 비로소 나는 전능하신 하나님께서 주시는 환상을 마음으로 추구하기 시작할 준비를 갖출 수 있었다. 하지만 환상을 볼 수 있는 잠재력을 너무나 오래 사용하지 않았던 터라 나는 영적인 세계에 관한 이미지들을 자연스럽게 즉각 받아들이기 시작하지 못했다.

그러므로 내가 둘째로 해야 했던 것은 시간을 따로 떼어 내 마음의 눈을 하나님께 의도적으로 내놓는 것이었다. 나는 나 자신을 고요히 가라앉힌 뒤에 "하나님 아버지, 제게 보여주고자 하시는 것이 있습니까?" 여쭙고는 그것을 보기 위해 바라보았다(단 7:2,9,8:2,3,5). 마음의 초점을 오로지 예수님께 맞추고 조용히 기대하는 마음으로 기다렸다. 그때 갑자기 내적인 자각이 일어나 내 안에서 움직이는 하나님의 움직임을 볼 수 있었다.

환상을 구하며 처음 하나님 앞에 나아갈 때 나는 하나님께서 심상, 내적 영상, 환상을 통하여 내게 말씀하시리라는 것을 믿는 믿음으로 나아가야 했다. 히브리서 기자는 "하나님께 나아가는 자는 반드시 그가 계신 것과 또한 그가 자기를 찾는 자들에게 상 주시는 이심을 믿어야 할지니라"(히 11:6)라고 단언했다.

이것이 바로 내가 셋째로 충족시켜야 할 선행조건이었다. 하나님께서 환상을 주심으로써 나와 교통하기를 원하신다는 것을 믿지 못한다면 나는 그런 식으로 하나님께로부터 오는 계시를 받지 못할 것이다. 내가 내적인 영상을 받기 시작했으면서도 그것이 하나님께로부터 온 것인지 즉각 의심한다면 의심이 나의 수용력(受容力)을 훼방하여 그 영상은 사라질 것이다. 이에 대하여는 뒤에서 더욱 상세하게 논하기로 하고, 여기서는 일단 오직 믿음으로만 하나님과 교통할 수 있다는 점을 확실히 밝히고 싶다.

환상 속으로 들어가기

말씀을 읽을 때 : 말씀의 장면 속으로 들어가라

성경은 우리의 영적 감각을 사용함으로써 날로 강화시키는 것에 대해 말씀한다. 영으로 보는 능력을 강화시키기 위해 우리가 할 수 있는 일이 몇 가지 있다. 아마도 영적인 목적으로 환상을 사용하기 위한 가장 쉽고 통상적인 방법은 성경을 읽을 때 그 이야기 속으로 직접 들어가는 것일 것이다.

성경에서 어떤 장면을 읽을 때 단순하게 그 장면을 마음에 그려라. 그리고 성령께 그다음 장면을 주관하시며 그 이야기를 통하여 당신에게 말씀하시기 원하는 것을 보여달라고 구하라. 그러면 그렇게 하실 것이다. 성령께서 무엇을 하시는지 주목하라. 구경꾼처럼 관망하지 말고 성령께서 하시는 일 안으로 들어가 그것의 일부가 되어라!

나는 나의 세미나에 참석하는 그리스도인들을 대상으로 정기적으로 설문조사를 하는데 그 결과, 성경을 읽을 때 성인의 3분의 2가 그 장면을 마음에 그리고, 3분의 1은 그렇게 하지 않는다는 것을 발견했다. 그 3분의 2

에 해당하는 사람들은 신학적 알맹이를 얻기 위해 성경을 단지 분석적으로 읽는 사람들이 있다는 사실을 적지 않은 충격으로 받아들인다. 마찬가지로 나머지 3분의 1에 해당하는 사람들은 자기 옆에 앉아 있는 사람들 가운데 너무도 많은 이들이 성경을 읽으며 그 장면을 마음에 떠올린다는 사실에 깜짝 놀란다.

하나님은 우리가 어린이 같은 마음으로 하나님께 나아가야 한다고 말씀하신다. 물론 어린이들의 100퍼센트가 어떤 이야기를 읽을 때 그 장면을 생생하게 마음에 그린다. 그러므로 나는 언제나 상상력을 갖고 성경을 읽으리라 결심했다. 이것은 우리 가운데 많은 이들이 오랫동안 사용하지 않아 기능이 퇴화된 '근육'을 회복하기 위한, 환상을 볼 수 있는 우리의 잠재력을 회복하기 위한 한 가지 탁월한 방법이 된다. 오늘부터라도 성경을 읽을 때 마음의 눈을 사용하면(엡 1:18) 당신의 영과 육신의 삶이 분명히 달라질 것이라 확신한다.

성령께서 당신 안에 계시다는 것을 잊지 말라! 성령의 생명력으로 생생한 환상을 보여달라고 성령께 구할 수 있다는 것을 망각하지 말라! 성령께서 당신을 원하시는 곳으로 데려가시도록 하라! 그러면 당신이 성경을 묵상하는 중에 하나님께서 생명력을 분출하시며 당신과 접촉하실 것이다. 마음을 편하게 가라앉히고 하나님 말씀을 읽어라! 마음의 눈으로 성경의 장면을 그려라! 그리고 성령께 그다음 장면을 주관해달라고 구하라! 그러면 하나님이 주시는 환상이 당신 안에 흐르기 시작하는 것에 깜짝 놀랄 것이다. 우리가 이러한 환상을 보지 못하는 까닭이 무엇인가? 성경은 우리가 구하지 않기 때문에 얻지 못하는 것이라고 말씀한다(요 16:24, 약 4:2).

기도할 때 : 원하시는 것을 보여달라고 구하라

성령 안에서 환상을 볼 수 있는 또 다른 때는 바로 기도할 때이다. 나는 기도할 때 일단 마음을 잔잔하게 가라앉힌 뒤, 하나님께서 원하시는 것은 무엇이든지 보여달라고 구한다. 그러면 예수께서 내 옆에 서서 내가 하는 말들을 조용히 듣고 계신 것이 보이기도 하며, 해변을 거닐거나 우물가에 앉아 있는 등 성경의 장면 속에 내가 들어가 있는 것이 보이기도 한다.

그러나 나는 이런 것들을 보려고 억지를 부리지도 않으며 자연스럽게 떠오르지 않는 세부적인 것들을 그려보려고 나 자신을 압박하지도 않는다. 그런 것들보다 하나님의 임재를 의식하는 것이 가장 중요하기 때문이다. 아내와 나는 다른 많은 사람들과 더불어 기도 속에서 환상을 보기 시작했을 때 한 가지 공통된 사실을 주목했다. 그것은 바로, 우리가 자연스럽게 예수님의 얼굴을 보지 못했지만 예수님의 충만하신 임재를 확실히 느낄 수 있었다는 사실이었다. 그때 우리가 느낀 예수님은 사랑의 존재, 이 가뻐 사랑, 헤아릴 수 없는 사랑 그 자체였다. 나중에 우리는 연민의 눈동자를 갖고 계신 예수님 얼굴을 뵈었지만, 우리에게는 예수님 얼굴의 이목구비가 필요하지도 않고 중요하지도 않다는 것을 누구보다 잘 알고 있었다. 중요한 것은 예수님의 사랑과 우리를 불쌍히 여기시는 마음이었다. 가장 중요한 것은 우리가 예수님을 만나기 위해 예수님 앞으로 나아갔다는 것과 성령께서 그 일을 주관하시도록 온전히 순복했다는 것이었다.

나는 환상 속에서 예수님을 열심히 응시한다. 시선을 옮기거나 곁눈질하지 않으며 무엇인가 다른 것이 나타나게 만들려고 억지로 애쓰지도 않는다. 나는 그저 나의 주의의 초점을 내 안에 계신 그리스도께 맞추고 믿음으로 바라본다. 나는 성령께 이 일을 주관해달라고 구한다. 그러면 성령께서 주관하시고 예수께서 움직이며 말씀하기 시작하신다. 예수님의 말씀은 지혜와 생명이며 예수님의 행동은 사랑과 평화이다. 나는 사도 요한처럼 성령에 감동되어 본다. 나는 보고 듣는다.

나는 어려움에 처한 사람들을 위해 간구할 때 이것이 특별히 효험이 있다는 것을 깨달았다. 나는 그들을 마음의 눈으로 본다. 그리고 예수님께 그들을 위해 하시고자 하는 것은 무엇이든 보여달라고 구한다. 그러면 예수께서 그들을 만나시는 것, 그들을 위해 하시고자 하는 것을 행하시는 것이 보인다. 그리고 환상 속에서 무엇을 보았든지 그들을 찾아가 그대로 말한다. 예수께서는 그들에게 안수하기도 하시고, 그들의 병이 나았다고 말씀하기도 하시며, 두 팔로 그들을 꼭 껴안고 단순한 인간이 결코 줄 수 없는 위로를 주기도 하신다.

한번은 중요한 수술을 앞둔 어떤 할머니를 위해 기도하다가 특별한 체험을 했다. 나는 그녀의 치유를 위해 기도하다가 그녀가 병원 침상에 누워 있는 것을 환상 가운데 보았다. 그런데 그 침상을 가만히 보고 있을 때 예수께서 오시어 두 팔로 그녀를 안더니 예수님의 집으로 데려가시어 그녀와 함께 거하셨다. 나는 환상 중에 본 그대로 예수께서 두 팔로 그녀를 안아 집으로 데려가시어 평화를 주시기를 기도했다. 그리고 나중에 그녀의 가족들을 만나 주님의 뜻을 전했고 때로는 우리가 사랑하는 가족들을 죽음의 복된 안식으로 보내야 한다고 말했다.

나는 이 사건과 비슷한 많은 사건들을 통해, 성령에 감동되어 기도하는 것이 하나님께서 주시는 레마와 환상으로 기도하는 것과 깊이 관련되어 있다는 것을 확신하게 되었다. 하나님은 우리의 기도에 의해 특정한 방식으로 행동할 의무가 없으시다. 그 대신 하나님은 우리에게 계시를 주시면서 그대로 전하라고 요구하신다.

언젠가 국회의원들을 위해 기도한 적이 있다. 그들의 생각과 결정이 우리의 세상에 중대한 영향을 끼칠 것이므로 나는 주님께서 그들을 통하여 무엇을 하시기를 원하는지 환상으로 보여달라고 구했다. 주님께서는 그들이 모이는 방을 보여주셨다. 모든 국회의원이 정해진 자리에 앉아 있었다. 그때 하늘에서 번개 같은 광선들이 여러 갈래 내려와 모든 국회의원들에게 닿았다. 나는 그들 각자를 하나님의 빛으로 채워주시어 하나님의 지혜와 정결함이 그들을 통해 흘러나오게 해달라고 기도하기 시작했다. 그러나 기도를 끝마쳐도 광선이 여전히 내려와 국회의원들을 비추었다. 그래서 나는 다시 기도했고 그 환상이 희미해지고 나서야 기도를 멈추었다.

찬양할 때 : 노랫말이 묘사하는 장면을 마음에 그려라

나는 찬양을 할 때마다 노랫말이 묘사하는 장면을 마음에 그리면서 성령께서 나의 환상을 제어하시도록 모든 것을 맡긴다. 그러면 성령께서 인계받아 다음 장면을 주관하시고 환상을 보여주신다. 이렇게 내가 찬양하는 것을 환상으로 보기 시작했을 때 나의 찬양과 예배는 완전히 새로운 의미를 지니게 되었다.

나는 하나님 앞에 고개를 조아리는 것에 대해 찬양할 때 내가 하나님 발치에 무릎을 꿇고 있는 것을 환상으로 본다. 예수님의 희생에 대해 찬양할 때 주님께서 십자가에 달리시어 나를 위해 보혈을 쏟는 것을 환상으로 본다. 하나님의 주권을 찬양할 때 내가 천사들과 뭇 성도들과 하나가 되어 하늘 보좌 앞에서 주님을 찬양하는 것을 환상으로 본다. 그 장면은 내가 설정한 것인지도 모르지만 언제나 항상 성령께서 주관하시며 환상을 보여주신다. 때로 나는 성령께서 우리 교회 교인들 가운데를 다니시며 그들의 필요를 채워주시는 것을 보기도 하며, 주님께서 말로는 도저히 설명할 수 없는 사랑의 미소를 내게 보내시는 것을 보기도 한다.

한번은 내 아내가 예배 중에 찬송가 노랫말을 생생하게 마음에 그리고 있을 때, 성령께서 거의 30분이나 지속된 믿기 어려운 환상을 보여주신 적도 있다. 교인들이 찬양에서 찬양으로 나아갈 때 그들 각자가 아내의 환상에 합쳐졌고, 아내의 환상 속에서 일어나고 있는 행위의 배경이 되었다. 이에 대하여는 10장에서 따로 말하겠다. 우리가 마음의 감각을 최대로 활용하여 찬양할 때 찬양은 정말 하나님과 영적으로 접촉하는 중요한 수단이 된다.

나는 성인 그리스도인들을 대상으로 실시한 한 여론조사에서 대상자의 4분의 1이 찬양을 하면서 마음의 눈을 사용한다는 것과 자신들이 찬송하는 장면을 마음에 그리면서 성령께서 원하시는 대로 그 장면을 이끄시게 모든 것을 맡긴다는 것을 발견했다.

혹시 이 책을 읽는 사람들 중에 그렇게 하지 않는 사람들이 있다면 오늘부터라도 찬양을 할 때에 마음의 눈을 하나님 앞에 내놓기 시작하라고 진심으로 권하는 바이다. 일반적인 경우에 주님께서는 우리가 주님 앞에 내놓지 않을 것들을 채워주지 않으신다. 선지자들이 영적인 것들을 볼 수 있었던 것은 마음의 눈으로 영적인 것들을 바라보았기 때문이었다.

자는 중에 : 꿈의 내용을 해석해달라고 구하라

나는 성경에서 꿈과 환상이 차지하는 위치를 연구하다가 꿈이 사람의 내면세계를 자연스럽게 표현한다는 것을 명백히 알게 되었다. 우리가 밤

중에 꾸는 꿈은 그날 있었던 사건들을 마구잡이로 섞어 놓은 재방송이 아니라 우리 마음이 우리 내면의 깊은 느낌을 상징적으로 표현하는 것이다. 꿈은 영적 접촉을 위한 자연스러운 통로, 우리가 쉽게 이용할 수 있는 통로가 된다. 솔로몬은 꿈속에서 하나님께 지혜를 구했으며(왕상 3:5-15), 다니엘이 받은 예언 가운데 많은 것이 꿈속에서 받은 것들이었으며(단 7:1), 마케도니아로 와서 사역하라는 바울의 소명도 밤중에 환상으로 왔다(행 16:9,10).

그래서 나는 꿈을 하나님과의 영적 소통을 위한 타당한 통로로 받아들인 뒤에 꿈의 소리를 듣기로 결심했다. 사실 나는 꿈꾼 것을 기억하는 날이 1년에 하루나 이틀 정도밖에 되지 않았기 때문에 그러한 결심으로 많은 것을 얻을 수 있으리라고 기대하지는 않았다.

꿈이 말하는 것들을 진지하게 받아들이려는 자세를 가질 때 예상하지 못한 일들이 일어난다. 갑자기 꿈이 우리에게 말하기 시작하기 때문이다. 나는 꿈의 소리를 듣기로 결심했던 바로 그날 밤에 세 가지 독특한 꿈을 꾸었고 평소와 달리 아침에 깨어서도 생생하게 생각났다. 그리고 꿈에서 보았던 것과 똑같은 일들이 우리 학생 세 사람에게 일어나는 것을 보았다. 꿈의 가치를 인정하기 시작하면 그것이 말하기 시작한다.

꿈에서 유익을 얻으려면 무엇보다 먼저 아침에 그것을 기억할 수 있어야 하며 다음에는 그 의미를 이해할 수 있어야 한다. 그래서 나는 다니엘이 했던 것처럼 아침에 일어나자마자 지난밤의 꿈을 즉각 기록하는 방법을 이용했다.

"다니엘이 그의 침상에서 꿈을 꾸며 머리 속으로 환상을 받고 그 꿈을 기록하며 그 일의 대략을 진술하니라"(단 7:1).

그런 뒤에 나는 그 꿈을 해석해달라고 주님께 구했다. 나는 주님께서 다니엘을 위해 그렇게 해주셨던 것처럼 당신과 나를 위해서도 그렇게 해주실 것이라 확신한다.

"나 다니엘이 이 환상을 보고 그 뜻을 알고자 할 때에… 을래강 두 언덕 사이에서 사람의 목소리가 있어 외쳐 이르되 가브리엘아 이 환상을 이 사람에게 깨닫게 하라 하더니"(단 8:15,16).

꿈의 해석은 하나님과의 더욱 깊은 교통을 위해 누구나 탐사하기를 원하는 매우 흥미로운 주제일 것이다. 당신이 관심이 있다면 두 권의 책을 강력히 권하고 싶다. 하나는 헤르만 리펠(Herman Riffel)의 《꿈의 해석》(Dream Interpretation)이고 다른 하나는 스티브 비들리(Steve Bydeley)와 다이안(Dianne) 비들리가 공동으로 저술한 《꿈이 꿈을 꾸다》(Dream Dreams)이다.

환상을 보여주는 세 대의 영사기

환상을 볼 수 있는 능력을 이해하기 위한 한 가지 좋은 방법은 세 대의 영사기가 하나의 화면에 영상을 비추는 장면을 떠올리는 것이다. 영사기 한 대는 성령의 것이고, 다른 한 대는 우리의 것이고, 나머지 한 대는 사탄의 것이다.

사탄의 영사기

우리가 하나님께 내놓지 않은 것은 그 무엇이든 사탄이 가져다가 악한 것으로 재빨리 채워버린다는 것은 반드시 기억해야 할 중요한 영적 원리이다. 그동안 교회가 마음의 눈을 하나님 앞에 내놓는 법을 가르쳐주지 않은 탓에, 사탄이 우리도 모르게 그것을 낚아채 차지하고 악한 것으로 채우고 있다. 우리가 종종 탐욕, 근심, 실패, 패배 같은 악한 것들이 가득한 상상을 하는 것이 바로 그런 이유이다. 이런 사실을 너무나 자주 느끼다 보면 우리의 상상력을 마귀의 도구로 간주하여 저주하려는 유혹을 받을 수도 있다.

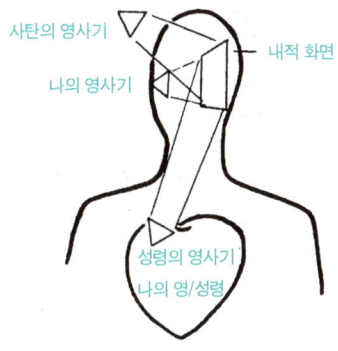

내적 화면 하나 - 세 대의 영사기

우리는 폭발할 가능성이 있는 상황에 직면했을 때 얼마나 자주 "이제 알겠네. 아주 끔찍해지고 있어. 이제 곧 엄청난 싸움이 벌어질 거고 그러면 결코 예전으로 돌아갈 순 없겠지!"라고 부정적으로 말하는지 모른다. 남편의 귀가가 늦어진다고 생각해보라. 당신은 자신의 내적 화면에서 어떤 영상을 보는가? 교통사고? 불륜? 틀림없이 당신은 끔찍하고 불쾌한 영상들을 볼 것이다. 그러나 그럴 때, 사탄이 불행한 가능성들을 모으고 모아 당신의 내적 화면에 종합 세트로 투사하면서 행복해 하고 있다는 것을 기억하라.

우리는 사탄의 영사기가 우리의 내적 화면에 투사한 일체의 모든 영상을 즉각 삭제해야 한다. 우리는 우리의 모든 생각을 사로잡아 그리스도께 복종시켜야 한다(고후 10:5). 하나님은 우리가 성령 안에서 영적인 것들을 볼 수 있도록 능력을 주셨다. 그것은 값을 따질 수 없는 귀한 선물이다. 그러니 예수 그리스도의 권세 안에서 일어나 그분의 뜻을 위해 한껏 사용하자!

나의 영사기

나는 두 번째 영사기를 작동시키는 기술자이다. 나는 그것을 선하게도 악하게도 사용할 수 있는 힘을 가졌다. 예수께서는 "음욕을 품고 여자를 보는 자마다 마음에 이미 간음했느니라"(마 5:28)라고 말씀하셨다. 나는 그런 마음이 드는 것을 사탄의 탓으로 돌릴 수 없다. 그것이 나의 생각이고, 내가 나의 화면에 투사한 영상이기 때문이다. 어떤 여인을 보면서 그런 태도를 취하는 것은 바로 나 자신이다. 나는 그녀를 보며 음욕을 품는다. 또한 나는 내가 원하는 대로 그녀를 내 마음에 그린다. 나는 한 획 한 획 붓을 놀리며 나만의 은밀한 공상에 빠져든다. 이것은 나 자신의 영사기를 사용하여 나의 내적 화면에 나만의 영상을 비추는 것이다.

반면 나는 내 마음의 눈을 하나님께 내놓기 위해 내 마음을 사용할 수 있다. 그렇게 하기 위해 나는 마음의 모든 주의를 예수님께 집중하고, 예수님께서 내게 나타내시는 것들을 똑똑히 보고, 성령의 생명력으로 나의 환상을 가득 채워달라고 구함으로써 펌프에 '마중물'을 부을 수 있다. 이는 하나님을 준비시키려고 애쓰는 것이 아니라 하나님께서 나를 통하여 자유롭게 흐르시도록 하나님 앞에서 합당한 준비를 갖추기 위해 노력하는 것이다.

어린 시절, 우리 집 마당 한편에는 구시대의 유물과도 같은 낡은 펌프가 있었다. 그 우물물은 내가 이제껏 마셔본 물 가운데 가장 깨끗하고 시원했는데, 그 우물에는 한 가지 문제가 있었다. 펌프로 물을 끌어 올리려면 먼저 펌프 안에 물을 부어야 한다는 것이었다. 우물에 물이 없어서가 아니라 펌프가 우물 안에 이미 있는 물을 끌어내도록 준비시키기 위해서였다. 펌프에 부은 한 컵 정도의 마중물은 별로 깨끗하지 않지만 그 결과로 펌프가 끌어올린 물은 언제나 신선하고 깨끗했다.

그렇다! 이처럼 말씀을 묵상하거나 기도를 하거나 찬양을 하면서 우리 마음의 펌프에 마중물을 붓는 것은 성령께서 주실 것들을 보기 위해 나를 준비시킨다는 의미를 갖는다. 그것은 나를 생명의 물을 끌어올려 마시기에 합당한 자리로 데려간다. 내가 나 자신의 마음에 떠올리는 작은 영상은 별로 깨끗하지도 않고 미지근할지도 모른다. 그러나 그것이 생명을 주시는 정결한 성령으로부터 힘차게 솟아오르는 생수의 흐름을 막는 것은 결코 아니다.

사도 요한은 요한계시록 4장 1절에서 열린 문을 보았고 나팔소리 같은 음성을 들었다고 말하고는 2절에서 "내가 곧 성령에 감동되었더니"라고 말했다. 나는 그 구절을 읽으며 의아했다. '그러면 1절에서는 성령에 감동되어 있지 않았다는 말인가?' 만일 내가 그 부분을 기록했다면, 1절에서부터 "내가 성령에 감동되어 열린 문을 보았고 나팔소리 같은 음성을 들었다!"고 말했을 것이다. 하지만 요한은 그렇게 기록하지 않았다. 나중에 나는 그가 우리에게 중요한 것을 가르치기 위해 그렇게 했다는 것을 깨달았다. 1절과 2절을 연속으로 읽어보자. "내가 '보니' 하늘에 열린 문이 있는데 내가 들은 바… 내가 곧 성령에 감동되었더니…"

요한은 계시록 1장에서 3장까지 환상을 보고 계시를 받으면서 성령에 감동되어 있었다. 그는 분명 3장 끝에서 잠깐 쉰 뒤에 다시 영적인 차원으로 돌아가기를 원했을 것이다. 그래서 4장 1절에서 '바라봄'으로써 펌프에 마중물을 부었던 것이다. "내가 보니…" 그는 분명 "하나님, 제게 보여주시고자 하는 것이 더 있습니까?" 물었을 것이고, 하나님은 "물론이지! 위로 올라와라!" 답하셨을 것이다.

"(예수님을) 바라봄으로써 (환상을) 보는" 이런 종류의 계시가 특별한 성도들만을 위해 따로 예약된 것이 아니다! 우리 모두는 왕이며 제사장이다. 하나님께서 이러한 은사를 우리에게 허락하시는 까닭은 우리가 영적으로 그럴만해서가 아니라 우리를 사랑하시기 때문이다. 그리고 하나님은, 우리가 하나님께서 보여주시기를 원하시는 환상을 받을 준비를 하는 데 사용할 수 있도록 우리 모두에게 영사기를 주셨다.

우리 학교의 마이크라는 학생은 주님께 다음과 같은 격려의 말씀을 받았다.

모든 결과가 언제나 '바라봄' 혹은 네 눈의 초점에 의해 결정된다. 이런 말씀들을 잘 생각해보렴.

'우리가 주목하는 것은 보이는 것이 아니요'(고후 4:18),

'보이지 아니하는 자를 보는 것같이 하여 참았으며'(히 11:27),

'믿음의 주요 또 온전하게 하시는 이인 예수를 바라보자'(히 12:2),

'내가 산을 향하여 눈을 들리라 나의 도움이 어디서 올까'(시 121:1).

나의 말씀은 나를 의지하는 곳, 영으로 나를 응시하는 곳, 눈의 초점을 내게 맞춘 곳에 계속 다니고 있단다.

네가 늘 부르던 찬양의 노랫말 기억하지? '네 눈을 예수님께 돌려 그 놀라운 얼굴을 온전히 바라보아라. 예수님의 은혜와 영광의 빛 안에서 땅의

것들은 이상하게 빛을 잃으리니!'

그러니 돌아서서 나를 보아라! 나를 제외한 모든 것에서 다 돌아서라! 나의 놀라운 얼굴을 온전히 바라보아라! 내 아들 마이크야! 네 바라봄은 온전한 바라봄이 되어야 한다. 가끔 힐끗 보면 안 돼! 정말로 절박할 때 한두 번 바라보고 끝나면 안 돼! 의도적으로 마음을 먹고 돌아서서 나의 광채와 영광을 응시하고 주시해야 해! 내 얼굴을 온전히 바라보아라.

성령의 영사기

셋째 영사기는 성령께 속했다. 성령께서는 그 영사기를 사용하여 우리를 우리 자신이 상상하는 것 저 너머에 있는 영적인 차원으로 데려가신다. 사도 요한이 요한계시록 4장 1절에서 '바라봄'으로써 펌프에 마중물을 부었을 때, 성령께서 주관하시며 요한계시록 다음 장과 그다음 장으로 계속 이어지는 놀라운 환상을 보여주셨다.

'바라봄'으로써 '보는' 법을 배우라

예수님은 아버지의 주도 아래서만 사시고 오직 아버지께서 행하시는 것을 본 대로만 행하셨으며, 나는 그런 예수님처럼 살기를 소망한다.

그러려면 나는 먼저 '보는 사람'이 되는 법을 배워야 한다. 마음의 눈으로 보는 것을 깔보는 합리주의 서구 문화권에서 예수님처럼 환상을 보는 것에 편해지는 데에는 기념비라 할 엄청난 노력이 수반된다. 사실 그런 것이 가능하다고 믿는 것조차 엄청난 진전이다.

나는 나 자신의 체험은 물론이고 다른 많은 사람들의 체험을 통해, 우리가 일단 주님으로부터 오는 환상을 기대하는 마음으로 성령을 바라보는 것에 익숙해지면 그것이 어렵지 않게 온다는 것을 확신하게 되었다. 믿음으로 성령을 바라보는 단순한 행위가 환상으로 향하는 길을 활짝 펼쳐 준다.

나는 우리가 볼 수 있든지 없든지 영적인 세계가 분명히 존재한다는 것을 확신한다. '보는 사람'이 되는 과정에서 나는 단순히 무엇이 존재하는지 보는 것을 배우고, 보는 것을 배우는 과정에서는 오랫동안 사용하지 않아 퇴화된 환상을 보는 능력을 소생시키는 것과 하나님께 드려 충만하게 채우시게 하는 법을 배운다.

일단 우리가 영적인 것들을 볼 수 있는 감각을 소생시켜 전능하신 하나님 앞에 드리면, 하나님은 우리가 예수님처럼 살아갈 기회를 주셔서 하나님께서 주시는 환상을 지속적으로 퍼 올리게 하신다.

이스라엘의 선지자들은 단순하게 "내가 바라보니"라고 말했고, 그렇게 하나님 앞에서 자신을 잔잔하게 가라앉히고 성령을 응시했을 때 영적인 것들을 볼 수 있었다(단 7:2,9,13). 환상을 볼 수 있는 나의 잠재력을 활용하기 시작했을 때, 나 역시도 하나님의 면전에서 나 자신을 잔잔하게 가라앉힐 수 있고 전능하신 하나님으로부터 오는 환상을 볼 수 있다는 것을 깨달았다. 나는 성령과 예수님을 '바라보는 자'가 되었을 때 영적인 세계를 '보는 자'가 될 수 있었다.

환상을 보는 능력을 회복하려면

당신이 자신의 직관적 기능과 환상을 볼 수 있는 잠재력을 오랫동안 사용하지 않아 그것들이 퇴화되었다면, 영적 세계를 보는 과정은 구약의 선지자들과 신약의 사도 요한과 같이 단지 '바라봄으로써 보는' 것처럼 간단하게 진행되지는 않을 것이다. 환상의 생명력을 회복하려면 부단한 연습과 훈련이 필요하다.

　이 연습과 훈련은 세 가지 단계와 깊이 관련되어 있다. 그 세 가지 단계란 죄(하나님이 주시는 은사를 멸시한 죄)를 회개하는 것, 영적인 세계를 보는 이 내적 감각에 새로운 생명을 불어넣어 달라고 하나님께 구하는 것, 하나님께서 회복시켜주시는 이 감각을 계발하는 것이다.

　이러한 발전에는 하나님께서 그렇게 해주시리라는 것을 굳게 믿는 믿음 안에 견고하게 서는 것, 처음에는 불안한 걸음마를 시작하지만 마침내 힘을 얻어 편안하게 걷는 과정이 수반되어야 할 것이다. 이렇게 할 때 당신은 마침내 하나님의 은혜를 통해, 하나님께서 당신의 발걸음을 인도하시도록 순종하면서 수월하게 걷는 지점에 이르게 될 것이다.

　이것이 바로 환상을 보는 것과 관련하여 내 삶은 물론 다른 많은 사람들의 삶에서 일어났던 일들이다. 내가 영적 환상이라는 것을 비웃으면서 환상을 볼 수 있는 나의 잠재력을 오랫동안 사용하지 않은 탓에 그것은 완전히 퇴화되어 거의 죽은 상태였다. 그러므로 하나님께서 내게 주기 원하시는 환상을 보려고 성령을 바라보기 시작했을 때, 정말 아무것도 볼 수 없었다. 내가 환상을 보는 능력을 너무도 경멸했기 때문에 막상 그것을 사용하려고 불러냈을 때 그것이 제 기능을 하지 못했던 것이다.

　나는 환상을 체험하는 것을 멸시했던 나의 죄를 회개함으로써 회복의 과정을 시작했다. 나는 하나님께서 창조하시어 내게 주신 그 선물을 귀하게 여기지도 않고 사용하지도 않았던 것에 대해 하나님의 용서를 구했다. 또한 서구 문화는 물론 나 자신의 삶을 압도하고 있는 논리적이고 분석적인 사고방식을 우상으로 숭배했던 것도 회개했다. 나는 분석적인 생각을 높이면서 추구했던 것 이상으로 하나님께서 주시는 환상을 높이고 추구할 것이라고 하나님께 약속했다.

그런 다음 나의 환상을 보는 잠재력에 숨을 불어넣어 회복시키시고, 소생시키시고, 그것을 하나님께 드려 내내 흘러나오게 하려면 어떻게 해야 할지 가르쳐달라고 간청했다.

마침내 불안정하나마 첫걸음을 뗄 준비가 되었다. 어느 날 하나님의 얼굴을 구하며 서재에 앉아 있을 때, 예수님께서 사마리아 동네의 한 우물가에 앉아 마을 여인과 대화하는 요한복음 4장의 장면에 내 마음이 끌리는 것이 느껴졌다. 나는 하나님께서 거기 앉아 나와 대화를 나누기 원하신다고 느끼고 사마리아 여인 대신 나를 넣어 그 장면을 마음에 그렸다. 그리고 무슨 일이 일어나는지 보려고 그 장면을 뚫어지게 응시하고 있을 때, 성령께서 역사하시어 그 장면이 살아 움직이게 만드셨다. 예수님께서 내게 다가와 우리가 사람들과 대화를 나눌 때 하듯이 손짓하시며 직접 말씀을 건네신 것이었다. 나는 그 체험을 통해 나를 향한 예수님의 말씀과 내 삶을 위한 지침을 마음으로 받을 수 있었다.

그것은 내가 주님의 환상을 구하기 시작한 이래 처음 겪은 체험이었다. 나는 하나님이 주시는 환상을 생생하고도 어렵지 않게 볼 수 있었다는 사실과 성령께서 그것을 능력으로 주관해주셨다는 사실에 그저 흥분하고 감격했다. 그리고 이후 그러한 일들을 다시 체험하면서 하나님께서 '내 자아가 스스로 시작한' 이러한 장면들을 통하여 지속적으로 역사하신다는 것과 하나님의 생명력으로 그런 장면들을 생생하게 만드신다는 것, 그럼으로써 그것들을 은혜의 보좌로부터 직접 나오는 초자연적인 환상이 되게 하신다는 것을 깨달았다.

당신의 네 가지 반론

이 대목 즈음이면 당신은 반론을 제기하고 싶어 좀이 쑤실 것이다.

내가 장면을 설정해도 될까?

"인간이 나름의 장면을 설정해놓고 하나님께서 그것에 맞추어 나머지 부분들을 채워달라고 하는 것은 하나님을 제한하는 게 아닐까?"

나는 절대 그렇지 않다고 대답하겠다. 하나님은 우리가 설정한 장면을 그대로 인계받아 환상을 보여주실 수도 있고 그렇게 하지 않으실 수도 있다. 그것을 어느 정도까지 진전시키실 수도 있고 다른 방향으로 바꾸실 수도 있다. 그리고 당신이 설정한 장면이 하나님께서 당신에게 보여주기를 원하시는 장면과 완전히 동떨어져 있으면 하나님은 아무것도 보여주지 않으신다. 그럴 때 그 장면은 죽은 것처럼 정지된 채로 남는다. 이런 일이 일어날 때, 나는 마음을 편안하게 가라앉히고 "하나님 아버지! 어떤 식으로 하나님을 제게 계시하기 원하십니까?" 하고 묻는다. 그러면 하나님은 다른 환상을 내 마음에 심어주시고 그것을 통하여 자유로이 흐르신다.

장면 설정이 굳이 필요할까?

"우리가 장면을 나름대로 설정해 이 일에 착수하기보다 아예 처음부터 하나님이 주시는 환상을 구하는 게 더 낫지 않을까?"

선천적으로 통찰력을 타고난 직관적인 사람들에게는 그것이 썩 좋은 결과를 낳는다. 그러나 영적인 환상을 보는 능력이 퇴화된 우리 같은 사람들에게는 그 일을 시작하도록 도와주는 학습도구가 필요하다. 물론 그래도 일단 익숙해지면 학습도구 없이도 단지 '바라봄으로써 볼 수' 있을 것이다.

내가 그린 이미지가 환상인가?

"우리가 마음에 그린 심상이 하나님의 환상인가?"

물론 아니다! 우리가 마음에 그린 이미지와 하나님께로부터 오는 초자연적 환상은 동일하지 않다. 이 둘을 절대 혼동하면 안 된다. 펌프에 부은 마중물과 펌프가 끌어올린 우물물은 절대 동일하지 않다. 우리가 설정한 장면은 펌프에 부은 마중물일 뿐이다. 그러나 우리가 그 내적인 '자극'을 체험할 때, 하나님이 주시는 환상이 은혜의 보좌 자체에서 흘러나오는 생명력으로 전개되기 시작하며, 그럴 때 그것은 더 이상 나의 것이 아니라 하나님의 것이 된다. 나의 것은 나의 것이고 하나님의 것은 하나님의 것이다.

장면 설정에 관한 성경의 근거가 있나?

"대체 성경 어느 구절이 하나님께서 환상 속에서 흐르시도록 인간이 나름의 장면을 설정해도 괜찮다고 가르친단 말인가?"

그렇다면 나는 "대체 성경 어느 구절이 인간이 나름의 장면을 설정하고 나머지 부분을 하나님께 채워달라고 구하면 안 된다고 가르치나요?"라고 다시 묻겠다. 성경에는 어느 한쪽을 명확하게 가르치는 구절이 없다. 이는 우리가 이 두 가지 견해 가운데 어느 한 가지를 지지하는 것처럼 보이는 성경구절들을 뽑아서 정리해야 한다는 것을 의미한다.

또한 이 문제에 대해 명확하게 가르치는 성경구절이 없으므로 그리스도인들 각자가 이 영역에서 자유로운 입장을 취하도록 허락하는 것이 또 다른 선택사항이 될 수 있을 것이다.

하나님의 환상을 받기 위해 우리 마음에 나름의 장면을 설정하는 것에 반대한다고 생각함 직한 성경구절들은 허망한 생각을 피하고 조각한 우상을 세우지 말라고 명하는 구절들일 것이다. 웹스터 사전은 '조각한 우상'을 '나무나 돌로 조각된 숭배의 대상'이라 정의한다. 그러나 우리가 마음에 설정한 장면이 조각된 것도 아니고 숭배의 대상도 아니라는 점은 명백하다. 그것은 단지 하나님으로부터 오는 이미지가 생생하게 흐르게 하기 위한 발판에 지나지 않는다.

또한 웹스터 사전은 '허망한'이라는 단어를 '실제적 가치가 없는, 어리석고 무가치한'이라 정의하고 있다. 나는 학습도구가 실제적 가치가 없다거나 어리석거나 무가치한 것이라고 생각하지 않는다. 학습도구는 가치 있고 학습과정에 중요한 역할을 한다. 성경이 헛된 상상에 관해 언급한다는 사실은 우리가 유익한 용도로 상상을 사용할 수도 있다는 사실을 반증한다. 나는 하나님께서 충만하게 채워주시도록 우리 마음에 나름의 장면을 설정하는 것이 우리의 상상을 유익한 용도로 사용하는 방법의 하나가 될 수 있다고 믿는다.

장면 설정은 한시적인 학습도구일 뿐이다

하나님이 주시는 환상을 보기 위해 우리 마음에 의식적으로 장면을 설정하는 것은 일부 몇 사람들에게만 필요한 한시적 학습도구일 뿐이라는 점을 기억해야 한다. 직관적인 사람들은 하나님께서 주시는 환상을 보려고 눈을 들면, 바로 볼 수 있을 것이기에 이러한 장치가 필요하지 않을 것이다. 분석적인 사람들 역시 마음의 눈을 떠서 자연스럽고 통상적으로 환상을 볼 수 있게 되면 이 학습도구를 한편으로 치우게 될 것이다.

더욱 성경적인 환경에서 살고 있다면 하나님께서 주시는 환상을 자연스럽게 보기 위해 극복해야 할 걸림돌들이 상당히 줄어들 것이다. 우리가 요섭처럼 지난밤에 꾸었던 꿈에 대해 아침밥상 앞에서 가족들과 이야기하며 하나님의 해석을 구한다면 영적인 것들을 보는 것과 관련된 자연스러운 기술이 우리 안에 쌓여가고 있음을 깨달을 것이다.

그러나 오늘의 그리스도인들 가운데 지난밤에 꾼 꿈을 진지하게 받아들이는 사람들, 가족들과 정기적으로 그것에 대해 토론하는 사람들이 과연 있을까? 한 사람도 없을 것이다. 그렇게 했다가는 이상한 사람 취급을 받을 게 자명하기 때문이다. 하나님이 주시는 환상을 폐쇄적으로 대하는 이 시대, 그것을 보는 기술이 없는 이 시대가 환상이 거의 전적으로 결여된 시대라는 것이 놀라운가?

우리는 그리스도의 교회로서 이 시대의 합리주의가 균형 잡힌 생활방식을 왜곡하게 방관한 것을 회개해야 한다. 어떤 사람들은 오늘날 교회의 가르침에 동양적 사고의 씨앗이 한 알이라도 뿌려졌을까 우려한다. 그러나 예수님이 서양 사람이 아니라는 것과, 우리가 논리를 우상화하고 환상을 멸시하는 것을 하나님께서 원하지 않으신다는 것을 잠깐이라도 생각해 본 적이 있는가?

아버지께 나아가자!

하나님은 예수님을 완벽한 모범으로 삼으라고, 예수님처럼 걷기 위해 갈망하라고, 우리 스스로는 아무것도 하지 말고 예수님처럼 레마와 환상의 지속적인 흐름 안에서 살라고 지금 우리에게 촉구하신다! 당신은 그러한 삶의 방식과 체험에 이르는 길을 탐색하여 발견할 마음이 있는가? 예수님을 발견할 때까지 그러한 탐색을 지속할 마음이 있는가?

너희가 성경에서 영생을 얻는 줄 생각하고 성경을 연구하거니와 이 성경이 곧 내게 대하여 증언하는 것이니라 그러나 너희가 영생을 얻기 위하여 내게 오기를 원하지 아니하는도다 요 5:39,40

"하나님 아버지! 아버지께 나아갑니다. 아버지께서 환상을 볼 수 있는 잠재력을 창조하셔서 저희들 안에 두셨는데, 세상의 지시를 따라 그것을 멸시했던 잘못을 회개합니다. 아버지의 용서를 구하며 간청하오니 아버지께서 주시는 꿈과 환상을 합당하게 사용하도록 저희들을 회복시키소서! 듣고 볼 수 있는 저희들의 능력을 회복시키소서! 아버지께서 저희들을 위해 갖고 계신 모든 것 안으로 저희들 각자를 끌어당기소서!"

환상을 검사하기

많은 사람이 과감히 모험을 감수하기보다는 사탄의 영시계에서 나오는 이미지를 받지 않으려고 자신의 내적 화면을 접어야겠다는 유혹을 받는다. 그러나 모험을 감수하려면 영적인 실체와 만나는 데 필요한 가장 강력한 감각의 하나로 향하는 문으로 가까이 나아가야 한다.

성경은 그보다 더 좋은 방안을 제안한다. 사도 바울은 모든 것을 시험하여 악한 것들은 뿌리치고 좋은 것들은 굳게 잡으라고 교회를 향해 권면했다(살전 5:21,22). 우리가 받은 레마나 환상의 원천을 판별하도록 도와주는 기본적인 영역이 세 가지 있다.

이것은 어떤 영에게서 온 것인가?

첫째, 말씀이나 영상이 어떤 영에게서 왔는지 판별할 필요가 있다. 우리가 받은 말씀이나 환상의 원천으로 생각할 수 있는 영들 각각이 독특한 특징을 보이므로 이것은 어렵지 않다. 만일 그 원천이 우리 자신이면 그 영상은 우리의 영이 아니라 머리에서 비롯될 것이다. 그것은 우리 정신의 산물로 우리가 한 획씩 그린 그림이 될 것이다.

만일 그 원천이 사탄이면 그 영상이 우리 마음에 억지로 껴든 것처럼 그 자리에 어울리지 않아 보일 것이다. 그럴 때 우리는 우리 마음이 텅 빈 상태로 빈둥거리고 있는지 자신에게 물어야 한다. "우리 마음은 사탄의 놀이터이다"라는 옛 속담은 여전하다.

만일 그 원천이 하나님이면 그 영상은 우리의 내면 가장 깊은 곳에서 흐르는 생동하는 흐름이 될 것이다. 그러한 환상이 올 때, 우리는 우리 마음이 고요한 가운데 예수님께 초점을 맞추고 있는지 확인할 수 있을 것이다.

나는 마음에 떠오르는 환상을 예수님 모습 옆에 놓음으로써 그것의 원천을 판별할 수 있다는 것을 깨달았다. 하나님으로부터 오지 않은 환상은 예수님 모습과 나란히 놓았을 때 예수님의 모습과 조화를 이루지 않고 무척 어색하게 느껴질 것이다. 이러한 검증 방법은 찰스 셸던(Charles Sheldon)이 자신의 저서 《예수님의 발자취를 따라》(In His Step)에서 제안한 방법, 즉 "예수님이라면 이런 상황에서 어떻게 하셨을까?"라고 항상 질문하는 것과 매우 유사하다.

이것의 내용이 어떤가?

받은 말씀이나 환상의 원천을 판별하도록 도와주는 또 다른 영역은 바로 그 내용 자체이다(요일 4:2-5). 계시로 받은 말씀이나 환상의 내용을 살핌으로써 그 원천을 판별할 수 있다. 어떤 계시의 내용이 단지 나의 것이면 그것은 내가 배운 것들을 묘사할 것이고 내가 머리와 마음으로 받아들인 것들을 표현할 것이다. 따라서 내가 악한 것들을 키우며 타락하고 있다면 악하고 타락한 것들이 나의 마음에서 흘러나올 것이고, 하나님 말씀을 먹으며 살고 있다면 하나님께서 주시는 지혜롭고 정결하고 선한 이미지들이 내 마음을 통하여 흐를 것이다.

사탄에게서 비롯된 계시는 부정적이고, 파괴적이고, 뻔뻔스럽고, 두렵고, 우리 자신이나 주변의 형제자매들을 참소하며, 그것은 하나님의 본성과 기록된 말씀 양자에 정면으로 위배될 것이다. 사탄이 우리 마음에 영향을 끼치고 있음을 가장 명백하게 암시하는 현상은 우리 마음이 자만심에 호소하면서 검사받기를 거부하는 것이다. 어둠은 빛 가운데 들어가기를 원하지 않는다. 어둠은 종종 핑곗거리를 둘러댄다.

"네가 계시 받은 것을 아무에게도 말하면 안 돼! 너는 다른 사람들이 도지히 이해할 수 없는 놀라운 통찰력을 갖고 있어! 너는 다른 사람들하고 달라! 네가 특별한 계시를 받도록 선택된 것도 그래서지. 네가 받은 계시와 통찰력은 너희 교회 목사도 얻지 못했을걸? 그러니 아무에게도 말하지 마!"

만일 당신 내면이나 혹 다른 사람들에게서 이런 말을 듣는다면 즉각 경고의 종을 울려라. 당신의 자만심에 호소하면서 은밀하게 숨어 지내려는 그런 계시를 거부하라!

하나님께로부터 온 계시는 그것이 무엇이든 숨김이 없을 것이며 검증받기를 주저하지 않을 것이다. 그것은 온유하고 겸손하며, 그리스도의 몸 된 교회 앞에 자신을 기꺼이 내어놓을 것이다. 진리는 진리를 추구하며 빛을 두려워하지 않는다. 성령님은 위로의 영이며 그분의 말씀은 평화를 가져온다. 그러므로 하나님으로부터 온 계시는 교훈적이고, 성도들을 바로 세우고, 위로할 것이다. 나는 그렇지 않은 생각이나 영상이 마음에 떠오르면 즉각 물리친다. 사탄은 참소하는 자이므로 나는 사탄의 참소를 받아들이지 않을 것이다.

물론 성경은 사탄이 광명의 천사로 가장한다고 말한다(고후 11:14). 그럴 때 사탄을 어떻게 분간할까? 한 가지 방법은 "그리스도의 평강이 너희 마음을 주장하게"(골 3:15) 하는 것이다. 나는 하나님께 받은 계시를 꼬박꼬박 기도일지에 기록한다. 그런데 처음에는 참되고 좋아보이던 것들이 나중에 불편하게 다가오는 경우가 한두 번씩 발생한다. 그것들은 마치 있지 말아야 할 곳에 있는 것처럼 느껴진다. 그 계시의 가르침이 성경에 전적으로 위배되어서가 아니다. 그냥 옳지 않은 것처럼 느껴진다. 그것들을 나의 영적 조언자들에게 가져가면 그들의 전폭적인 지지를 받지 못한다(영적 조언자들에게서 얻을 수 있는 안전성에 대하여는 뒤에서 논하겠다). 나는 이 두 가지 요소를 합쳐서 그것들이 하나님에게서 온 것이 아니라고 판단하고, 그에 따라 행동하지 않는다.

하나님의 영적 계시가 기본적으로 레마와 환상과 검증 작업을 통하여 온다는 점을 기억하고 이 세 요소를 나란히 정렬해 준비해두어야 한다. 특히 "모든 지각에 뛰어난 하나님의 평강"(빌 4:7)으로 계시를 검증해야 한다. 나는 사탄이 평안은 위조하지 못한다고 생각한다. 그러므로 하나님의 평강이 당신 마음을 주장하고 있는지 확인하라!

이것이 어떤 열매를 맺는가?

레마나 환상으로 받은 계시를 검증하는 마지막 방법은 그것이 맺는 열매를 살피는 것이다(마 7:16). 내 마음에 떠오르는 생각과 영상이 맺는 열매는 내가 나 자신에게 무엇을 먹이고 있느냐에 따라 다양하게 달라질 것이다. 내 마음이 악한 것들로 가득하면 그 열매도 악해질 것이고 하나님 말씀으로 가득하면 그 열매 또한 선해질 것이다.

사탄의 계시가 맺는 열매는 두려움, 속박, 불안, 혼란일 것이다. 사탄의 계시는 지금 당장 뭔가를 해야 한다는 강박관념을 낳아 그런 강박관념에 즉각 끌려가게 할 것이다. 그럴 때 그는 자신의 자아를 한껏 부풀려서 "이건 예수님과 나만의 일이야. 다른 사람은 아무도 필요하지 않아!"라고 생각할 것이다. 그 결과, 불순종하고 거역하며 그리스도의 몸 된 교회와의 교제를 들락날락하는 독불장군 같은 그리스도인을 낳을 것이다. 그들은 사탄의 손쉬운 먹이가 될 것이며 그들이 혼자 놀기를 고집하는 한 그들의 착각과 기망은 날로 심각해질 것이다.

성령의 계시는 우리 믿음을 촉진하고 마음에 평화를 불어넣으며 지식과 깨달음을 가져올 것이다. 우리가 보고 들은 것이 성령에 속한 것이면 그것들로부터 성령의 선한 열매(갈 5:22,23)들이 무럭무럭 자랄 것이다. 전능하신 하나님께서 우리 같은 인간들과 교제하시기로 작정하신 것이 이적 가운데 가장 놀라운 이적임을 깨달을 때 우리는 더욱 겸손해질 것이다. 사람이 친구와 이야기를 나누는 것처럼 하나님과 얼굴을 맞대고 이야기를 나누고서도 세상에서 가장 온유한 사람으로 살았던 모세(민 12:3)처럼 될 것이다.

환상의 치유 능력

우리 학교 학생의 간증 한 토막을 소개하며 환상에 관한 이번 장의 논의를 끝마치고 싶다. 한번은 어떤 학급에서 환상에 관한 강의를 끝마치면서 주님께서 주시는 환상을 체험하자고 제안한 적이 있다. 나는 그들이 장면 설정하는 것을 돕기 위해 요한복음 4장에 나온 대로 예수님과 함께 우물가에 앉아 있는 장면을 마음으로 그려보라고 권했다. 이 이야기는 어떤 여성이 그다음 주 수업시간에 학급에서 직접 간증한 것이다.

저는 4개월 전에 엄청난 비극을 겪었습니다. 저는 다섯째 아이를 임신하고 있었습니다. 임신 6개월에 접어든 어느 날, 정기검진을 받으러 병원에 갔는데 의사가 아기의 심장박동이 들리지 않는다고 했고, 저는 곧바로 입원해 죽은 태아를 배에서 꺼내는 수술을 받아야 했습니다.

저는 정서적으로 완전히 파괴되어 마음의 평화를 찾을 수 없었습니다. 매일 밤 지독한 악몽에 시달리다 밤을 하얗게 새우곤 했습니다. 아침에 눈을 뜨면 의사들이 병원에서 보여주었던 내 아기 제롬, 두 손에 담고도 남을 만큼 작고 생기 없는 내 아들의 모습이 마음을 가득 채웠습니다.

저는 간절하게 주님을 바라보며 치유와 극복을 구했고 그 지독한 고통에 담긴 주님의 뜻을 깨달을 수 있는 능력을 달라고 매달렸습니다. 그러나 주님의 치유의 손은 보이지 않았습니다. 저는 그저 제 자신의 아픔만 볼 뿐, 제롬이 천국에 있는 것을 볼 수 없었습니다. 사람들은 시간이 약이라고 말했지만 고통은 더욱 커졌습니다.

지난 주, 목사님께서 수업시간에 말씀하신 대로 사마리아 우물가에 앉아있는 제 모습을 마음에 그리고 있는데 예수께서 오시더니 팔로 제 어깨를 감싸셨습니다. 저는 예수님께 "너무 아파요!"라고밖에는 아무 말도 할 수 없었습니다. 예수님은 알고 있다고 하시며 제 손을 잡아끌면서 "우리 잠깐 걸을까?" 하셨습니다.

예수님은 무성한 풀밭 한가운데 있는 큰 나무 그늘 밑으로 저를 데리고 가 함께 앉으시고는 "눈을 들어 하늘을 보아라!" 하셨습니다. 저는 군데군데 솜털구름이 떠 있는 아름다운 푸른 하늘을 올려다보았는데 그 한가운데 천사 같은 어떤 형상이 아기를 안고 있는 것이 보였습니다. 저는 바로 고개를 돌리며 "볼 수가 없어요. 너무 괴로워요!"라고 말했습니다. 예수님은 다시 제 어깨를 감싸며 "너를 사랑해. 아기는 괜찮을 거야!" 말씀하셨습니다.

몇 분 뒤에 다시 "눈을 들어 하늘을 보아라!" 하시는데 천사 같은 형상과 아기가 더 가까이 와 있었습니다. 저는 다시 고개를 돌리며 "주님, 너무 마음이 아파서 차마 볼 수가 없어요. 주님, 볼 수가 없어요!"라고 말했습니다. 예수님은 다시 한 팔로 제 어깨를 감싸며 "그래. 고통스러울 거야. 하지만 너를 정말로 많이 사랑해!"라고 부드럽게 말씀하셨습니다.

그렇게 잠시 아무 말 없이 앉아 있다가 마침내 예수님이 다시 말씀하셨습니다. "위를 올려보아라!" 아기를 인은 천사 같은 형상이 바로 옆까지 다가와 있었고 그 아기는 병원에서 본 내 아들 제롬과 너무도 닮아 보였습니다. 예수님이 그 아기를 제게 건네시며 "네 아기를 안고 마음껏 사랑해주어라!" 하셨습니다.

저는 아기에게 "엄마는 너를 정말, 정말로 사랑해!"라고 말했고, 아기의 손가락과 발가락을 어루만지며 입을 맞추었고, 사랑스럽게 바라보면서 젖을 먹였습니다. 그렇습니다. 저는 엄마가 갓난아기에게 할 수 있는 모든 것을 다 할 수 있었습니다. 그리고 그렇게 다 했을 때, 제 마음이 서서히 치유되는 것을 느낄 수 있었습니다.

그 시간이 실제로 몇 분밖에 되지 않는다는 것을 잘 알고 있었지만 예수님과 몇 시간을 함께 지낸 것 같았습니다. 예수님이 "이제 갈 때가 되었구나!" 하셔서 "아직 안 돼요! 그럴 수 없어요!"라고 대답하자 예수님은 사랑 가득한 표정으로 "그래, 좀 더 같이 있자!" 하셨습니다. 그분은 제가 제롬을 좀 더 안고 있게 시간을 주신 뒤에 "이제 갈 준비가 되었니?" 물으셨고 저는 "네!" 대답하고는 제롬을 예수님의 품에 건넬 수 있었습니다.

예수님은 "우리 좀 더 걷자!"라고 말씀하셨습니다. 우리는 일어났고 예수님은 제롬을 다시 제게 건네셨습니다. 그렇게 우리는 걷기 시작했습니다. 그런데 두세 발짝밖에 내딛지 않았는데 마치 땅에서 하늘로 올라간 것만 같았습니다. 예수님은 레이스로 뒤덮인 하얀 요람 같은 곳으로 저를 이끄셨습니다. "여기가 바로 네 아기가 눕는 곳이야!"

정말 아름다운 그곳에 제롬을 내려놓으며 저는 "주님! 감사합니다!"라고 말했습니다. 예수님은 이제 돌아가자고 말씀하셨고 우리는 몇 발짝을 내딛어 다시 땅으로 돌아왔습니다.

이 체험을 한 지 일주일이 되어갑니다. 전에는 제롬에 대해 생각할 때마다 차갑게 죽어버린 태아의 모습 외에 아무것도 볼 수 없었습니다. 그러나 지금은 내 아기 제롬이 건강하게 온전히 회복되어 예수님의 품에 안겨 있는 것이 보입니다. 물론 지금도 아기를 잃은 슬픔을 느끼지만 몇 개월 전에 느꼈던 지독한 고통은 다 사라지고 없습니다.

그녀가 이 체험을 한 지 일주일 후, 주님은 그녀에게 다시 아기를 주겠다고 말씀하시면서 아기의 이름을 '치유하는 자'라는 뜻의 제이슨(Jason)으로 짓고 중간 이름은 '하나님의 선물'이라는 뜻의 매튜(Matteaw)라 지으라고 하셨다. 또한 그녀의 마음에 이사야 61장 1절 말씀을 심어주셨다. "주 여호와의 영이 내게 내리셨으니 이는 여호와께서 내게 기름을 부으사 가난한 자에게 아름다운 소식을 전하게 하려 하심이라 나를 보내사 마음이 상한 자를 고치며 포로 된 자에게 자유를, 갇힌 자에게 놓임을 선포하며."

몇 주 후 그녀는 임신 사실을 알았고, 날짜를 따져보고는 주님께서 자신에게 환상을 주신 바로 그 주간에 임신이 이루어졌음을 알았다. 그리고 9개월 후에 제이슨 매튜가 세상에 태어났다. 하나님의 치유의 약속이 이루어진 것이었다.

하나님이 주시는 꿈과 환상을 성령 안에서 보는 것에 관한 이번 장의 논의를 끝맺는 이 시점에서 당신에게 제안하고 싶은 것이 있다. 당신 앞에 종이를 꺼내놓고, "하나님 제 마음의 눈을 사용하는 것에 대해 제게 말씀하시려는 것이 있습니까? 제가 지금까지 그것을 어떻게 사용해왔는지요? 제가 그것을 어떻게 사용하기를 원하십니까? 하나님은 꿈과 환상에 대해 어떻게 생각하시는지요?"라고 여쭤보라.

그런 다음, 마음을 잔잔하게 가라앉히고 당신 안에서 일기 시작하는 자연스러운 생각들의 흐름에 파장을 맞추어라. 마음에 떠오르는 생각들을 믿음으로 기록하라. 그리고 그 흐름이 멈추면 당신이 기록한 것들을 검사하라. 그것들이 하나님으로부터 온 것으로 느껴지는지 확인하라. 당신이 실험한 결과를 성숙한 신앙을 가진 다른 그리스도인들과 나누어라. 그 생각들이 당신에게 어떤 영향을 끼치는지 발견하라!

(꿈과 환상에 대한 초기 교부들의 견해를 알고 싶으면 본서의 부록 6 "교회사 전반의 꿈과 환상"을 참조하기 바란다.)

5

하나님과 나눈
대화를
기록하라

넷째 열쇠

우리가 기도한 것과 하나님이 대답하신 것을 일지로 작성하면 하나님의 음성을 듣는 데 새롭고도 큰 자유를 얻을 수 있다.

하나님은 언제나 우리에게 말씀하신다. 그러나 우리는 종종 하나님의 음성과 자신의 생각을 구별하기 어려워한다. 하나님 앞에 나아갔을 때 우리 마음에 자연스레 떠오른 생각들이 과연 하나님으로부터 온 것인지 의심하며 문제를 제기할 뿐, 그 생각들을 따라 행동하기 위해 믿음으로 발걸음을 내딛지 못한다. 그런 의심은 종종 하나님과의 교통을 끊어버린다.

상식을 버리지 않고도 의심에서 벗어나는 길이 있다면, 마음에 자연스럽게 떠오른 생각과 영상을 믿음으로 받아들이면서도 영들을 시험하여 그것이 어떤 영에서 비롯된 것인지 분별할 수 있다면, 아버지와 교제하기가 얼마나 더 수월해지고 놀라워지겠는가!

내가 '기도일지 작성'이라 칭하는 단순한 방법이 그러한 길을 제공한다. 기도일지는 내가 지속적으로 하나님과 쌍방향 대화를 나누며 친밀하게 교제하는 데 유일하고도 훌륭한 조력자가 되어 왔다. 기도일지란 하나님과의 쌍방향 대화를 기록한 일기로, 내가 하나님께 기도한 것과 그에 대한 하나님의 응답이라 믿는 것들을 단순히 기록하는 것이다.

기도일지 개념을 처음 계시 받았을 때 나는 그것이 성경에 근거한 것인지 확인하기 위해 즉각 하나님의 기록된 말씀으로 달려갔다. 연구를 끝마칠 무렵에는, 교회가 성경에 근거한 이 유용한 도구 사용하기를 태만히 하고 있다는 사실에 깜짝 놀랐다.

시편은 그 전체가 인간의 기도와 그에 대해 종종 하나님이 들려주시는 응답을 기록한 하나의 기도일지이다. 우리는 시편을 읽을 때, 다윗이 외로움과 버림받은 감정을 느끼면서 하나님께 자신의 마음을 쏟는 것과 하나님의 임재를 구하며 울부짖는 것을 듣는다.

다윗은 그렇게 호소한 뒤에 종종 '셀라'(Selah)라는 단어를 본문에 기록했다. '셀라'는 '휴지'(休止) 혹은 음악적인 막간을 의미하는 단어이다. 그런데 다윗의 시편에서 전체적인 어조를 잘 살펴보면 '셀라' 이후에 다윗은 이전과는 완전히 다르고 한층 더 깊은 수준의 믿음을 표출하고 있음을 알 수 있다. 이는 다윗이 이 막간 동안 자신을 가라앉히며 하나님과 접촉했고 하나님께서 그에게 말씀하셨음을 암시한다.

선지자들이 기록한 책들 또한 거의가 인간과 하나님(혹은 하나님의 사자)의 소통에 대한 기록이다. 다니엘은 꿈을 받아 기록했고 해석을 구했고 그에 대한 대답을 기록했다. 하박국서는 또 다른 훌륭한 예로, 1장은 깨달음을 구하며 부르짖는 내용이며 2장과 3장은 그의 기도에 대한 하나님의 대답에 대한 기록이다. 하박국 선지자의 체험에 대하여는 다음 장에서 상세히 논하겠다.

요한계시록도 성경에 나오는 기도일지의 좋은 예이다. 요한은 자신이 본 환상과 자신이 제기했던 질문과 자신이 받은 대답을 상세히 기록했다. 요한계시록은 요한이 하나님과 나눈 영적 소통의 기록이다.

물론 성경의 인물들이 기록한 모든 기도일지가 성경으로 보존된 것은 아니다. 이러한 종류의 일지에 대한 좋은 일례가 역대상에서 발견된다. 하나님은 성전 설계도를 다윗에게 주실 때 다윗의 기도일지를 통하여 주셨다.

"여호와의 손이 내게 임하여 이 모든 일의 설계를 그려 나에게 알려주셨느니라"(대상 28:19).

그러나 이 묘사적인 설계도는 성경에 상세하게 설명되어 있지 않다. 우리가 하나님과 나눈 대화를 기록하는 기도일지도 그것과 유사하다. 그것은 단지 우리 삶의 필요를 위한 것이므로 분명 장래의 세대를 위해 성경에 첨가되지는 않을 것이다.

기도일지 작성의 유익

의심을 미루어둘 수 있다

나는 처음 하나님의 음성을 듣는 법을 배울 때, 안팎으로 나 자신을 잔잔하게 가라앉히고 예수님을 마음에 그리며 조용히 인내하면서 응답을 기다렸다. 그럴 때면 종종 몇 가지 단어나 어구가 마음에 떠올랐지만 그때마다 즉각 내가 보인 반응은 그것들이 정말 하나님께로부터 온 것인지 의문스러워 하는 것이었다.

나는 어떤 속임에도 넘어가고 싶지 않았기 때문에 내가 받은 모든 것을 신중하게 검사하기를 바랐다. 한 가지 문제는 그러한 검사가 사실상 의심을 낳고 의심은 나의 영적 수화기를 바로 망가뜨렸다는 사실이다. 결국 나는 아무것도 듣지 못하는 지경에 이르고 말았다. 하나님께 나아가는 자는 반드시 믿음으로 나아가야 하는데(히 11:6), 나는 15초 정도 믿음으로 하나님께 나아갔다가 3초 정도 계시를 받고는 의심에 압도되어 영적 수화기를 끊어버린 것이다. 그것은 정말 내게 심각한 문제였다. 하나님 앞에 나아가 내 마음에 떠오른 생각들을 믿음으로 받아들이면서도, 그것이 정말로 하나님께로부터 온 것인지 검사하려면 대체 어떻게 해야 할까?

이러한 딜레마를 해결해준 것이 바로 기도일지 작성이었다. 나는 기도일지를 쓰는 덕분에 내가 기도한 것들을 적을 수 있었고, 하나님께서 내게 말씀하시고자 하는 것들을 모두 기록함으로써 주님의 응답을 믿음으로 받을 수 있었다. 나는 단락에 단락을 거듭하며 심지어는 몇 페이지씩 이어가면서 마음에 떠오른 생각들을 상세히 기록할 수 있었고 5분씩, 10분씩, 때로는 몇 시간씩 기록할 수 있었다. 나는 받고 있는 메시지들을 그 즉시 시험해봐야 한다고 염려하지 않아도 되었다. 기도를 끝마친 뒤 신중히 살피며 조사할 수 있는 명백하고도 영구적인 기록을 갖고 있기 때문이었다. 나는 상식을 던져놓지 않고서도 의심을 치워버릴 수 있었으며, 나의 영적 수화기는 필요한 만큼 열려 있고 작동될 수 있었다. 기도일지 작성은 새로운 차원에서 하나님과 교통할 수 있도록 나를 해방시켜주었다.

머리의 방해를 막아준다

기도일지 작성은 내가 계시를 받아들이는 동안 나의 바쁜 머리에 할 일을 준다. 내 머리는 내 삶 전체를 통제하는 데 익숙해 있었기 때문에 마음이 그 주도권을 인계받으려고 할 때 매우 언짢아했다. 내가 마음으로 성령과 교통하려고 하면 발끈하면서 대체 무슨 일이 벌어지고 있는 것인지 알려고 들었다. 질문들을 던지고 의심하고, 성령과의 교통을 중단시키려고 애쓰며 자기가 말하는 것에 내가 주의를 돌리기를 바랐다.

환상을 이용하는 것과 기도일지 작성은 이러한 머리의 맹습을 제어하는 데 도움이 된다. 나는 머리가 요구하는 것들을 기도일지에 적은 뒤에 "진정해! 네가 요구하는 것들을 여기 기도일지에 다 적어놓았다가 나중에 처리할 테니 염려하지 마!"라고 말할 수 있었고, "너는 마음에 직관적으로 떠오른 생각들을 기록하기만 하면 돼! 그것이 네 임무야!"라고 명령할 수 있었다. 나는 이렇게 내 머리에게 임무를 배당함으로써 성령과의 교통을 훼방하지 못하게 막을 수 있다.

믿음으로 인내하도록 도와준다

하박국서 2장 2,3절은 일지 작성의 세 번째 유익이 무엇인지 암시한다. 하나님은 하박국 선지자에게 "너는 이 묵시를 기록하여… 이 묵시는 정한 때가 있나니… 비록 더딜지라도 기다리라 지체되지 않고 반드시 응하리라"(합 2:2,3) 말씀하셨다. 하나님은 영원 안에 살고 계시지만 때로 하나님께서 하시는 말씀이 곧 이루어질 것이라고 암시하신다.

그러나 하나님의 '곧' 개념은 우리의 개념과 완전히 다르다. 우리는 '곧'이라는 것이 내일 혹은 아무리 늦어도 다음 주를 의미한다고 생각하지만 하나님은 내년을 의미하실 수도 있다. 하나님께서 "내가 진실로 속히 오리라"(계 22:20)고 말씀하신 지 2천 년이 지났다는 점을 기억하라.

만일 우리가 하나님의 약속에 대한 기록을 갖고 있지 않다면 믿음은 금세 나약해지고 소망은 사라지며 '정한 때'가 도래했을 때 하나님께서 우리에게 하신 말씀의 많은 부분을 망각할 것이다. 그러나 하나님의 계시를 받고 바로 기록해두면 의심이 고개를 쳐들 때마다 그것을 의지할 수 있을 것이다. 이를 통하여 우리 믿음은 날로 새로워질 것이며 소망은 회복될 것이다. 그리고 하나님께서 약속을 이루실 때, 우리의 기록은 하나님의 신실하심을 입증하는 증거로 남을 것이다.

주님의 뜻을 제대로 깨닫게 해준다

기도일지 작성은 하나님께서 주신 메시지를 순전하게 유지하도록 도움을 준다. 주님께서 내게 말씀하실 때, 때로 나는 너무도 흥분하고 감격하여 그 말씀을 오해하거나 주님께서 의미하신 것을 잘못 해석하기도 한다. 나는 특정한 대답을 원하거나 기대할 수도 있고, 그러한 바람 때문에 내가 듣는 것을 정확히 이해하지 못할 수도 있다. 그럴 때 내가 들었다고 생각하는 것을 따라 행동하면 필경 실패를 피하지 못할 것이다. 그러나 주님께 받은 말씀을 낱낱이 일지에 기록해놓으면 나를 향한 주님의 뜻을 곡해할 일도 일어나지 않겠지만, 혹여 실패했을 때에도 내가 어디서 잘못했는지 깨달을 수 있을 것이다.

내가 지금까지 기도일지를 작성하면서 발견한 것 한 가지는 내가 주님을 이해하는 데 실패하는 경우는 있어도 주님께서 나를 실패자로 만드시는 일은 결코 없었다는 사실이었다. 주님의 말씀은 언제나 진리이다. 그러나 나의 해석은 그렇지 못하다.

기도일지 작성으로 얻은 결과들

주님의 사랑을 체험으로 깨닫다

날마다 주님과 대화를 나누자 주님과 나의 관계는 더욱 깊어지고 변화되었다. 나는 더 이상 주님을 내가 실수하기만을 기다리는 냉혹한 심판자로 생각하지 않게 되었고, 그분이 온유하며 자비로 가득한 분이심을 깨달았다. 주님의 사랑을 이해하게 되었고, 주님과 많은 시간을 보내면서 나 자신이 주님을 닮아가고 있다는 것을 알게 되었다. 나는 참된 사랑이 무엇인지 배웠으며 주님과 가족들과 친구들에게 그 사랑을 표현하기 시작했다. 주님께서 나를 먼저 사랑하셨으므로 나는 사랑하는 법을 배웠다.

나는 주님의 사랑을 체험으로 깨달았다. 언젠가 내 죄로 크게 자책하며 하나님께 거듭거듭 용서를 구한 적이 있다. "마크야, 나는 너를 용서했어!"라는 주님의 말씀에도 내가 자책하며 힘들어하자 마침내 주님은 "마크야, 나는 너를 용서했는데 너는 너 자신을 용서하지 않겠다는 거니?"라고 하셨다. 그 말씀은 1톤 벽돌의 무게로 나를 강타했다. 내가 나 자신을 호되게 채찍질하며 괴롭히는 것은 결코 나를 향한 주님의 계획이 아니었다. 나를 향한 주님의 계획은 아낌없이 베푸시는 은혜였다. 나는 기도일지 작성을 생활화하고 있는 거의 모든 그리스도인이, 하나님이 그들의 생각보다 훨씬 '덜' 심판적인 분임을 깨닫고 있다는 사실을 확인할 수 있었다.

성령의 움직임을 더욱 민감하게 의식하게 되다

나는 기도일지 작성을 통해 나의 영과 내 안에서 역사하시는 성령의 움직임을 더욱 의식할 수 있었다. 나는 머리로 사는 사람에서 마음으로 사는 사람으로 나아가기 시작했으며, 정신에서 영으로 이동하기 시작했다. 또한 내 안에서 움직이시는 주님의 자극에 반응할 수 있었기 때문에 더 이상 육신적인 자극에 반응하지 않았다. 내가 언제나 성공하는 것은 아니었지만, 성장할 수 있는 나의 능력과 잠재력은 비약적으로 도약했다.

나는 기도일지를 읽을 때마다 하나님께서 언제나 나의 태도에 대해 말씀하신다는 것을 깨닫는다. 내가 분노하는 것에 대해서는 사랑하라 말씀하시고, 멸시하는 것에 대해서는 존중하라 말씀하시며, 판단하는 것에 대해서는 받아들이라고 말씀하신다. 주님은 나의 죄 자체보다 죄를 야기할 수 있는 나의 태도에 더 관심을 두시며 그런 태도들을 교정해주기 원하신다. 주님은 죄를 미워하시지만 단지 우리의 죄를 중단시키기 위해서가 아니라 그것을 야기하는 근본 원인을 근절해주시기 위해 일하신다.

균형 잡힌 삶을 살게 되다

기도일지 작성은 내가 균형 잡힌 삶을 살도록 도와주었다. 우리 대부분은 몇 가지 분야에서 극단으로 치우치는 경향을 갖고 있다. 그러한 우리의 괴벽은 종종 타당한 생각과 체험에 근거하고 있다. 일례로 교회 안에는 참된 진리 위에 기초한 온갖 종류의 극단과 과도함이 있다. 특정 무리의 교인들이 진리의 가르침과 실천을 과도하게 극단으로 몰고 나아가는 탓에 다른 신자들이 그런 사람들을 거부하면서 진리도 함께 거부하는 유감스러운 사태도 종종 빚어지곤 한다.

나 역시도 특정 분야에서 극단적인 성향을 드러내곤 한다. 1단계, 2단계, 3단계 목표를 멋지게 정하여 사람들에게 나의 영적 여정을 깔끔하게 가르치려는 열정이 강하기 때문이다. 영적 여정과 관련하여 어떤 것이 내게 효과를 보이면 나는 그것을 성공 확률 100퍼센트의 확실한 기교로 포착하려는 경향을 드러낸다.

환상이 바로 그런 분야이다. 나는 영적인 소통에서 환상이 갖는 능력과 가치에 감격하고 흥분할 때마다 그것을 성공을 위한 공식으로 사람들에게 제시하려는 유혹을 받는다. 그러나 어느 날, 한 학급에 들어가 환상에 대해 가르치려는데 주님께서 내게 말씀하셨다.

> 환상은 기술 이상의 것이라는 점을 기억하라! 환상 속에서 생동하고 움직이고 행동하는 것은 바로 나다. 환상은 내가 움직이는 것을 보는 것이다. 그것은 마음의 눈으로 보는 것에 매료되는 것이며, 나와 접촉하는 것이다. 그러니 그것을 단순한 도구 이상으로 삼아라! 모든 인생의 목표와 네 가르침의 목표가 사람들을 내게 데려오는 것임을 잊지 말라! 환상을 보기 위한 기법에 지나치게 매달려서 그것의 궁극적인 목적이 '나와 함께하기 위한' 데 있음을 잊어버리지 않도록 주의하라! 마크야! 너를 사랑한다!

기도일지 작성은 내가 인생의 다른 많은 영역에서는 물론이고 분석적 성향과 직관적 성향의 균형을 잡도록 도움을 준다.

특정상황을 명료하게 보게 해주다

기도일지 작성은 우리의 초점을 명료하게 하는 데 도움을 준다. 어떤 상황을 만났을 때 우리는 전체를 조망하는 눈을 잃고, 마치 누군가가 우리를 해치고 파괴하기 위해 고의로 시도하고 있기라도 한 것처럼 사람들과 사건을 부정적으로 바라보면서 그릇된 것들에만 초점을 맞추는 경향이 있다. 그러나 기도일지를 작성하며 하나님의 음성을 들으면 우리의 초점을 조정하여 특정상황을 있는 그대로 볼 수 있도록 도움을 받는다.

언젠가 문제를 갖고 나를 찾아온 어떤 부부에게 그런 일이 일어났다. 그 부부의 딸 캐시가 나쁜 태도를 갖기 시작했고 학교 성적도 날로 떨어지고 있었다. 부부는 딸아이를 뼈 중의 뼈요 살 중의 살로 여기는 대신 원수로 보기 시작했다. 딸에게 잔소리를 퍼부으며 비난했고 딸에게 사랑을 보여주지 못했으며 곧 가정예배도 중단되고 말았다.

나는 그들과 함께 기도한 뒤, 그 상황에 대해 기도하면서 기도일지를 작성하라고 권했다. 그들이 그렇게 했을 때, 하나님께서 남편인 톰에게 환상을 보여주셨다. 톰은 주님께서 자기에게 다가와 한 팔로 어깨를 감싸며 사랑한다 말씀하시고는 그의 딸 캐시에게도 똑같이 하라고 말씀하시는 것을 보고 들었다. 주님은 그들 부부에게 주님의 무조건적인 사랑을 딸에게 보여주면서 하나님나라의 원칙을 따라 살아가라고 명하셨다. 그들 부부는 캐시가 원수가 아니라 사랑하는 딸이라는 것을 깨달았다.

그들이 자기들 방식으로 문제를 해결하려고 애쓰기보다 그리스도를 통하여 딸과 대화하기 시작하자 극적인 변화가 일어났다. 캐시의 태도가 몰라보게 좋아졌고 성적도 향상되어 우등상을 받았던 것이다. 캐시의 담임교사도 그 아이의 변화를 주목했다. 그들 부부는 이후에도 계속 주님과 친밀하게 교제했고 가정예배도 곧 재개했다.

그들 가족은 지금 예배를 드릴 때마다 단순한 습관에 의해서가 아니라 진실한 마음으로 통성으로 기도하고 있다. 그들이 기도일지를 작성하면서 주님을 바라보았을 때, 주님께서 그들의 초점을 명확하게 하시고 적절한 시야를 회복시켜주셨고 그들 부부는 딸을 다시 찾을 수 있었다.

유용한 조언

당신이 하나님의 음성을 듣기 위해 기도일지 작성을 시작할 때에 유용하게 참고할 점을 몇 가지 말하고 싶다.

하나님 음성은 당신의 내부에서 들린다

나는 하나님의 음성을 듣기를 소망하며 기도할 때, 나 자신 외부에 있는 것들은 더 이상 보지도 않고 듣지도 않는다. 나는 하나님의 음성이 외부에서 들리기보다 나의 내부에서 들릴 것이라 기대하며 내적으로 오직 나의 영만을 주시한다. 나는 하나님께서 하늘에서 말씀하실 것이라 기대하기보다 내 마음에서 말씀하실 것이라 기대한다.

그런데 그렇게 마음에 떠오른 생각들을 기도일지에 기록하기 위해 기도를 잠시 멈추었다가 다시 새로운 생각이나 직접적인 말씀을 갈망할 때, 나의 머리가 재빨리 그 틈을 비집고 들어와 자기가 숙고하고 인식한 생각들로 그 막간을 꽉 채워버리는 경우가 생긴다.

내 머리가 그런 일을 하도록 내버려두면 그것이 성령을 앞질러 나가는 탓에 성령의 순전한 계시를 받지 못하게 된다. 나는 내 머리가 그런 일을 하게 방치하는 대신, 하나님께 받은 것을 기도일지에 기록하는 동안에도 오로지 예수님께 초점을 맞춘다. 그렇게 하면 잠깐만 조용히 기다려도 하나님이 주시는 생각이나 말씀이 곧 찾아온다.

때로는 당신의 기도일지에 기록된 자연스러운 생각들이 당신이 이미 갖고 있던 생각들과 유사하다는 것을 발견하는 경우도 발생할 것이다. 나는 그런 일이 일어날 때, 나의 기도일지에 기록된 내용을 거부하지도 않고 그것들이 나에게서 온 것이라고 자동적으로 간주하지도 않는다. 그 대신 내가 하나님과 교통하는 것이 수월해졌고 또 성령께서 나의 영과 결합하셨기 때문에 내가 기도하기도 전에 하나님의 생각을 포착하게 된 것이라고 생각한다(물론 이는 기도일지의 내용이 일련의 검사 과정을 통과했을 때에 한한 것이다).

때로는 하나님 말씀이 우리가 예상했던 결과를 일으키지 않기도 한다. 나는 그럴 때에 우리가 하나님께 그 까닭을 여쭐 수 있다는 것과 그러면 하나님께서 대답해주신다는 것을 발견했다. 그런 일이 일어나는 통상적인 이유는 두 가지이다. 하나는 우리가 하나님께서 말씀하신 것을 오해했기 때문이며 다른 하나는 다른 사람의 자유의지가 그 상황에 작용했기 때문이다.

구체적인 날짜를 묻지 말라

하나님께서 말씀하신 일이 언제 일어날지 날짜를 알려달라고 구하기를 그쳤을 때, 나의 영적 여정은 또 한 번의 큰 발걸음을 쿵 내디뎠다. 나는 전에 말씀을 받을 때면 그 말씀이 이루어질 날짜도 함께 받았다고 생각했다. 그러나 하나님 말씀은 그대로 이루어졌지만 내가 생각한 날짜는 언제나 빗나가고 말았다. 그래서 나는 그 날짜가 하나님이 아니라 나의 마음에서 온 것이라 생각하게 되었다. 나는 이 문제에 대한 깨달음을 구하는 과정에서 두 가지 결론에 도달했다.

첫째, 날짜 같은 구체적인 사항을 알려는 욕구가 인간의 악한 성향과 결합하여 주술을 낳을 수도 있다는 것이다. 그것은 인간의 정상적인 감각을 통해서는 얻을 수 없는 지식을 얻으려는 욕구이고, 권력이나 통제를 향한 탐욕일 수도 있다. 그러나 하나님은 그런 것보다 하나님을 믿는 우리의 믿음을 양육하시는 데 더 관심을 갖고 계시다. 그러므로 하나님은 미래에 관한 우리의 구체적인 질문에 대하여 종종 "나를 믿어라!"라고 대답하신다.

다른 한편으로 성경은 "주 여호와께서는 자기의 비밀을 그 종 선지자들에게 보이지 아니하시고는 결코 행하심이 없으시리라"(암 3:7)라고 말한다. 따라서 어떤 사람들은 하나님께 미래에 관한 정확한 정보를 얻을 것이다. 교회에서 예언의 직무를 맡은 사람들, 특히 하나님께 예언의 은사를 받은 사람들이 바로 그런 사람들일 것이다. 우리 모두가 "하나씩 하나씩 예언할 수 있지만"(고전 14:31), 우리 모두가 예언의 은사를 받은 것은 아니며 우리의 기술과 능력 또한 모두가 동일한 것도 아니다. 이것이 내가 내린 둘째 결론이다.

요즈음은 일지(일기)를 작성하는 것이 대중적인 행위가 되어 가고 있으며 특히 세상 사람들에게 인기를 얻고 있다. 사실 그것은 우리 내면에 있는 것들을 밖으로 끌어내기 위한 매우 효율적인 수단이다. 오늘의 그리스도인들 가운데는 일지 작성이 세상 사람들에게 인기를 얻고 있다는 이유로 거부하거나 그것이 신자들에게 지니는 가치를 부정하는 이들이 더러 있다. 그러니 니는 그것이 우리의 속사람을 겉으로 드러내는 수단이 된다는 사실을 정말로 안다면 오히려 그것이 그리스도인들에게 특히 더 가치 있는 것이 되게끔 해야 한다고 생각한다. 예수 그리스도께서 우리 안에 살고 계시기 때문이다! 우리는 기도일지 작성을 통해 새로운 방법으로 예수님과 접촉할 수 있으며, 우리 안에 계신 예수님의 성품과 영을 드러내 우리 삶을 만들어 갈 수 있다. 이 얼마나 흥미로운 기회인가!

많은 시간과 노력이 필요하다

미국의 유명한 신유 복음전도자 오랄 로버츠(Oral Roberts)는 하나님의 음성을 듣는 법을 배우기 위해 어떻게 했느냐는 질문을 받았을 때 "직접 시도할 만큼 간절히 원했지요!"라고 대답했다. 그렇다! 하나님의 음성을 들으려면 아주 간절하게 원해야 한다.

하나님과의 교제를 향한 갈망이 당신 안에서 타오르지 않으면, 당신이 침묵의 맞은편에 도달하지 못하게 가로막는 장애물들이 너무도 많아진다. 일례로, 당신이 뜨거운 열정도 없이 하나님의 음성을 들으려고 할 때, 당신 내면에 있는 줄도 몰랐던 것들이 깊이 숨어 있다가 갑자기 표면으로 부상하여 당신의 시도를 방해할 것이고, 그것들과 기꺼이 대결할 각오가 되어 있지 않으면 당신은 궁지에 몰릴 것이다. 그러므로 우리는 율법보다 교제를 택하고, 규칙보다 관계를 택하며, 자연적인 것들보다 초자연적인 것들을 택하기 위해 불타는 열정으로 전념해야 한다.

우리의 내면세계는 매우 복잡해서 그것에게 말 거는 법을 배우는 데에는 시간과 노력이 수반된다. 우리 대부분은 이 세상에서 사람 구실을 하는 법을 배우기 위해 최소한 12년을 학교에서 보냈다. 그런데 우리는 성령의 훈련을 받기 위해 1년이나 2년을 기꺼이 투자하는가?

하나님은 내게 하나님의 음성을 들으려면 내 인생에서 정확히 1년을 바쳐야 한다고 요구하셨다. 나는 그 1년의 시간 동안 오로지 하나님의 음성을 듣기 위해 전념했다. 그리고 그 해가 저물 무렵, 하나님은 그 이듬해 한 해를 온전히 바쳐서 하나님의 임재 안에 거하는 법을 배우라고 명하셨다. 나는 성령의 음성을 분간할 수 있었기 때문에 사람들 가운데서 살면서도 그 음성에 파장을 맞춘 채로 남을 수 있었으며 성령께서 직관적으로 주시는 지침을 따라 움직일 수 있었다.

아기가 걷는 법을 배우려면 비틀거리다 넘어져도 다시 일어나 시도해야 한다. 당신이 영적으로 걷는 법을 배울 때도 마찬가지이다. 우리 집 애들이 걸음마를 배우기 시작했을 때, 나는 아기들의 놀라운 '결단력'에 그만 깜짝 놀랐다. 그 애들은 아무리 자주 넘어져도, 무릎에 아무리 많은 멍이 들어도 포기하려 하지 않았다. 걷는 것이 기는 것보다 훨씬 더 좋은 것이었으므로 걷는 법을 완전히 숙달할 때까지 걷기 위한 시도를 멈추지 않았던 것이다. 마찬가지로 우리도 영적 기술을 숙달하는 과정에서 종종 넘어질 때, 하나님과의 친밀한 관계를 쌓는 것이 원칙이나 규칙을 지키는 것보다 훨씬 더 좋다는 확신을 갖고 더욱 분발해야 할 것이다.

실제로 기도일지를 작성하기 위한 참고사항들

가장 좋은 상태로 하나님께 나아가는 시간

나는 기도 가운데 나의 창조주이자 내 삶을 지탱하시는 분을 만나기 때문에, 온갖 걱정과 세상 근심에 눌려 있을 때보다 가장 상태가 좋을 때 기도일지를 적으려 노력한다. 나에게 그 시간은 이른 아침이다. 그 시간의 고요함은 나를 잔잔하게 가라앉히는 데 도움이 된다. 지금은 내 안에서 움직이는 성령의 흐름을 민감하게 의식할 수 있기 때문에 어디에서든지 어렵지 않게 성령과 소통할 수 있지만, 처음에 하나님과 대화를 나누기 시작했을 때는 이 시간이 특히 매우 큰 도움을 주었다.

예수님은 5천 군중의 요구가 압박할 때도 아버지의 임재 안에 거하셨지만, 나는 시작하며 배우는 단계라서 모든 것이 나를 위해 움직여주기를 바랄 수밖에 없었다. 어떤 사람들은 하나님과 교제하는 데 한밤중이 가장 좋다는 것을 발견한다. 어떤 시간을 택하든지, 당신이 가장 좋은 상태에 있을 때 하나님께 드리는 시간이 되도록 하라.

꼭 노트에 적어야만 할까?

나는 처음에 일지를 작성할 때는 스프링노트를 사용했는데 지금은 컴퓨터를 사용한다. 펜으로 공책에 글씨를 쓰는 것보다 자판을 두드리는 것이 수월하기도 하고, 컴퓨터를 이용하면 자판을 두드리는 동안 눈을 감고 내적 환상에 초점을 맞춘 채로 머물러 있을 수 있기 때문이다. 우리 학교의 한 학생은 운전하는 시간이 가장 좋다고 말한다. 소형 녹음기를 갖고 다니면서 소리 내어 기도하고, 마음에 떠오르는 생각들을 말로 표현하여 녹음하는 것이다. 기도일지 작성의 귀한 가치를 반영하는 한, 어떤 방법을 택하는지는 중요하지 않다.

나는 불가피한 경우가 아니면 냅킨이나 종잇조각 같은 데 기록하지 않으려고 한다. 하나님께서 내 마음에 들려주시는 말씀을 그런 데 쓰는 것은 내가 하나님 말씀을 중요하게 여기지 않는다는 의미이기 때문이다. 혹시 어쩔 수 없는 상황으로 그런 데 말씀을 적게 될 경우, 되도록 신속하게 나의 기도일지에 옮겨 적는다.

사적인 내용은 비공개로

나는 전에 공책을 기도일지로 사용할 때에 공책 표지와 뒷면에 굵은 글씨로 "사적인 것, 펴보지 마시오!"라고 적어 따로 보관했고 어떤 내용들은 나만 해독할 수 있는 암호로 기록하기도 했다. 컴퓨터를 사용하는 지금은 파일에 비밀번호를 걸어놓는다. 기도일지는 당신의 영혼을 발가벗겨 주님께 내놓았을 때 주님께서 그 문제들에 대해 조언하신 것을 기록한 것이므로 당신만의 몸부림을 주님 외에 다른 사람이 아는 것은 당신에게나 그에게나 유익하지도 않고 덕이 되지도 않는다.

대부분의 사람들에게 그런 영역이 바로 성욕이 아닐까 싶다. 나는 오랜 목회 사역을 통해 인간은 영적 욕구도 강렬하지만 성적 욕구도 강렬한 존재라는 것을 알게 되었다. 하나님은 우리의 성욕을 치유하시기를 바라신다. 나는 기도일지를 꾸준하게 작성하면서 내가 성욕의 문제를 처리하기 위해 하나님과 정말로 많은 시간을 보냈다는 것을 발견했다.

그래서 기도일지 작성을 시작한 첫 해 말엽, 하나님과 내가 그 문제에 얼마나 많은 주의를 기울였는지 확인해보려고 한 해 동안 기록한 기도일지의 내용을 살피며 정리해보았다. 성욕에 관한 부분이 무려 50쪽이 넘는다는 사실에 당시 내가 얼마나 충격을 받았는지! 사실 나는 내가 그렇게 형편없는 인간인지 미처 알지 못했다! 내가 성적 욕구가 강렬한 인간이라는 것을 입증하는 내용들과 내면의 성적 중압감을 처리하는 방법에 관한 내용이 50쪽을 넘다니!

한번은 세미나에서 기도일지의 사적인 면과 그런 부분들을 비밀과 암호로 처리할 필요성에 대해 말할 때, 어떤 사람이 "기도일지 표지에 다른 사람의 이름을 적는 것은 어떨까요?"라고 농담조로 제안한 적이 있었다. 나는 그런 극단적인 조치를 옹호할 마음은 없지만, 하나님께서 우리의 깊은 아픔과 내적인 몸부림을 치유해주실 때 은밀하게 해주시리라는 것을 잘 알고 있다.

나는 기도일지에 제목과 날짜를 쓰고 나의 영적 삶에 중요한 모든 것을 다 기록한다. 하나님과 교통하며 받은 말씀 외에도 밤에 꿈꾼 내용과 그것에 대한 해석, 주님께서 주신 환상과 이미지와 개인적인 일들과 마음 깊이 다가오는 느낌들을 기록한다. 나는 나의 분노와 두려움과 아픔과 불안과 실망과 기쁨과 감사에 대해 주님과 이야기를 나눈다. 그래서 나의 기도일지는 내 인생의 높은 봉우리와 낮은 계곡, 성공과 실패가 모두 담겨 있는 영적 여정의 기행문이 되며, 내가 발걸음을 디딜 때마다 함께해주신 주님의 사랑과 신실하심을 기념하는 연대기가 된다.

영적 은사보다 주님의 음성을 듣는 것부터

주님께서 어떤 문제나 특정한 사람들을 위해 특별히 규칙적으로 기도하라고 명하시면, 나는 해당 문제나 사람들의 명단을 기도일지 맨 끝 두 면에 기록하거나 특별한 파일에 따로 저장한 뒤, 수시로 참조하면서 주님께서 지시하신 그대로 기도한다. 나는 법적인 의무감으로가 아니라 성령이 이끄시는 대로 자유롭게 움직이며 기도한다.

기도일지 작성은 성령의 위로와 권면과 다른 사람들을 위한 가르침을 받을 수 있는 길을 제공해준다. 나는 기도일지 작성을 통해 온전함과 자아 수용으로 나아가는 데 필요한 성령의 치유의 사랑과 확신을 받았다. 특히 기도일지를 쓰기 시작한 처음 몇 달 동안은 나와 예수님의 관계, 나와 나 자신의 관계에 관한 것 일색이었다.

하나님과 나의 대화가 '진짜'임을 확신하고 주님의 음성을 어렵지 않게 분별할 수 있게 되고서야 비로소 다른 사람들을 위해 사용할 수 있는 영적 은사들을 갈망하기 시작했다. 하나님의 음성을 자유롭게 듣지도 못하는 사람이 어떻게 다른 사람들을 위해 영적 은사를 사용할 수 있겠는가? 그렇게 나는 수개월간의 훈련으로 영적 감각을 예리하게 연마한 뒤에 다른 사람들을 위한 지혜와 지식의 말씀을 받고 그 말씀 위에서 행동하기 시작했다.

나는 우리 학교 학생들을 보면서, 사람이 영적인 것들을 듣고 보는 기술을 익히고 그것들이 진짜 하나님에게서 온 것을 확신할 수 있기 전에 너무 급하게 영적 은사들을 개간하기 시작하면 실수를 피하기 어렵고, 그것이 당사자를 너무도 심각하게 퇴보시켜서 영적 여정을 지속하기가 힘들어지고, 그 결과로 예수 그리스도와의 깊은 사랑의 관계가 주는 크나큰 축복과 주님께서 우리에게 주고자 하시는 온전함을 잃게 될 수도 있다는 것을 발견했다.

포기하지 말고 계속 시도하라

기도일지 작성은 하나님 앞에 나아가 마음을 잔잔하게 가라앉히고 그리스도께 초점을 맞추고, 특정 기도제목으로 기도한 뒤 마음에 자연스럽게 흐르는 생각들을 즉석에서 기록하고, 기도를 마친 후에 그것을 다시 읽으며 하나님께서 무엇이라 말씀하시는지 분별하는 것이다.

사실 하나님의 음성을 듣기 위해 기도일지를 작성하는 처음 몇 년 동안은 모든 것을 포기하고 다 던져버리고 싶던 적도 많았다. 어떤 때는 예수님과 교통하는 것이 불가능해 보였고, 어떤 때는 내적 음성이 하나님이 아니라 나에게서 온 것처럼 느껴졌고, 주님에게서 온 것이 분명하다고 생각되는 말씀을 따라 행했다가 예상했던 결과가 나오지 않아 몹시 실망한 적도 많았다.

우리 모두 깊은 영적 경지에 이를 수 있다. 그러나 영적 고원지대에 도달하려면 모든 시도를 다 때려치우고 싶은 유혹을 받을 때 굳은 마음으로 밀고 나아가야 한다. 당신이 믿음이 없다고 느껴지고 이 시도가 노력한 만큼의 보상을 주지 못할 것같이 생각될 때라도 밀고 나아가는 것에 전념해야 한다. 내가 지금 이렇게 내적으로 편하게 하나님과 대화할 수 있게 된 것은 몇 년 동안 끈기로 인내하면서 정말로 하기 싫을 때에도 포기하지 않고 지속한 덕택이다.

새로운 기술을 숙달하려면 수차례의 시도와 실패를 거듭해야 한다는 사실은 모두가 인정할 것이다. 하나님과 교통하는 법을 배우는 것은 맞춤법을 익힐 때, 자전거 타는 법을 배울 때, 대중 앞에서 말하는 법을 배울 때도 다 매한가지이다. 첫 시도에서 완벽해지거나 그 이후로 절대 실수를 저지르지 않는 것 따위는 없다! 하나님의 음성을 듣기 위해 기도일지를 작성할 때도 그러한 태도를 가져야 한다. 직접 시도해보면 알겠지만 비틀거리거나 넘어질 때도 있을 것이고, 처음으로 돌아가야 할 때도 있을 것이다. 그러나 괜찮다! 그 외의 다른 방법으로는 새로운 기술을 배울 수 없기 때문이다.

한번은 세미나에 참석한 어떤 여성이 기도일지를 작성하려고 아무리 애써도 아무것도 받을 수 없다며 불평했다. 마침내 그녀는 주님께서 자기 마음에 음성을 주셨다고 절대적으로 확신할 수 있을 때까지 아무것도 기록하지 않겠다고 선언했다. 그래서 그녀의 등을 토닥이며 실수해도 괜찮으니 마음을 편히 먹으라고 격려했는데, 채 몇 분도 지나지 않아 그녀는 깜짝 놀랐다. 하나님께서 그녀의 일지를 통해 정말로 그녀에게 말씀하고 계셨기 때문이었다.

연습이 완벽을 만든다는 말도 있지 않은가? 연습을 두려워하면 완벽에 이르지 못한다. 그러니 미리부터 부담을 갖지 말라! 당신이 누구이기에 연습도 하지 않고 완벽에 이르기를 기대하는가?

어문 실력은 중요하지 않다

어떤 사람은 자신이 문법도 서툴고 맞춤법도 엉망이라는 이유로 하나님께 받은 말씀들을 기록하는 것을 꺼리기도 한다. 그러나 당신에게 약속하겠다. 하나님은 그런 것에 신경 쓰지 않으신다. 이것은 작문 시험이 아니다! 맞춤법과 문법 실력은 기도일지 작성과 전혀 관계없다. 어리석게도 문장력 같은 중요하지 않은 것들에 얽매여 주님과 친밀한 관계를 쌓는 이 시도를 포기하지 말라!

긴장을 풀고 마음을 편히 가져라. 미소를 지어라. 지나치게 심각해지지 말고 편하게 시도하라. 그러면 당신 안에서 흐르기 시작하는 것들에 깜짝 놀랄 것이다. 하나님은 모든 것을 받아주시기 위해, 특별히 하나님의 자녀들을 받아주시기 위해 기다리고 계시다. 어린아이 같은 단순한 마음으로 나아가라. 결코 실망하지 않을 것이다. 경험자로서 약속한다.

하나님과의 교제를 기도일지 밖으로 확대하라

기도일지 작성은 내적 느낌을 분별하는 기술을 발전시키도록 돕는 학습도구이다. 그것은 우리 마음에 자연스럽게 흐르는 생각의 흐름에 더욱 민감해지도록 돕는다. 일단 이 흐름을 분간하고 포착하는 것에 숙달하면 일지를 작성하지 않고도 하나님과 수월하게 교통할 수 있다는 것을 알게 된다. 이처럼 기도일지 작성을 통해 하루 종일 하나님과 동행하면서 친밀하게 이야기할 때 그리스도 안에 거하기 시작하게 된다.

내가 하나님과 대화하는 법을 배운 뒤, 하나님은 일지를 작성하는 중이 아니라도 하나님의 임재 안에 거하는 법을 배우라고 말씀하셨다. 하나님과의 영적 접촉은 기도일지가 갖는 한계 너머로 무한히 확대될 수 있기 때문이었다. 그것은 언제 어디서든지 어떤 수단으로든지 일어날 수 있다. 기도일지 작성은 그 많은 수단의 한 가지일 뿐이지만, 주님과의 깊은 관계로 향하는 길을 펼쳐주는 기본적이고도 중요한 기교이다.

두 가지 질문

사람들이 통상적으로 던지는 질문 두 가지에 대해 생각해보고, 기도일지 작성에 관한 이야기를 끝내기로 하겠다.

이것은 자동필기와 같은가?

"자동필기는 어떤가? 그것은 사탄에게서 나온 것인가? 그것은 본질적으로 기도일지와 같은 것인가?"라는 질문을 하는 사람이 있다. 나는 무의식 상태에서 글자를 써내려 가는 자동필기가 사탄에게서 나온 것이라고 생각한다. 기도일지를 작성하는 체험은 그것과 동일하지 않다. 자동필기는 성경이 실증하는 참된 체험을 모방하여 사탄이 만든 모조품이다.

기도일지에서는 어떤 생각이 우리 마음에 태어나고, 우리가 그것을 우리의 머리에 새기고, 우리 손으로 기록하기 시작한다. 자동필기에서는 사악한 영이 한 인간의 연약한 손을 제어하며 움직이기 시작하는데 여기에는 사람의 머리도 마음도 사용되지 않는다. 마음의 초점이 그리스도께 맞추어지지 않으며, 그의 마음은 누구 또는 무엇에 의해서든 좌지우지되는 수동적 개방 상태가 되어 그 사람은 사탄이 영향력을 행사하기 가장 좋은 후보자가 된다.

우리는 누구에게 기도해야 하는가?

사람들이 종종 내게 묻고 나 또한 주님께 여쭌 적이 있는 또 다른 질문은 "우리가 누구에게 기도해야 합니까?"라는 것이다. 우리는 아버지께 기도해야 하는가, 아니면 아들에게 기도해야 하는가? 나는 우리가 성령의 역사에 의해, 아들을 통하여, 아버지께 기도해야 한다고 믿는다. 삼위일체 하나님의 삼위의 위격(位格) 모두가 우리의 기도에 관계되어 있다.

요한복음 15장은 우리가 그리스도 안에 거하고 그리스도 안에 살아야 한다고 말한다. 나는 예수님 안에서 사는 것의 일부가 예수님과 대화를 나누는 것과 관련되어 있으며 우리가 하나님이 주시는 환상을 구할 때 우리 마음에 종종 나타나는 이미지가 바로 예수님이라고 믿는다(골 1:15). 또한, 내가 권세로 기도할 때는 아버지께 아뢰는 경향이 있고, 친밀함과 사귐을 쌓을 때에는 통상적으로 예수님과 교통한다는 것을 발견한다. 그리고 공동예배를 드릴 때나 수업을 시작할 때 성령께 기도하면서 우리 가운데 오시어 충만하게 임재하시기를 간청한다.

내가 이 문제에 관해 하나님께 여쭸을 때, 하나님은 성령의 역사에 의해 아들을 통하여 하나님께 기도하는 것이 가장 합당한 기도라는 확신을 주셨다. 그러나 또한 하나님은 아버지와 아들과 성령이 하나이므로 내가 예수님과 대화할 때에도 나의 기도를 높여주실 것이라 말씀하셨다. 아무튼 예수님은 오로지 아버지께서 말씀하신 것만 말씀하신다(요 8:28,38).

요한일서 1장 3절은 "우리의 사귐은 아버지와 그의 아들 예수 그리스도와 더불어 누림이라"라고 말하고, 고린도후서 13장 13절은 "주 예수 그리스도의 은혜와 하나님의 사랑과 성령의 교통하심이 너희 무리와 함께 있을지어다"라고 말한다. 이 두 구절을 잘 읽어보면, 우리가 아버지와 아들과 성령과 교제할 수 있다고 말한다는 것을 깨달을 수 있다. 바로 이것, 즉 삼위일체의 하나님과 교제하는 것이 기도일지 작성의 본질이다.

내게서 나올 수 없는 생각

내가 처음 기도일지 작성을 시작했던 해에 겪은 체험을 나누고 싶다.

1979년, 나는 우리 가족과 함께 지내던 반항적인 십 대 소녀로 인해 문제에 봉착해 있었다. 얌전하던 주디(가명)가 십 대에 접어들면서 내가 정한 생활규칙을 어기고 말썽을 피우기 시작했기 때문이다. 나는 정면대결로 문제를 풀어야겠다고 결심했다. 그 애에게 우리 집 생활규칙을 다시 한 번 강조하면서, 계속 우리 가족과 지내려면 그 규칙을 지키고, 그럴 마음이 없다면 집에서 나가야 할 것이라고 말할 작정이었다.

드디어 결전의 그날, 나는 서재에서 기도하며 그 애가 학교에서 돌아오기를 기다리기로 했다. 당시는 내가 기도일지 작성 개념에 막 눈을 뜬 때여서 기다리는 동안 그 방법을 한번 시도해보기로 마음먹었다. 나는 우물이 많은 근교의 낙농가에서 자랐기 때문에 예수님께서 사마리아의 한 우물가에서 어떤 여인과 대화를 나누는 요한복음 4장의 장면이 편안하게 느껴졌다. 그래서 내가 사마리아 여인처럼 우물가에 다리를 걸치고 예수님과 나란히 앉아 있는 장면을 마음에 그려보았다.

나는 예수님을 바라보았다. 말로 표현할 수 없는 사랑의 기운이 그분 주변에 가득했다. 나는 어깨 너머로 예수님을 흘끗 보았지만 예수님이 나를 사랑하시고 받아주고 계심을 분명히 느낄 수 있었다. 나는 주디 문제에 대해 기도해야 한다는 느낌을 받아서 "주님, 주디를 어떻게 해야 하죠?"라고 여쭈었다.

눈을 감고 예수님을 열심히 응시하고 있을 때, 예수님은 우리가 옆 사람에게 말할 때처럼 손짓을 하며 말씀하셨다. 동시에 한 가지 생각이 나의 마음에 떠올랐다.

"무조건 사랑해라!"

나는 그것이 좋은 말씀이라고 생각하여 바로 눈을 뜨고는 기도일지에 기록했다. 나는 다시 눈을 감고 예수님을 바라보았다. "주님, 제게 또 말씀하시고자 하는 것이 있습니까?" 이번에는 예수님이 움직이지 않으셨지만 내 마음에 자연스럽게 생각이 떠올랐다.

"그 애는 지금 매우 불안한 상태야!"

그것이 내가 받은 전부였다. 그러나 나는 주님을 다시 바라보며 '비범한 말씀이야!'라고 생각했다. 나는 그 생각이 내게서 온 것이 아니라고 확신할 수 있었다. 그 애 문제를 해결하기 위해 내가 갖고 있던 생각은 '엄격함과 사랑으로 그러나 엄격함으로!'였던 반면 나의 기도일지가 말하는 것은 '사랑!'이기 때문이었다. 물론 불순종하면서 반항하는 십 대 아이들을 무조건 사랑으로 대하는 것이 언제나 옳은 방법이라고 말하는 것은 아니다. 그러나 특별한 상황에 처한 특별한 소녀 주디에게는 그것이 올바른 방법이었다.

나는 주님께 받은 말씀대로 행동했다. 비난을 요란하게 늘어놓는 대신 사랑의 어조로 부드럽게 대화했고, 우리가 그 애를 진심으로 사랑하며 걱정하고 있다는 것을 표현했다. 당초의 내 방식대로 했다면 그 애가 감정 폭발을 일으키며 부정적으로 반응했겠지만 내가 그런 식으로 다가가자 그 애도 마음을 열고 수용하는 태도를 보였다. 이후 주디는 1년 넘게 우리

가족의 일원으로 함께 생활하다가 독립했다. 마음을 감찰하시는 예수님은 내가 십 대 소녀의 반항을 본 곳에서 가녀린 소녀의 불안함을 보셨다.

'내가 정말로 전능하신 하나님과 대화를 나누기 시작하다니!'

이처럼 기도일지에 기록된 대로 행한 결과를 목격하게 되자, 기도일지를 통해 말씀하신 분이 하나님이 틀림없다는 생각과 함께 기도일지를 지속적으로 작성해야겠다는 마음이 들었다. 그래서 매일 아침 경건의 시간에 기도일지를 작성하며 기도하는 시간을 포함시켰고, 그렇게 하루하루 지나면서 주님이 주시는 놀라운 말씀들, 즉 삶의 표면적인 문제들이 아니라 나의 내적 동기와 태도에 관계된 놀라운 말씀들을 받기 시작했다. 그러한 체험들이 쌓이면서 내가 정말로 하나님의 음성을 듣고 있다고 확신하게 되었다.

기도일지를 작성하면서 하나님의 음성을 듣기 시작한 처음 보름 동안, 나는 기도일지에 기록된 내용 대부분을 아내와 우리 교회의 장로들에게 보여주면서 그것들을 주님의 음성으로 생각하느냐고 물었다. 그러자 그들은 자신들도 그렇게 느낀다고 확인해주었다.

나는 이런 식으로 하나님의 음성을 듣는 데에는 다른 사람들의 확증이 본질적으로 중요하며, 특별히 이런 방법으로 하나님의 음성을 듣기 '시작할' 때에는 더욱더 그렇다고 믿는다. 그러므로 당신이 하나님의 음성을 듣기 위해 기도일지를 작성하기 시작했다면, 처음에 기록한 것들을 영적인 사람들 최소한 두 명 이상에게 보여주면서 그들의 확증을 구하라고 진지하게 권면한다. 그런 사람들은 반드시 목회자들이어야 하는 것은 아니지만, 당신이 편안한 마음으로 영적인 지도를 부탁하기에 부족함이 없고 조언과 권고를 신뢰할 수 있는 사람들이어야 한다.

당신이 처음에 기록한 것들을 다른 사람들에게 보여주면서 그들의 확인을 받으면 이 새로운 모험적 시도를 지속할 확신을 얻을 것이다. 물론 시간이 흐르면서 이런 식으로 하나님의 음성을 듣는 것에 익숙해지면, 다른 사람들과는 주된 방향 설정을 요하는 문제들에 대해서만 의논해도 상관없을 것이다.

내가 이렇게 기도일지를 작성하면서 보낸 처음 며칠이 내 영적 여정에 극적인 이정표가 되었다는 것은 두말할 필요도 없을 것이다. 그것은 정말 믿을 수 없는 체험이었다. 마침내 하나님의 음성을 내 안에서 발견하게 된 것이 아닌가! 그 체험은 하나님의 음성을 탐색하면서 좌절과 실망 속에서 보내야 했던 오랜 세월을 보상하고도 남았고, 오래 전에 체험한 구원과 성령세례의 체험과 더불어 그리스도인으로서 나의 전체 행보 가운데 가장 중요한 전환점의 하나가 되었다.

당시 나는 이러한 체험이 그리스도인으로서의 내 삶에 당연히 획기적인 혁명을 일으킬 것을 충분히 예상했고, 지난날을 돌이키며 글을 쓰고 있는 지금, 내 삶의 모든 영역이 하나님과 대화를 나눌 수 있는 이러한 능력에 철저하게 영향 받았음을 확신하고 있다. 나는 지금 내 안에서 움직이시는 하나님의 영이 들려주시는 내적 음성의 인도를 받으며 살고 있다. 성령께서 매일 내게 삶의 지침을 내려주신다!

확신을 주는 증거들

나는 전에 하나님의 음성을 분별하도록 도와줄 열쇠들을 탐색했을 때, 그 주제와 관련된 책들을 숱하게 읽었다. 당시에는 그 책들에 담긴 단서들을 포착할 수 없었지만 나중에 하나님과의 대화에 들어가고 나서 그 책들을 다시 읽어보았을 때 나 자신의 체험을 확증해주는 증거들을 발견할 수 있었다. 나는 교회의 존경을 받는 지도자들의 확증을 얻지 못한 것을 가르치는 죄책감에 빠지기를 결코 원하지 않았기 때문에 그것들은 내게 매우 중요한 의미로 다가왔다. 나는 그들의 간증이 다음 세 가지 요점을 확증하고 있음을 발견했다.

1. 하나님의 음성은 종종 자연스러운 생각이나 인상의 흐름으로 온다.
2. 하나님은 우리의 내적인 눈을 사용하시어 환상을 주신다.
3. 이런 것들을 기록하는 것이 중요하다.

더글라스 위드(Douglas Wead)는 빼어난 저서 《하나님의 음성을 들어라》(Hear His Voice)에서 나와 같은 체험을 했다고 간증했다. "한 가지 인상이 내 마음에 다가와…", "어떤 소녀가 탁자에 앉아 있는 것을 내 마음으로 보았는데…", "그때 마음을 스친 생각들을 기록하여…" 같은 진술들이 대표적인 예이다.

래리 톰채크(Larry Tomczak)는 '카리스마'지(誌) 1981년 9월호에 기고한 논문에서 자연스러운 계시가 어떻게 오느냐는 질문에 이렇게 대답했다.

"첫째는 영상이다. 하나님은 영상이나 환상을 통하여 종종 선지자들에게 말씀하셨다. 하나님은 당신 마음에 영상을 심어주실 수도 있고… 둘째는 성경이다. 하나님은 우리 마음에 떠오르는 구체적인 성경구절을 통하여 말씀하신다. 하나님께서 어떤 구절의 일부나 심지어 성경의 장과 절을 당신 마음에 새겨주실 수도 있다. 셋째는 말씀이다. 하나님께서 당신의 신중한 사유 과정에서 나오지 않은 조언이나 구체적인 말씀을 당신 마음에 가져다주실 수 있다. 그런 말씀은 매우 자연스럽게 오며 당신 마음에 톡 떨어진 것처럼 주어진다. 우리는 의식적으로 생각을 하거나 공상을 할 때에 우리 자신의 생각들을 서로 연결한다. 그러나 주님에게서 오는 생각들은 당신이 미리 고려했던 것들이 아니며, 자연발생적인 성격을 가지며, 논리적 단계를 거치지 않고 섬광처럼 순간에 온다."

존 패트릭 그레이스(John Patrick Grace)는 《하나님의 음성을 듣는 것》(Hearing His Voice)이라는 제목의 저서에서 교회의 존경을 받는 많은 지도자들의 간증을 인용했다. 그중 하나를 예로 들면, 오랄 로버츠(Oral Roberts)는 하나님의 음성이 때로는 "내적으로 들을 수 있는 음성"으로 오기도 하고, 때로는 "나의 영혼에 조용히 심어진 말씀"으로 오기도 하고, 때로는 단지 "진한 인상"으로 오기도 한다고 간증했다. 또한 그는 주님께 많은 환상을 받았고 하나님께서 지침으로 주시는 말씀들을 기록했다고 간증했다.

프랜시스 맥넛(Francis MacNutt)은 "나의 경우에 성령의 인도하심은 직관과 직감으로 온다!"고 단언했고, '기독교방송네트워크'의 벤 킨츨로우(Ben Kinchlow)는 "하나님께서 성령으로 내게 말씀하실 때에 하나님의 음성은 내가 마음으로 품을 수 있는 생각과 개념으로 번역되어 다가온다. 그러므로 내가 '나는 하나님의 음성을 들었다', '하나님께서 내게 말씀하셨다'고 말할 때, 그것은 곧 하나님께서 나의 영 안에서 느낌을 통하여 말씀하셨고 그 느낌이 나의 마음에서 생각으로 번역되었다는 것을 뜻한다. 그리고 그 생각은 젊은 사람들이 '짜릿한 흥분'이라고 칭하는 것을 즉각 가져온다. 그것은 즉석에서 당신 마음에 떠오르는 무엇이다!"라고 말했다.

'캠퍼스 파디스트 아웃'(Campus Farthest Out)의 창시자 글렌 클라크(Glen Clark)는 오늘의 신자들이 예수님의 상상력을 상실했다고 말한다. 그는 《영혼의 진실한 소망》(The Soul's Sincere Desire)이라는 책에서 이렇게 말했다.

"예수님은 신적인 상상력의 렌즈를 통하여 현실을 바라보셨다. 상상력이라는 것은 그것을 지니지 못한 마음이 부조화와 분리와 추함만을 보는 곳에서 조화와 통일성과 아름다움을 보는, 우리 모두가 소유하고 있는 힘이다. 인간의 상상력은 하나님의 생명을 인간의 삶 안으로 흐르게 하는 창문이요 문이다."

교회의 존경을 받음은 물론 하나님의 음성을 듣는 능력을 소유한 것으로 잘 알려진 하나님의 사람들 입에서 나온 이런 말들은 내가 자연발생적인 생각, 환상, 기록과 같은 도구들을 하나님과의 친밀한 교통을 구축하는 수단으로 계속 사용할 수 있도록 격려해주었다.

하박국 선지자의 체험

하박국 선지자의 체험을 다시 정리해보자. 하박국 선지자는 하나님의 음성을 들었을 뿐 아니라 자신이 어떻게 하나님 음성을 들었는지 우리에게 말해준다. 나는 '어떻게?'에 유난히 관심이 많은 사람이라서 하박국서를 읽으며 진한 감동을 받았으며, 나의 영적 여정에 혁명처럼 일대 변혁을 일으킨 네 가지 열쇠를 발견하게 되었다. 우리가 앞의 넉 장에서 논한 네 가지 열쇠가 바로 그것이다.

하박국 선지자는 이 짧은 책의 1장에서 자신을 둘러싸고 있는 세상의 불의에 대해 하나님께 울부짖고는 2장 1절에서 3절까지 주님의 대답을 듣기 위해 자신을 준비시킨다.

> 내가 내 파수하는 곳에 서며 성루에 서리라 그가 내게 무엇이라 말씀하실는지 기다리고 바라보며 나의 질문에 대하여 어떻게 대답하실는지 보리라 했더니 여호와께서 내게 대답하여 이르시되 너는 이 묵시를 기록하여 판에 명백히 새기되 달려가면서도 읽을 수 있게 하라 이 묵시는 정한 때가 있나니 그 종말이 속히 이르겠고 결코 거짓되지 아니하리라 비록 더딜지라도 지체되지 않고 반드시 응하리라

앞에서 이 구절들에 대해 간략히 고찰했지만 이 구절들이 앞에서 말한 모든 것을 정확하게 요약하고 있으므로 여기서 좀 더 상세하게 논하겠다.

참고로, 여기서의 순서는 앞의 2-5장에서 살펴본 순서와는 조금 다르지만 상관없다. 중요한 것은 네 가지 열쇠를 모두 실행하는 것이다.

첫째 열쇠 : 우리 자신을 잔잔하게 가라앉히는 것

첫째, 하박국 선지자는 하나님 음성을 듣기 원했을 때 혼자서 조용히 자신을 가라앉힐 수 있는 곳에 갔다. 이것이 바로 첫째 열쇠, 즉 조용한 곳에 가서 하나님 앞에서 우리 자신을 잔잔하게 가라앉히는 것을 배우는 것이다. 나는 서재 안에 들어가 하나님 앞에서 나 자신을 잔잔하게 가라앉히는 법을 배웠다.

내게는 그렇게 하기 위한 최선의 방법이 바로 크로머하프를 연주하면서 하나님을 예배하고 성령 안에서 찬양하는 것이었다. 이렇게 하면 나의 외적 환경이 잔잔해지고 내적 자아가 하나님 앞에서 준비를 갖추게 된다. 그러나 당신도 반드시 이렇게 해야 하는 것은 아니다. 하나님 앞에서 당신의

영을 잔잔하게 하는 데 가장 도움이 되는 방법을 택하여 사용하면 된다. 찬양을 듣는 것, 경건한 마음으로 성경을 묵상하는 것, 하나님께서 창조하신 자연을 감상하며 걷는 것, 시냇가 옆에 앉아 묵상하는 것 등도 좋은 방법이 될 수 있을 것이다.

둘째 열쇠 : 하나님께서 무엇을 말씀하실지 바라보는 것

하박국 선지자는 하나님께서 무엇을 말씀하실는지 기다리며 바라보았다. 여기서 그의 어법에 문제가 있다는 점을 발견했는가? 하나님께서 무엇을 말씀하실는지 기다리며 '바라보았다'고? 하나님께서 무엇을 말씀하실는지 듣기 위해 '귀를 기울였다'고 말하는 것이 이치에 맞지 않을까?

그러나 하박국 선지자의 통찰력은 내게 '영으로 보는 것'에 관한 전혀 새로운 차원을 활짝 열어주었다. 나는 하나님께서 내게 보여주기를 원하시는 것을 영으로 보기 위해 기도하면서 마음의 눈으로 바라보는 것을 배웠다. 나는 상상력을 사용하여 내가 편안한 환경에서 예수님과 대화를 나누는 모습을 내적으로 그리기도 했고, 때로는 하나님께서 내게 보여주시기를 원하는 것을 보기 위해 마음의 눈으로 그냥 바라보기도 했다. 그러면 성령의 계시가 즉각 임하곤 했다.

주님께서 주시는 환상을 보는 것과 관련해 내가 때로 어떤 장면을 먼저 마음으로 그린다는 것은 전혀 문제가 되지 않는다. 내가 나의 기도나 찬양을 먼저 시작한다는 점이 전혀 문제가 되지 않는 것과 마찬가지이다. 중요한 것은 내가 나의 영과 결합하신 성령과 접촉한다는 것과 성령께서 이끄시는 대로 따른다는 것이다.

내가 이렇게 주님께서 주시는 환상을 보기 시작했을 때, 그것은 나의 마음과 머리에 몇 가지 강력한 영향을 끼쳤다. 첫째, 그것은 나의 믿음을 일으켰고 그 믿음은 내가 성령의 내적 흐름을 더욱 민감하게 포착할 수 있게 해주었다. 둘째, 그것은 나의 머리에 임무를 배당하여 나의 머리가 환상을 보는 과정에 껴들지 못하게 했다. 나의 머리는 기도하는 시간에 불쑥 난입하여 나를 온통 산만하게 만들곤 했다. 그러므로 그것을 기도생활을 억제하는 방해 요소로 방치하기보다 기도생활을 활성화시키는 요소로서 기능하게 한 것은 썩 좋은 결과였다.

셋째 열쇠 : 하나님의 음성에 마음의 파장을 맞추는 것

하박국 선지자가 우리에게 주는 셋째 열쇠는 그가 하나님의 음성에 마음의 파장을 맞추었다는 것이다. 그는 하나님의 음성이 어떻게 들리는지 잘 알고 있었다. "여호와께서 내게 대답하여 이르시되…"(합 2:2)라는 구절로 미루어 볼 때, 하박국 선지자가 마음으로 하나님의 음성을 분별할 수 있었다는 것은 명백하다. 하나님의 음성이 통상적으로 우리 마음에서 자연스러운 생각의 흐름처럼 들린다는 점은 앞에서 살펴보았다.

그러므로 나는 하나님의 음성에 채널을 맞출 때 자연스러운 생각의 흐름에 집중한다. 그러면 하나님께서 성령으로 내게 말씀하기 시작하시며 (고후 2:9,10) 성령께서는 내 영과 하나가 되신다(고전 6:17). 나는 그렇게 마음으로 들은 하나님 말씀을 깊이 묵상하지 않은 채로, 자연스러운 생각과 인상으로서 내 머리에 등록한다. 그런 다음, 성령의 흐름이 중단된 뒤에 나의 기도일지에 낱낱이 기록한다. 그러면 나중에 기도일지를 읽으면서 그 생각들이 하나님으로부터 온 것인지 아닌지를 나의 분석적인 생각으로 분별할 수 있게 되며 그렇게 함으로써 하나님과 대화를 나누게 된다.

넷째 열쇠 : 전능하신 하나님과 나눈 대화를 기록하는 것

하박국서가 보여주는 넷째 열쇠는 그가 전능하신 하나님과 나눈 대화를 기록했다는 것이다.

앞에서 살펴본 것처럼 기도일지는 성경의 수백 장(章)이 실증하고 또 하나님께서 반복하여 명하시는 성경 전반의 주요한 주제이다. 그러므로 나는 기도일지를 작성한다. 기도일지 작성은 기도 시간 중간에 불쑥 난입하는 나의 머리에 임무를 배당하여 바쁘고 유용하게 만들며, 나의 초점을 계속 하나님께 맞추도록 도와주는 기록을 제공하며, 하나님 말씀을 상기시켜 나의 믿음과 순종을 분발시킨다.

하나님은 이런 식으로 내가 성경적으로 행하게끔, 하박국 선지자가 자신의 기도생활에서 실제로 해보인 대로 아침 경건시간에 행하게끔 이끌어 주셨다. 나는 이 네 가지 요소(열쇠) 모두 하나님과 교통하는 데에 필수적이라는 사실을 깨달았다. 한두 가지 요소나 세 가지 요소만으로는 부족하다.

그러므로 이 영적 접촉의 차원에 들어가기 원하는 사람 모두에게 촉구하겠다. 이 네 가지 요소 전부를 사용하여 실험하기 위해 전념하라! 이 네 가지 요소는 한 꾸러미로 사용할 때에 효과를 낳는다. 내가 경험했듯이 이 네 가지 요소는 당신에게도 정말 아름다운 결과를 가져다줄 것이다. 약속한다.

기도일지를 실제로 작성해보자

이제 기도일지 작성을 시도해보는 것이 어떨까? 펜과 종이를 준비하라. 하나님 앞에서 당신 자신을 잔잔하게 가라앉혀라. 당신 마음에 있는 것들을 하나님께 말하라. 그런 다음에 하나님께서 말씀하시는 것, 곧 당신 마음에 자연스레 떠오르는 생각들을 종이에 기록하라. 만약 그런 생각들을 감지할 수 없거든 하나님께 구체적으로 질문하라. 마음을 편하게 가라앉히고, 마음에 흐르는 생각들을 어린아이 같은 단순한 믿음으로 기록하라. 그러면 그것이 바로 하나님의 음성임을 발견하게 될 것이다.

하박국 선지자는 우리가 지금까지 말한 네 가지 열쇠를 사용하여 하나님의 음성을 명백하게 분별했던 사람의 좋은 예이다.

1. 그는 내적으로 자연스럽게 흐르는 생각들에 파장을 맞추었다.
2. 그는 하나님 앞에서 자기 자신을 잔잔하게 가라앉혔다.
3. 그는 환상을 보았다.
4. 그는 자신이 기도한 것과 하나님께서 응답하신 것을 기록했다.

그러므로 당신에게 도전하겠다. 당신의 기도 시간에 이 네 가지를 시작하라! 3개월 정도의 실험 기간을 잡고, 적어도 일주일에 2회 이상 이런 방법들을 시도해보라. 믿음으로 나아가라. 하나님께서 1인칭으로 당신에게 말씀하시도록 기회를 드려라. 딱 3개월 동안만 의심을 유보하고 그 후에 결과들을 살펴보라. 이렇게 하기만 하면 당신이 정말로 성령과 접촉하고 있다는 것과 전능하신 하나님과 대화를 나누고 있다는 것을 확신하게 될 것이라 믿어 의심하지 않는다.

하나님께서 당신의 친구가 되도록 기회를 드리겠는가?

6

하나님의
임재를 향해
지성소로

하나님께서 우리를 위해 친히 준비하신 접근로

마음을 잔잔하게 가라앉히는 것, 자연스러운 생각의 흐름에 파장을 맞추는 것, 환상을 보는 것, 기도일지를 작성하는 것과 같은 도구들은 하나님과 교통하는 데 엄청난 도움을 주었다. 나는 그러한 도구들을 통하여 거의 언제나 하나님과 대화할 수 있었다.

그러나 하나님께 이르지 못한 것처럼 보이는 때가 없었던 것은 아니었다. 혼란스러웠고 왜 이런 일이 일어나는지 이해할 수가 없었다. 나는 하나님의 음성에 내 마음을 맞추어야 한다는 것을 잘 알고 있었지만 그렇게 하기 위한 다이얼을 어디에서 찾을 수 있는지는 아무도 알려주지 않았다. 그것을 찾으려고 오랫동안 분투할 때, 하나님은 그분의 직접적인 임재를 구하는 이들이 하나님께 쉽게 다가오도록 친히 접근로를 준비해놓으셨다는 사실을 내게 상기시켜주셨다. 그것은 모세의 성막에 묘사되어 있다.

우리가 준비할 것들을 예시하는 성막

성막은 성경의 중요한 주제이다. 성경에는 오직 성막에 대해서만 말하는 장(章)이 무려 50장에 달한다. 이는 마태복음과 마가복음을 합친 것보다 더 많은 분량이며 이 사실은 하나님께서 성막을 매우 중요하게 여기신다는 것을 말해준다.

성막은 유대인들에게 하나님의 임재의 표현으로서, 그리고 하나님 백성들이 하나님께 다가오기를 바라시는 하나님의 계획으로서 중요한 의미를 가졌다. 또한 히브리서 8장 5절이 가리키는 대로 하늘에 있는 것의 모형과 그림자로서 오늘 우리에게도 중요한 의미를 갖는다.

성막은 우리가 하나님의 임재 안에 들어가기를 원할 때 마땅히 갖추어야 하는 준비에 대해서도 예시한다. 그러므로 나는 성막에 대해 연구하면서 그렇게 오랫동안 탐색하던 바로 그것, 내 마음을 하나님의 음성에 맞추기 위한 다이얼을 발견했다.

성막은 바깥뜰, 성소, 지성소의 세 부분으로 구성되어 있는데 그 각각이 인간의 삼중(三重) 본성에 상응한다. 바깥뜰은 인간의 육신을 상징하고, 성소는 영혼을 예시하고, 지성소는 영을 나타낸다. 성막 안에는 여섯 개의 기물이 있는데 나는 그것들 각각이 우리가 다양한 국면에서 하나님을 향해 나아갈 수 있음을 나타낸다는 것을 깨달았다.

바깥뜰

바깥뜰은 성소와 지성소가 있는 천막을 둘러싼 넓고 훤히 트인 지역이다. 그 지역은 해와 달이 비추는 자연 조망을 받는다. 이 바깥뜰은 오감(五感)을 통하여 지식을 받아들이는 우리의 육신을 상징한다. 이 바깥뜰에는 두 개의 기물, 곧 놋제단과 물두멍(대야)이 있다.

놋제단

놋제단은 문의 정면에 놓여 있다. 백성들의 죄를 속죄하기 위해 어린 양을 희생제물로 바치는 곳으로, 이 놋제단은 우회할 수 없다. 하나님의 임재를 구할 때 우리는 이 놋제단 앞에 멈추어 합당한 희생을 드려야 한다.

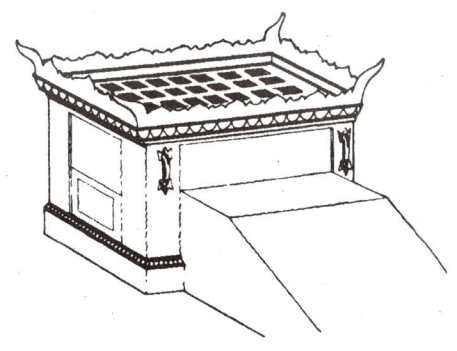

놋제단은 구원의 문 바로 안쪽에 위치한 십자가를 나타낸다. 그것은 예수님을 인생의 주님으로 영접하겠다는 우리의 처음 다짐과 우리 자신을 하나님이 기뻐하시는 거룩한 산 제물로 드리는 매일의 희생을 상징한다(롬 12:1,2). 예수님은 그분이 우리를 위해 자신을 희생 제물로 바치신 것처럼 이제 우리도 그분을 위해 우리 자신을 희생 제물로 바치라고 요구하신다. 그래서 바울은 "내가 그리스도와 함께 십자가에 못 박혔나니"(갈 2:20)라고 했다.

종종 우리는 가능한 한 놋제단을 피해가려는 유혹을 받는다. 그것이 너무 뜨겁기 때문이다! 놋제단은 우리 육신의 죽음을 의미한다. 우리의 원함과 갈망을 내려놓고 오직 하나님의 뜻만을 남기는 것을 뜻한다. 우리는 이것을 피해 갈 수 없고 날마다 체험해야 한다.

기도일지를 작성하면서도 자기의 뜻을 내려놓지 않으면 오직 자기 자신의 목소리만 들을 수 있을 뿐 하나님의 음성은 듣지 못할 것이다. 오직 자기 마음이 원하는 대로 말하는 것만을 듣고는 기도일지를 집어 들고 "보시오! 내가 고급 차를 석 대나 갖게 될 것이라고 하나님께서 말씀하셨소!"라고 말할 것이다. 그러나 그것은 자신의 목소리이지 하나님의 음성이 아니다. 예수님과의 참된 교통을 체험하기 원한다면, 예수 그리스도가 삶의 주인이심을 자신의 삶으로 입증해야 할 것이다.

물두멍

성막 바깥뜰에 있는 또 다른 기물은 물두멍(대야)이다. 물두멍은 제사장들이 어린 양을 희생으로 바친 뒤 자신들을 씻는 원형의 그릇으로, 제사장들이 손과 발을 씻을 수 있도록 2층으로 되어 있다. 물두멍의 재료는 여인들이 거울로 사용하던 밝게 광을 낸 놋이다.

물두멍은 하나님의 말씀을 나타낸다. 바울은 에베소서에서 그리스도께서 우리를 "물로 씻어 말씀으로 깨끗하게"(엡 5:26) 하셨다고 말했다. '로고스'는 우리 삶을 깨끗하게 한다. 성경의 명백한 명령에 순종하여 행할 때 우리 육신을 더럽히던 것들이 깨끗이 씻겨 나간다.

하나님의 명령을 깨닫고 순종하는 데에는 특별한 계시가 필요하지 않다. 우리는 기도회를 소집하지 않아도 "살인하지 말라"는 명령의 의미를 명백히 깨달을 수 있다. 우리가 성막 바깥뜰에 있을 때, 하나님은 우리의 자연적인 감각을 통하여 우리에게 말씀하신다. 우리의 머리는 그리스도의 명령을 깨달을 수 있으며 그 명령에 순종할 때 우리 삶은 깨끗해지고 우리 주인의 삶을 더욱 닮게 된다.

야고보 사도는 주님의 말씀을 듣고서도 순종하지 않는 사람을 거울로 자신의 얼굴을 보고서도 자신이 어떻게 생겼는지 금세 망각하는 사람에 비유했다(약 1:23,24). 바로 그런 까닭에서 물두멍이 이스라엘의 여인들이 바친 거울로 만들어졌다는 사실이 중요한 의미를 갖는다. 거울이 비쳐주는 모습을 따라 행동할 때에만 거울이 유용한 것처럼, 하나님 말씀은 우리가 하나님 말씀을 따라 살 때에만 우리 삶에 영향을 끼칠 것이다.

성소

바깥뜰 바로 안쪽에는 아름답게 짜인 천막이 서 있고 그 안에는 성소와 지성소가 있다. 성소는 우리의 영혼에 해당한다. 성소의 벽은 몇 겹의 두꺼운 휘장으로 되어 있는데 가장 안쪽에 있는 휘장은 가늘게 꼰 청색, 자색, 홍색 베실로 짰고 그 위에 그룹들의 형상을 수놓았다. 그 위를 염소털로 짠 휘장이 덮고 있고, 그다음에 있는 휘장은 붉게 물들인 숫양의 가죽으로 되어 있다. 그러므로 어떤 자연적인 빛도 이 휘장들을 투과할 수 없다. 성소 안에는 진설병이 놓인 상(床), 일곱 개의 가지가 달린 등잔대, 분향단 이렇게 세 개의 기물이 있다.

진설병상

진설병이 놓인 상은 성소 입구 바로 오른쪽에 있다. 이 상의 높이는 76센티 정도로 그리 높지 않고 전체가 금으로 도금되어 있고, 그 위에는 고운 밀가루로 만든 무교병 12개와 순금으로 만든 대접과 숟가락과 병과

붓는 잔이 올려져 있다. 1주일 동안 이 상 위에 진설병을 올려놓았다가 물려낸 후에는 아론과 그의 아들들이 떡을 먹었다.

곱게 빻은 밀가루로 무교병을 만든 것처럼, 우리 자신을 하나님께 온전히 바칠 때는 우리의 의지도 곱게 빻아야 한다. 제사장들이 함께 모여 이 떡을 먹은 것은 오늘 우리가 그리스도의 몸 된 교회 안에서 발견하는 친교와 교통을 나타낸다. "철이 철을 날카롭게 하는 것같이 사람이 그의 친구의 얼굴을 빛나게 하느니라"(잠 27:17). 우리가 그리스도인으로서 서로 쌓는 관계는 우리의 의지를 곱게 빻는다. 자아와 아집은 형제자매로서 주고받는 헌신적인 사랑의 관계에 자리를 내어준다.

예수님은 우리의 강한 아집이 산산이 부서지고 우리 마음이 그리스도의 주권에 집중하기를 바라신다. 스스로 결정할 권리를 포기하고 오직 그분의 뜻을 행하는 것을 참된 소망으로 삼을 때 우리는 정결한 마음으로 그분의 음성을 들을 수 있다.

등잔대

일곱 개의 가지가 달린 정교한 등잔대는 진설병이 놓인 상 바로 맞은 편 성소 입구 왼쪽에 놓여 있다. 그것은 금을 두드려 만들었으며 감람유로 불을 밝힌다. 이 등잔대가 성막에 빛을 공급하는 유일한 빛의 공급원이다.

이 등잔대는 우리가 말씀을 연구할 때 성령께서 우리 마음에 빛을 비춰 주시는 것을 나타낸다. 금을 두들겼다는 것은 우리 마음밭을 경작한다는 뜻이다. 금이 디자인에 따라 적절히 모양이 잡히듯 우리의 사고방식도 성령의 조명하심을 따라 형성된다. 성령님은 그것을 통하여 말씀하시며 그것들을 조정하고 완전하게 만들어 가실 수 있으시다.

누가복음이 그런 방식으로 기록된 책이다. 누가는 "우리 중에 이루어진 사실에 대하여 처음부터 목격자와 말씀의 일꾼 된 자들이 전하여 준 그대로 내력을 저술하려고 붓을 든 사람이 많은지라 그 모든 일을 근원부터 자세히 살핀 나도… 차례대로 써 보내는 것이 좋은 줄 알았노니… 알고 있는 바를 더 확실하게 하려 함이로라"(눅 1:1-4)라고 진술했다. 이는 누가가 예수님에 관한 모든 자료들을 신중히 연구하고, 성령의 조명 아래서 분석 체계화하고, 그 연구 결과를 책으로 기록했다는 의미이다.

나도 보통 이런 식으로 설교를 준비한다. 나는 설교주제와 관련된 모든 성경구절들을 주의 깊게 묵상한 뒤 그 결과들을 정리하여 설교의 윤곽을 잡는다. 나는 성령을 의지하면서 모든 조사와 분석과 추론을 진행한다. 그러면 성령께서 나의 머리에 지혜와 지식을 불어넣으신다.

이와 같은 성령의 조명은 거의 모든 그리스도인에게 일어난다. 성경을 묵상하다보면 어떤 구절이 갑자기 돌출되고 그 의미와 적용이 수정처럼 명확해지는 때가 있다. 우리는 이와 동일한 방식으로 성령의 호흡을 의지하여 우리의 모든 사유 과정을 전개하는 법을 배울 수 있다.

성령님은 우리의 추론을 인도하고 우리가 경건하고 지혜로운 결론에 도달하도록 도우실 수 있다. 우리가 예수 그리스도께 우리의 생각을 굴복시킬 때 성령님이 우리의 모든 생각을 조명하신다. 나는 추론 과정에 직관과 자연발생적인 생각이 자유롭게 흐르도록 하는 법을 배웠고 또 그것을 통해 나의 머리와 마음이 일곱 개의 가지가 달린 등잔대처럼 함께 일하도록 하는 법을 배웠다.

분향단

성소의 마지막 기물은 분향단이다. 분향단은 지성소로 들어가는 문 바로 앞에 놓여 있다. 분향단의 네 모서리는 동일한 치수로 되어 있고 금으로 도금되어 있다. 제사장들은 정결한 향이 지속적으로 하나님께 올라가도록 하루에 두 차례 이 단에서 분향한다.

우리 영혼의 세 가지 기능은 지성과 의지와 감정이다. 진설병이 놓인 상은 예수께서 우리의 의지를 주관하신다는 것, 등잔대는 예수께서 우리의 머리(지성)를 주관하신다는 것, 분향단은 예수께서 우리의 감정을 주관하신다는 것을 나타낸다.

분향단의 네모반듯한 모양은 완벽하게 균형 잡힌 우리의 감정을 암시한다. 삶의 압력에 시달리는 우리는 그런 감정의 균형을 이루기가 무척 어렵고, 종종 낙관주의에서 비관주의로, 믿음에서 두려움으로, 기쁨에서 절망으로 방향을 급전환하곤 한다. 그러나 우리의 감정을 균형으로 데려가 그 안에 머물게 하는 길이 딱 하나 있다. 그 길은 바로 예수님이며, 우리는 예배와 찬양과 감사를 통하여 예수님께 다가갈 수 있다.

사도 바울은 범사에 감사하라고 말한다. 하나님은 모든 상황에서 우리의 찬양을 받아 마땅하신 분이다. 그리고 찬양의 제사를 계속하여 드림으로써 우리의 감정은 성령의 제어 아래 놓인다. 오직 성령만이 우리의 감정을 균형으로 데려갈 수 있다.

시편 기자는 "감사함으로 그의 문에 들어가며 찬송함으로 그의 궁정에 들어가서 그에게 감사하며 그의 이름을 송축할지어다"(시 100:4)라고 노래했다. 예배와 찬양과 감사는 하나님께 나아가는 데 꼭 필요한 부분들이다. 분향단 사면에는 네 개의 뿔이 달려 있다. 그런데 성소에 있는 기물들 가운데 이 뿔들보다 더 높이 올라온 것은 없다. 이 뿔들의 높이는 지성소에 있는 기물들의 높이와 같다. 이는 예배가 우리를 들어 올려, 우리의 영을 나타내는 지성소 안으로 이동시킨다는 의미이다. 찬양과 예배는 우리 자신을 잔잔하게 가라앉혀 우리 안에 계신 그리스도와 접촉하기 위한 최선의 방법이다.

지성소

성소와 지성소 사이에는 아름다운 휘장이 내려져 그 둘을 구분한다. 이 내실에 있는 유일한 기물은 언약궤이다. 지성소에는 빛을 공급하는 공급원이 없다. 지성소는 우리의 영과 마찬가지로 주님의 영광스러운 임재의 빛이 그 안을 가득 채우지 않으면 완전히 어두워진다.

지성소는 하나님과 직접 교통할 수 있는 우리의 영을 나타낸다. 구약성경은 1년에 딱 한 번 속죄의 날에 오직 대제사장만이 휘장을 지나 지성소에 들어갈 수 있다고 말씀한다. 그런데 예수께서 십자가에서 돌아가셨을 때, 우리를 하나님의 직접적인 임재로부터 갈라놓던 휘장이 위에서 아래로 찢어져 우리가 순간순간 전능하신 하나님과 교제할 수 있는 길을 열어주었다.

언약궤

언약궤는 조각목(아카시아 나무)으로 만든 상자에 순금을 입힌 것으로, 그 안에는 십계명이 새겨진 돌 판과 아론의 싹 난 지팡이와 만나 항아리가 들어 있다(히 9:4). 언약궤의 덮개는 '속죄소'라 불린다. 언약궤 덮개에는 순금으로 만든 두 그룹의 형상이 얼굴을 마주보며 서 있는데 그룹들이 양 날개를 쭉 펴서 속죄소를 덮고 있다. 모세와 아론이 언약궤 앞에 무릎을 꿇으면 하나님께서 속죄소의 그룹들 사이에서 그들에게 말씀하신다. 언약궤는 대제사장이 하나님을 만나러 지성소에 들어갈 때 초점을 맞추도록 하나님의 임재를 생생하게 그려준다.

언약궤 안에 있는 만나는 하나님의 초자연적인 공급을 상기시킨다. 우리가 하나님의 임재 안에서 기다리면서 하나님께서 우리 영 안에 직접 주시는 계시를 받을 때 초자연적인 생명력과 힘이 우리 내면 깊은 곳에서 솟아올라 인생의 시련을 승리로 마주할 수 있게 힘을 준다. 하나님의 생명력이 우리를 통하여 흐르고 또 우리에게서 흘러나가, 상처 입은 세상의 필요를 충족시켜 준다.

아론의 싹 난 지팡이는 그가 하나님이 주시는 권세를 받았음을 입증하는 하나님의 증거이다. 하나님께서 우리 마음에 주신 말씀은 우리에게 권세를 준다. 모세처럼 아버지와 얼굴과 얼굴을 맞대고 만날 때, 하나님의 영이 우리 영에 말씀하시는 것을 들을 때, 그렇게 하나님께 들은 것을 사람들에게 말할 때, 우리의 말은 하나님께서 주시는 권세로 울려 퍼진다.

십계명은 하나님의 율법, 즉 우리가 하나님을 만나는 데 필요한 거룩함의 기준을 나타낸다. 우리는 하나님께 완벽한 거룩함으로 나아간다. 그러나 우리는 더럽고 추한 죄인이므로 완벽하게 거룩하신 하나님 면전에 설 수 없다. 하지만 그 율법 위에 무엇이 놓여 있는지 기억하는가? 바로 속죄소이다. 예수 그리스도께서 우리의 죄를 위해 속죄의 역사를 이루셨다. 우리는 그리스도의 보혈을 통하여 깨끗하고 정결하게 되었고 거룩하신 하나님과 교통할 수 있게 되었다. 우리는 은혜의 보좌 앞에 담대히 나아가도록 허락을 받았다(히 4:16).

요한계시록은 지성소의 체험에서 기록된 책이다. 사도 요한이 성령에 감동되어 있는 동안 하나님께 환상으로 직접 계시를 받았고 그것을 기록했기 때문이다.

앞에서 우리는 하나님께서 성경의 명백한 명령을 통하여 우리의 자연적인 감각에 말씀하실 수 있다는 것을 살펴보았다. 우리가 마음을 하나님께 드릴 때, 성령께서 우리의 생각을 조명하실 수 있고 우리에게 초자연적인 지혜와 통찰을 주신다. 또한 우리는 성령께서 우리의 영에 주시는 계시를 직접 받을 수 있다. 이러한 체험들 모두가 지극히 귀중하다.

우리는 하나님께서 우리에게 '영 대 영'으로 말씀하신다는 이유로 성경을 제쳐놓는 오류를 범하지 않는다. 오히려 주님과 친밀하게 교통하면 할수록 기록된 말씀을 향한 사랑이 증대될 것이고, 기록된 말씀을 묵상하면서 우리 아버지에 대해 더 많이 배우기를 갈망할 것이며, 우리가 직접 받은 계시를 기록된 말씀에 비추어 검사할 것이다.

자신을 점검하기 위한 여섯 가지 질문

영적 접촉을 한다고 해서 우리가 다른 사람들보다 더 나은 사람이 되는 것은 아니다. 사실 모든 신자가 모든 종류의 계시를 다 받을 수 있다. 성령께서 우리 마음에 말씀하시는 것은 우리가 영적으로 그럴 만한 경지에 이르렀다는 것이 아니라, 하나님은 은혜가 풍성하시고 우리를 지극히 사랑하신다는 것을 말해줄 뿐이다.

내가 기도할 때마다 성막에서 진전되는 모든 절차를 따르는 것은 아니다. 나는 성막의 각 기물이 나타내는 요구사항에 맞추어 살기 위해 언제나 노력한다. 그러나 하나님의 음성을 듣는 데 문제가 생겼을 때, 기도가 그저 천장으로 튀어 올라 방 안에 메아리치는 것처럼 보일 때, 그 이유를 깨닫기 위해 성막으로 간다.

내가 성막의 각 기물 앞에 있다고 생각하고 하나님께 그 각각의 기물을 통하여 말씀해달라고 구함으로써 내가 어디에서 잘못한 것인지 이유를 탐색한다. 대개의 경우, 지성소에 들어갈 즈음이면 하나님과의 교통이 끊어진 까닭을 발견한다. 나는 이런 놀라운 도구의 도움으로, 하나님께서 내게 말씀하시고자 하는 것을 듣기 위해 다시 한번 내 마음의 초점을 맞출 수 있다. 성막은 마음의 상태를 볼 수 있게 돕는 수단이다. 우리는 날마다 순간마다 우리의 주님이시요 구세주이신 예수 그리스도와 교통하는 목표를 이루기 위해 성막을 사용할 수 있다.

성막에 대한 이야기를 마무리하는 이 대목에서 당신에게 권하고 싶은 것이 있다. 그것은 바로 아래와 같은 방식을 따라 기도하고, 그것에 대해 하나님께서 당신 마음에 들려주시는 음성을 기도일지로 작성해보라는 것이다. 상상력을 활용하여 당신이 성막의 기물 하나하나 앞에 있다고 생각하고, 당신이 그 기물들이 나타내는 의미들을 실제로 체험하고 있는지 말씀해달라고 하나님께 구하라. 그런 다음 하나님께서 주시는 말씀을 종이에 기록하라.

1. **놋제단** : 나는 나 자신을 하나님께 희생제물로 바치는 삶을 살고 있는가?
2. **물두멍** : 나는 기록된 말씀을 삶에 적용함으로써 나 자신을 씻었는가?
3. **진설병** : 나는 하나님 앞에서 나의 의지를 곱게 빻았는가? 나는 그리스도의 몸 된 교회를 사랑하면서, 그리스도의 몸 된 교회와 교제하면서 걷고 있는가?

4. **등잔대** : 하나님께서 나의 머리에 조명을 비추고 계신가? 내가 기록된 말씀을 묵상할 때 하나님께서 계시를 허락하고 계신가?

5. **분향단** : 나는 하나님께 찬양과 감사의 제사를 지속적으로 드리고 있는가?

6. **언약궤** : 나는 하나님의 즉각적인 임재 앞에 조용히 서서 하나님께서 내 마음에 주시는 말씀을 받는가?

한 가지 주의하라. 당신 자신이 아닌 하나님의 생각을 받으려면, 일지를 쓰기 전에 하나님 앞에서 자신을 고요히 가라앉혀야 한다. 당신은 그 차이를 쉽게 분간할 수 있을 것이다. 당신의 생각은 다분히 설교조인 반면 하나님의 생각은 온유하게 사랑으로 다가올 것이기 때문이다.

하나님께서 1인칭으로 말씀하시게 하라. 당신이 각각의 기물 앞에 무릎을 꿇고 있고 예수께서 그 앞에 서서 당신에게 말씀하시는 것을 생생한 장면으로 상상해보라. 당신 마음에서 부드럽게 보글보글 솟아오르는 자연스러운 생각들을 기록하라. 그리고 그것을 당신의 친구들 한두 명에게 보여주어 확증을 받아라. 그들도 그 생각들이 하나님으로부터 온 것이라고 느끼는지 물어라.

'미세 조정' 원칙

기도생활에서 성막 체험을 깨닫고는 내 마음을 주님의 음성을 듣는 데 더 많이, 그리고 일관되게 지속적으로 맞추어 나아갈 수 있었고, 그것을 통해 내가 하나님과의 대화를 단절시키게 된 이유도 발견할 수 있었다. 그럼에도 여전히 가끔은 예수님께 내가 성막의 기물들이 나타내는 원칙에 따라 살지 못한 것들을 드러내어달라고 구해야 했고, 지성소로 가는 내내 나 자신의 죄인 됨을 인정하지 않았기에 아버지와 대화하고 교제하는 데 들어가지 못했다는 것을 깨닫곤 했다.

어느 날 히브리서 10장 19-22절을 묵상하던 중, 내가 하나님의 음성을 정확히 조준할 수 있도록 하나님께서 '미세 조정' 다이얼을 주셨다는 것을 깨닫게 되었으며, 그 '미세 조정' 다이얼을 내 삶에 적용한 이후 하나님과 영 대 영으로 접촉하지 못하고 그냥 지나간 날은 단 하루도 없었다.

> 그러므로 형제들아 우리가 예수의 피를 힘입어 성소에 들어갈 담력을 얻었나니 그 길은 우리를 위하여 휘장 가운데로 열어 놓으신 새로운 살 길이요 휘장은 곧 그의 육체니라 또 하나님의 집 다스리는 큰 제사장이 계시매 우리가 마음에 뿌림을 받아 악한 양심으로부터 벗어나고 몸은 맑은 물로 씻음을 받았으니 참 마음과 온전한 믿음으로 하나님께 나아가자 히 10:19-22

19절에서 우리가 보혈을 힘입어 '성소'(Holy Place)에 들어갈 수 있게 되었다고 생각할 수 있는데, 20절의 "휘장 가운데로 열어 놓으신"이라는 표현을 보면 지성소에 들어가는 것을 가리킨다는 점은 명백하다. 이 휘장은 성막 안에 걸려 있으면서 성소와 지성소를 구별하는 기능을 했다. 더욱이 19절 "성소에 들어갈"의 헬라어 본문에는 '장소'를 뜻하는 'place'라는 단어가 들어 있지 않고, 헬라어 본문 그대로 읽으면 "'거룩한 것들'에 들어갈"이 된다. 이 단락에서 히브리서 기자가, 우리가 아버지와의 직접적인 교통과 친교에 들어갈 수 있도록 예수께서 열어주신 새로운 살 길에 대해 논하고 있다는 점은 명백하다.

온전한 믿음으로

주님께서 내게 첫 번째로 가리키신 어구는 "온전한 믿음으로 하나님께 나아가자"(22절)였다. 내가 주님의 음성을 듣지 못한 첫 번째 이유는 믿음이 부족했기 때문이었다. 때로 나는 하나님께서 내 옆에 계시다는 것을 믿지 못했고, 하나님께서 나같이 별 볼 일 없는 사람과 대화하며 시간을 보내기 원하실 만큼 내게 관심이 있으실까 의심했다. 나의 기도일지를 통해 말씀하시는 분이 정말 하나님이라는 것을 확신하지도 못했다. 나는 의심을 갖고 하나님께 나아갈 때마다 아무것도 받지 못했다.

> 믿음이 없이는 하나님을 기쁘시게 하지 못하나니 하나님께 나아가는 자는 반드시 그가 계신 것과 또한 그가 자기를 찾는 자들에게 상 주시는 이심을 믿어야 할지니라
> 히 11:6

나는 주님이 나를 사랑하신다는 것과 내가 주님과 이야기하기를 바라는 것보다 훨씬 더 애타게 나와 교통하기를 원하신다는 것을 믿어야 했다. 그 해결책은 자신의 믿음을 견고하게 세워주는 활동에 참여하는 것이다. 당신은 당신에게 가장 효험을 나타내는 행위들을 선택해야 한다.

내 경우에는 성령으로 찬양하고 예배하는 것이 언제나 나의 믿음을 하나님께 가까이 갈 수 있는 수준으로 끌어올려주었다. 나는 나의 존재 전체가 하나님의 선하심과 자비로움을 확신할 수 있을 때까지 전심으로 찬양의 제사를 드린다.

상상력을 충분히 활용하여 그리스도께서 나와 함께하시는 영적 사실을 마음의 눈으로 볼 때 믿음의 수위가 올라간다. 성경은 그리스도께서 성령

의 역사를 통하여 모든 신자에게 임재하신다고 명백하게 가르친다. 나는 성경의 약속들, 특별히 하나님의 사랑에 대해 언급하고 또 우리와 교제하기를 원하시는 하나님의 소망에 대해 언급하는 구절들을 읽고 또 읽는다.

기도일지로 돌아가 하나님께서 내게 말씀하신 것들을 다시 읽을 때 믿음이 자유롭게 발산된다. 특별히 기도일지 작성을 이제 막 시작한 단계라면, 주님 안에서 존경하는 사람들 몇몇에게 당신의 기도일지를 보여주면서 당신이 받은 것들을 하나님에게서 온 것으로 믿느냐고 묻는 것이 당신의 믿음을 세우는 강력한 수단이 된다. 당신이 처한 상황에서 한발 떨어져 있는 제3자들은 당신의 기도일지 내용이 하나님에게서 온 것인지 당신에게서 온 것인지 훨씬 더 정확하고 수월하게 구별할 수 있다.

당신이 하나님의 기록된 말씀으로 충만한 헌신적인 그리스도인이라면, 다른 사람들이 당신의 기도일지 내용이 하나님으로부터 온 것임을 언제나 확증해준다는 사실을 발견할 것이다. 이러한 체험은 당신의 믿음을 고무시킬 것이다.

때로 나는 나 자신을 신실하신 하나님께 완전히 내어 맡기고 믿음의 도약을 하기도 한다. 나는 기도일지에 기록된 내용들이 전부 다 하나님으로부터 온 것이라고 믿겠다고 마음을 다해 결단한다. 나는 내 마음을 온전히 완벽하게 하나님께 쏟아내고는 마음에 떠오른 생각들을 낱낱이 기록한다. 그것이 문장이 아니어도, 단어 한두 개에 불과해도 다 기록한다.

나는 무슨 말씀이 오든지 나중에 그것들을 충분히 검사할 수 있기 때문에 일단 믿음으로 다 받아들일 수 있다고 나 자신에게 계속 상기시킨다. 그러면 하나님께서 언제나 나를 만나기 위해 기다리고 계시다가 나에게 말씀하시면서 사랑을 베풀어주신다.

깨끗한 양심으로

주님께서 그다음으로 가리키신 어구는 "우리가 마음에 뿌림을 받아 악한 양심으로부터 벗어나고… 하나님께 나아가자"(22절)였다. 기도하려고 마음을 잠잠히 가라앉혔는데 아직 고백하지 않은 죄로 인한 죄책감이 마음을 가득 채울 때가 있다. 그것을 무시하려고 애쓰든지 그것을 따라서 맴돌든지 내 양심의 소리가 너무 커서 주님의 음성은 들리지 않고, 나는 죄책감이 아닌 다른 곳으로 주의를 돌리려고 이런저런 제목을 배회한다.

우리 삶에서 고백하지 않은 숨은 죄를 갖고 하나님께 나아가는 것은 불가능하다. 사도 요한은 "사랑하는 자들아 만일 우리 마음이 우리를 책망할 것이 없으면 하나님 앞에서 담대함을 얻고"(요일 3:21)라고 말한다. 우리 마음이 자신을 책망하면 죄를 자백하고 회개하지 않는 한, 담대하게 하나님께 나아갈 수 없다. 죄를 자복하고 회개하면 신실하신 하나님이 용서하시고, 예수 그리스도의 보혈이 우리를 씻어 모든 불의에서 깨끗하게 해주신다.

회개할 때 나는 주님께 앞으로 더욱 크게 순종하겠다고 약속하지 않는다. 그러기를 간절히 바라지만, 나는 내가 연약하다는 것과 사탄의 압력에 견뎌낼 힘이 없다는 것을 잘 알고 있다. 만일 내가 혼자 서려고 한다면 분명 초점을 잘못 맞추게 될 것이고, 오직 예수님만이 나를 성결하게 하실 수 있는 유일하신 분인데도 나는 구원을 이루기 위해 오직 나 자신만 주시하게 될 것이다.

나는 "주님, 죄송합니다. 다시는 그런 짓을 하지 않겠다고 약속할게요!"라고 말하는 대신 "주님, 저는 약하지만 주님은 강하시다는 것을 믿습니다! 주님의 은혜를 의지하여 주님 앞에서 거룩한 것들 안에서 걷도록 도우소서!"라고 간청한다.

나 자신을 바라보기를 중단하고 대신 예수님께 초점을 맞추어야만 한다. 인도네시아의 영성 작가 멜 태리(Mel Tari)는 그의 아름다운 저서 《급하고 강한 바람처럼》(The Gentle Breeze of Jesus)에서 예수님과 지속적으로 친밀한 관계를 유지하려면 우리의 추한 껍데기에 초점을 맞추기를 중단하고 사랑의 주님께 초점을 맞추어야 한다고 말했다. 나 자신만 계속 바라보면 결단코 그리스도께 이르지 못하지만 예수님께 시선을 향하면 그분께서 끌어당겨주신다.

우리 생각에서 예수님을 높여드릴 때, 예수님이 우리 믿음을 시작하시고 온전하게 하시는 분이심을 인정할 때, 오직 예수님의 힘으로 우리가 설 수 있다는 것을 알 때, 예수께서 우리 안에서 우리를 통하여 자유로이 흐르시며 자신의 뜻을 행하실 것이다. 예수님의 사랑이 우리를 지성소 휘장 안으로 우리를 끌어당기신다. 우리가 친구와 이야기를 나누는 것처럼 예수님과 얼굴을 맞대고 이야기를 나눌 수 있는 그곳으로.

레마에 순종함으로 씻음을 받아

세 번째 대목은 "몸은 맑은 물로 씻음을 받았으니… 하나님께 나아가자"(22절)였다. 바울은 "그리스도께서 교회를 사랑하시고 그 교회를 위하여 자신을 주심같이 하라 이는 곧 물로 씻어 말씀으로 깨끗하게 하사 거룩하게 하시고"(엡 5:25,26)라고 말했다. 헬라어 성경은 이 구절의 '말씀'을 레마(rhema)로 표기하고 있다. 하나님께서 기도 중에 우리에게 말씀하실 때 우리는 그 말씀(레마)을 적용하고 준행함으로써 말씀으로 우리를 깨끗하게 씻어야 한다.

나는 나 자신과 우리 학교 학생들의 삶을 통해, 하나님이 주신 말씀에 순종하지 않으면 하나님께서 더 이상 우리에게 말씀하지 않으신다는 것을 깨달았다. 순종하지 않아도 하나님께서 은혜를 베푸시어 얼마간 우리와 교통을 지속하실 수도 있지만, 하나님 말씀에 순종하든지 아니면 더 이상의 소통을 박탈당하든지 하는 때가 반드시 온다.

나는 하나님께서 어느 날에 주신 말씀을 듣고자 기도일지를 읽곤 하는데, "어제 네게 말한 것을 아직 실행하지 않았더구나!"라는 말씀만 듣기도 한다. 그러면 나는 예상치 못한 반응에 깜짝 놀라 용서를 구하고 벌떡 일어나 순종하기 위해 달려 나간다. 순종이 제사보다 낫다(삼상 15:22). 듣기만 하고 순종하지 않으면, 하나님은 우리가 얼마나 많은 시간을 하나님과 보냈는지에 관심을 갖지 않으신다.

참 마음으로

마지막으로 하나님께서 나의 주의를 환기시키신 대목은 22절의 "참 마음과… 하나님께 나아가자"라는 구절이었다. 하나님께 나아갈 때 진실한 마음을 가져야 한다. 마음에 위선이나 속임수나 거짓을 품으면 안 되고, 자신이나 하나님께 무엇이든 숨기려고 해서도 안 된다. 나는 직선적이고 솔직한 사람이라 사실 이것은 내게 그리 큰 부담이 되지 않는다. 나는 하나님 앞에 나아갈 때 내 마음에 있는 것들을 정직하고도 정확하게 내놓는다. 그러나 때로 하나님께서 내 마음의 속임수를 지적하실 때도 있다.

오래 전에 내가 섬기던 교회에서 특별헌금을 모금한 적이 있다. 교회의 필요를 위해 은행에서 6만 달러를 대출받았는데 주님께서 그 돈을 상환하라고 촉구하신다는 것을 깨달았기 때문이었다. 그래서 나는 목회자로서 모든 교인에게 이 일을 위해 각자가 할 수 있는 일이 무엇인지 기도해달라고 부탁했다. 하지만 나는 내가 할 수 있는 일이 아무것도 없다는 것을 잘 알고 있었다. 우리 가족은 적은 액수의 목회자 사례금으로 살고 있기 때문이었다. 우리는 저축은 꿈도 꾸지 못했고 월말 가계부 정산은 언제나 '0'으로 끝났다. 사례금이 들어와도 청구서를 지불하느라 바로 다 나가버렸다. 나는 내가 특별헌금에 아무것도 보탤 수 없다는 것을 잘 알고 있었기 때문에 기도하려고 하지도 않았다.

그런데 어느 날, 불현듯 한 가지 생각이 머리를 스치고 지나갔다. 자연스러운 생각의 흐름이었을까? 우리 부부 명의로 되어 있는 연립주택을 매각하여 특별헌금에 보태야 한다는 생각이었다. 나는 그것이 어리석은 계획이라고 생각했다. 당시 내가 그 문제로 기도하고 있지 않았으므로 그것은 하나님에게서 온 생각일 리가 없다고 단정했다. 그것은 그냥 터무니없는 생각이었다. 그래서 하나님께서 주신 생각인지 하나님께 묻지도 않았다. 아니, 정말 알고 싶어 하지도 않았다.

며칠을 버티다가 마침내 굴복하여 하나님께 정말로 내가 그 집을 팔아 특별헌금에 보태기를 바라시는지 물었다. 주님께서 그렇다고 하셨을 때, 나는 정말 화가 나고 좌절해서 처음에는 이렇게 반박했다.

"내가 언제부터 기도일지 내용을 믿었다고 그러는 거야?"

나는 보험 드는 것을 신뢰하지 않아서, 그 집이 우리 가족의 미래를 위한 투자였다. 그 집은 내가 정성을 다 쏟아 손수 지었고, 융자금도 그리 많지 않아 아내와 내가 아직 젊을 때 다 상환할 수 있었다. 혹시라도 내게 무슨 일이 생기면 그 집을 세놓아 다달이 우리 가족의 생계를 유지할 수도 있고 나의 노년 생활비를 충당할 수도 있지 않겠는가? 그런데 지금 주님은 나의 그 든든한 자산을 처분하여 그 금액 일체를 교회에 바치라고 말씀하시는 것이다!

나는 너무 화가 나서 며칠 동안 주님께 아무 말도 하지 않았다. 그것은 논할 필요도 없는 자명한 문제였다. 그러나 며칠이 지나 마음이 차분히 가라앉자 그 문제를 갖고 다시 주님 앞에 나아갈 수 있었다.

"주님, 정말로 그 집을 팔기를 바라세요?"

그러자 주님은 왜 그 집을 팔라고 하셨는지 설명해주셨다. 그 집은 내 인생에서 우상이 되어버렸다. 나는 안전을 위해 주님 대신 그 집을 바라보고 있었다. 나는 살아 계신 하나님보다 시멘트와 목재 더미를 의지하고 있었다. 주님께서 지적하신 부분들을 곰곰이 생각해보니 정곡을 찌르셨음을 인정하지 않을 수 없었다. 주님은 언제나 그러하시다!

다시 주님께 내가 어떻게 하기를 원하시는지 여쭙자 그 집을 팔아서 은행융자금을 갚고 나머지는 교회에 내라고 하셨다. 집을 어떻게 내놓고 또 얼마에 내놓아야 할지도 말씀해주셨다. 나는 골똘히 숙고한 뒤에 마침내 주님의 뜻에 굴복했다.

"좋습니다, 주님. 하지만 제 가족은 주님께서 책임지셔야 합니다. 제가 늙어서 굶어 죽게 되면 주님의 책임입니다!"

주님께서 기꺼이 그 책임을 맡아주시겠다고 하시는 것처럼 느껴졌다.

그런데도 나는 아직 피할 여지가 있다고 생각했다. 내가 인생의 중대한 결정들을 내릴 때 나의 영적 조언자들과 협의하는 것을 매우 중요하게 여겼기 때문이었다. 나는 이 무모한 생각을 나의 영적 조언자들에게 말하면, 그들이 그 생각에 담긴 어리석음을 간파하고 집을 팔지 말라고 조언할 것이라 확신했다. 그러나 막상 그 문제에 대해 묻자 그들은 그 생각이 하나님에게서 나온 것이라 믿는다고 말했다. 영적 조언자들이 하는 말이라니! 그런 사람들을 친구로 두고 있는데 원수가 뭐가 필요할까?

나는 결국 주님께서 말씀하신 대로 집을 내놓았고 전화가 오기를 기다렸다. 기다리고 기다려도 전화가 오지 않았다. 그렇게 반년이 넘었을 때 주님께서 집 내놓았던 것을 취소하라고 하셨다. 그 무렵, 나는 집이 팔리든 말든 정말 관심이 없었다. 내 마음에 그 집은 더 이상 내 것이 아니었기 때문이었다. 예수님은 내게 말씀하셨다.

내가 줄곧 바라던 것이 바로 그것이었단다. 이제 너는 그 집이 아니라 나를 온전히 의지하는구나. 네 인생에서 그 집을 더 이상 우상으로 여기지 않고 있다. 그 집을 내게 온전히 바쳤으니 이제 다시 돌려주겠다. 나의 청지기로서 그 집을 잘 관리하기 바란다!

이 새로운 레마에 따라 행동하기 전에 나는 다시 영적 조언자들을 찾아가 의견을 물었다. 그들은 이번에도 그 말씀을 주신 분이 하나님이심을 믿는다고 입을 모아 말했다. 영적 조언자들의 의견을 구하는 것이 그렇게 나쁜 것만은 아니라는 생각이 들었다.

이 일 직후에 아브라함이 떠올랐다. 하나님은 아브라함의 인생에서 가장 중요한 것, 그의 아들을 포기하라고 요구하셨다. 그리고 그가 결국에는 하나님께서 보상해주실 것이라 굳게 믿고 기꺼이 그렇게 하려고 했을 때 하나님은 그의 아들 이삭을 다시 돌려주셨다. 하나님은 우리가 어린 아들이나 건물을 희생제물로 바치는 것에 관심을 두지 않으신다. 그분은 오직 우리 마음을 정결하게 하는 것에 관심을 두신다.

'온전한 믿음으로 나아가는 것', '깨끗한 양심으로 나아가는 것', '레마에 순종함으로 나아가는 것', '참 마음으로 나아가는 것', 이 네 가지의 미세 조정 원칙은 내가 날마다 순간마다 주님과 친밀하게 교통하기 위한 길을 명확히 하는 데 필요한 마지막 요소였다.

마음을 정결하게 유지하라

주님만이 우리 마음에 자신의 생각을 불어넣으려 하시는 것은 아니다. 거룩하신 우리 주님이 우리를 위로하는 분으로 알려진 것처럼 우리 원수 사탄은 우리를 비난하는 자로 알려져 있다.

사탄은 당신 마음에 부정적인 생각들과 비통함과 낙심과 분노를 투사하려 애쓴다. 사탄은 늘 당신을 고발하며, 당신이 얼마나 형편없는 죄인인지, 거룩하신 하나님의 임재에 들어가기에 얼마나 자격이 없는 사람인지 늘어놓는다. 당신의 나약함을 늘 상기시키고 당신이 이미 자복하여 용서 받은 죄들까지 들먹이며 당신을 고발한다. 사탄은 당신 같은 추악한 죄인에게 용서 따위는 절대로 없으며 예수님의 십자가 보혈도 당신의 죄를 덮기에는 역부족이라고 설득하려 든다.

그러고는 이 거짓말쟁이 사탄은 당신 가족들과 그리스도의 몸 된 교회 안에 있는 형제자매들을 비난하기 시작한다. 사탄은 "그들은 그럴 듯한 얼굴로 악한 마음을 감추고 있는 위선자들이야. 아무도 너를 사랑하지 않아. 그들이 친절한 건 언젠가 너를 등쳐먹기 위해 너를 기만하는 것뿐이지"라며 당신을 확신시키려 애쓴다. 사탄은 오직 당신만이 하나님 앞에서 진실하게 서 있다고, 당신이 다른 모든 사람보다 훨씬 더 나은 인간이라고 믿게 만든다.

마침내 이 사기꾼은 거짓된 말로 주님을 공격하기 시작한다. 사탄은 하나님이 사랑이 아니라 분노이며 자비가 아니라 심판이라고 말한다. 사탄은 하나님이 당신과 교제하기를 바랄 만큼 당신에게 관심을 갖고 있는 분이 아니라고 한다. 이 세상의 불의와 비극을 당신에게 들이대면서 그것들이 바로 하나님이 인간의 일에 무관심하다는 것을 입증하는 증거가 아니겠냐고 말한다.

이런 소리들 가운데 많이 들어본 말이 있는가? 이런 생각들 가운데 어느 것 하나라도 불쑥 당신 마음에 떠오른 적이 있는가? 나는 이런 생각들이 바로 우리를 참소하는 자 사탄에게서 비롯된 것이므로 그런 소리들을 들으며 참을 필요가 없다는 것을 깨달았을 때, 해방과 승리의 영광스러운 날을 체험했다. 그렇다! 우리는 예수 그리스도의 권세로 이러한 원수의 말을 밀어낼 수 있으며, 우리를 위로하시는 분에게서 나오는 평화로 그것들을 대체할 수 있다. 나는 언제나 나의 마음을 살피면서 사탄의 거짓말에 오염되지 않도록 보호한다.

또한 나는 나의 영이 다른 사람들의 부정적이고 파괴적인 영에 감염되지 않도록 경계한다. 주변 사람들과 이야기하다보면 분노와 절망과 비통함에 빠져들기가 쉽기 때문이다. 나는 죄나 비판이나 구제불능의 상태에서 늘 뒹구는 사람들을 가능한 한 피하려고 한다. 그 대신 서로를 돌보면서 사랑과 선행을 격려하는 신자들과 지속적으로 어울린다(히 10:24,25).

만일 나를 주저앉히는 경향이 있는 영을 가진 사람들과 함께 있어야 할 경우에는, 그리스도께서 나의 방패가 되셔서 그들의 올무에서 내 영을 보호하시며 그리스도의 영으로 그들을 제압해달라고 기도한다. 나는 약속하신 이가 신실하다는 것을 잘 알고 있기 때문에 내가 고백하는 믿음을 혼들리지 않고 굳게 붙잡는다(히 10:23).

주님께서 말씀하지 않으시는 이유

나는 하나님께서 언제나 우리에게 말씀하고 계시므로 우리 마음을 올바로 하면 그분의 음성을 들을 수 있다고 반복해서 말했다. 그러나 이 진술에는 최소한 네 가지 예외, 즉 주님께서 우리의 질문에 대답하지 않으시거나 청을 들어주시지 않는 네 가지 까닭이 있다.

순종하지 않아서

앞서 본 바와 같이, 하나님께서 마지막으로 하신 말씀에 순종하지 않았다면 하나님은 더 이상 말씀하지 않으신다. 사울 왕은 자신이 그런 처지에 놓였음을 깨달았다. 그는 하나님께서 사무엘 선지자를 통하여 주신 말씀을 거역하고 또 거역했다. 그러자 주님께서 마침내 "그만하라! 네 불순종이 너와 네 가족에게서 왕위를 앗아갈 것이다. 너는 더 이상 내게서 듣지 못하게 될 것이다!"라고 말씀하셨다. 얼마 후 사울은 문제가 생겨 주님 앞에 나아가 지혜를 구했다. 그러나 "여호와께서 꿈으로도 우림으로도 선지자로도 그에게 대답하지 아니하셨다"(삼상 28:6).

때로 나는 어려운 일을 하라는 하나님의 음성을 듣고서 거부하는 우리 학교 학생들을 슬픈 마음으로 지켜보았다. 그들은 자신들이 들은 것이 주님의 음성임을 잘 알면서도 기꺼이 순종하려는 마음이 부족하여 반항하고 거역하고, 그들의 마음은 점점 냉랭하게 식어간다. 다행스럽게도, 그런 사례는 매우 드물고 주님의 음성을 듣는 학생들 거의 모두가 어려운 일이라도 기꺼이 순종하기 위해 주님께 힘을 얻는 법을 배운다.

내가 관여할 일이 아니기 때문에

주님께서 대답하기 원치 않으시는 질문을 하는 경우에도 주님은 말씀하지 않으신다. 하나님은 우리가 하나님을 자기 개인적 '점쟁이'로 이용하는 것을 용인하지 않으신다. 하나님께서 우리에게 계시하지 않기로 결정하시는 것들이 많이 있다. 그런 영역들에 대해 고집부리며 꼬치꼬치 캐물으면 하나님으로부터 오는 침묵만을 만나게 될 뿐 아니라 우리 자신을 사탄의 올무에 빠뜨리는 결과를 초래할 수도 있다.

일반적으로 말하면, 주님께서는 우리가 미래를 볼 수 있도록 앞으로의 일들을 활짝 펼쳐주지 않으신다. 주님은 우리가 알 필요가 있는 것들을 모두 다 보여주시는데, 오직 필요한 것들만 보여주신다.

사사기에 나오는 어떤 불임 여성의 이야기가 이를 예증한다. 이스라엘 땅에 임신을 하지 못하는 어떤 여인이 살고 있었는데 어느 날 하나님의 천사가 나타나 그녀가 아들을 낳을 것이라 말했다. 그 아들은 모태에서부터 하나님께 바쳐진 나실인이 될 것이며 이스라엘을 블레셋의 손에서 구하기 시작할 것이기 때문에, 천사는 그녀에게 포도주와 독주를 마시지 말며 어떤 부정한 음식도 먹지 말라고 말했다.

그녀가 자기 남편 마노아에게 천사의 메시지를 전하자, 마노아는 천사를 다시 보내시어 그 아이를 어떻게 돌봐야 할지 가르쳐달라고 하나님께 구했다. 이에 하나님께서 천사를 다시 보내셨고 마노아는 질문들을 던지며 캐묻기 시작했다. "그 아이의 인생이 어떤 양상으로 펼쳐지겠습니까? 그 아이의 소명은 무엇입니까?"(삿 13:12. NASB 저자 의역) 이에 천사는 "내가 말한 모든 것에 주의를 기울여라!"라고 대답하고는 처음에 그의 아내에게 전했던 메시지를 그대로 반복하여 전했다(삿 13:12-14). 마노아는 자기가 관여할 권한이 없는 것들을 캐묻고, 알 필요가 없는 미래의 세부적인 것들에 대해 알기를 구했다. 그래서 하나님께서 그 질문을 그냥 무시하고 그에게 대답하지 않으셨다.

순전하지 못한 동기 때문에

그릇된 동기를 갖고 기도할 때 하나님은 응답하지 않으신다(약 4:3). 우리가 인생의 고통과 압력에서 해방된 삶을 살게 해달라고 기도할 때가 얼마나 많은가? 자기 죄가 자초한 결과에서 보호해달라고 간청하는 일은 또 얼마나 많은가? 우리는 불행한 상황이 우리 삶에 들어오면 즉각 그것을 제거해달라고 기도하지, 고난을 통해 성장하는 길을 찾아보려 하지 않는다.

사도 바울은 "우리가 환난 중에도 즐거워하나니 이는 환난은 인내를 인내는 연단을 연단은 소망을 이루는 줄 앎이로다"(롬 5:3,4)라고 했다. 도가니의 불이 뜨거워질수록 불순물이 불타 없어지고 경건한 성품은 더욱 확고해진다. 그러므로 인생을 압박하는 고통을 만났을 때 즉각 제거해달라고 기도하는 것은 지혜로운 처사가 아니다. 그럴 때는 먼저 하나님을 구해야 한다. 지난날을 돌이켜 보았을 때, 내가 영적으로 가장 크게 성장했을 때는 가장 혹독한 시련을 지나는 동안이었다.

오늘의 그리스도인들 가운데 이 시대의 상업주의에 넋을 빼앗겨, 생명을 지탱해가는 데 필요한 것보다 훨씬 더 많은 물질의 축복을 탐하는 이들이 얼마나 많은가? 우리는 우리 자신의 위안과 기쁨만을 생각하며 이것저것 구하고 간청한다. 하나님은 우리를 물질적으로나 재정적으로 축복하기 원하시지만, 이는 우리 육신의 탐욕을 충족시켜 주시기 위해서가 아니라 우리가 다른 사람들에게 물질적인 축복을 베풀기 원하시기 때문이다.

우리가 지혜로운 마음과 남을 불쌍히 여기는 마음을 가질 때, 가난한 이들과 과부와 고아들을 돌볼 때, 이 땅에 하나님나라를 확장시키기 위해 하나님의 자원을 사용할 때, 하나님께서 많은 것을 맡기실 것이다.

하나님은 한시적으로 우리를 즐겁게 하는 것들이 아니라 영원한 가치를 지닌 것들에 관심을 갖고 계신다. 하나님은 우리 육신의 안락함보다는 우리 성품을 정직하게 만드시는 것, 거룩함, 우리 마음과 영혼을 치유하시는 것에 더 관심이 있으시다. 육신을 만족시키는 것들에 기도의 초점을 맞추면 구하는 답을 얻지 못할 것이다.

그러므로 인생의 시련이나 불행한 상황을 만났을 때는 어떻게 기도할지 알려달라고 간청하면서 가장 먼저 레마를 구해야 한다. 그런 후에 하나님의 뜻을 따라 기도할 때 하나님께서 우리에게 응답하시는 것을 실제로 체험하게 될 것이다.

금식이 필요하기 때문에

금식은 유해한 쓰레기가 들어찬 몸을 깨끗하게 할 뿐 아니라 영을 정화하여 아버지의 임재를 향해 더욱 수월하게 올라갈 수 있게 한다. 내 경우, 하나님과의 교통이 잘 이루어지지 않을 때 금식을 하면 영적 수용력(受容力)이 몰라보게 향상되는 것을 느낀다. 나는 금식을 할 때마다 하나님께서 나를 위해 오시거나 혹 내가 하나님께 도달하게 된다는 것을 발견한다. 내 인생에서 가장 중요한 성장의 발걸음 대부분을 금식하는 기간 동안에 내디뎠다.

이사야서 58장은 성경에서 금식에 관한 대표적인 말씀으로, 금식의 그릇된 동기와 합당한 동기, 올바른 금식이 가져오는 결과들을 기술한다. 하나님은 우리에게 약속하신다.

"네가 부를 때에는 나 여호와가 응답하겠고 네가 부르짖을 때에는 내가 여기 있다 하리라… 너를 항상 인도하여…"(사 58:9,11).

금식은 교회가 시작된 이래로 교회의 기도생활에서 정상적인 일부가 되어 왔다. 사도행전에는 베드로와 바울을 비롯해 교회 전체가 금식을 했다는 기사가 반복적으로 나온다.

금식과 부분 금식에는 다양한 종류가 있다. 완전 금식은 음식과 물 모두를 삼간다. 그런 철저한 금식은 사흘을 넘기지 않는 것이 좋다. 통상적인 금식은 물을 제외한 모든 음식을 삼가는 것이다. 씹는 음식을 삼가면서 과일주스나 다른 건강음료를 마시는 것은 통상의 금식이 변형된 예이다. 이런 유형의 금식들은 40일을 넘지 말아야 한다. 부분 금식도 유익하다. 매일 특정한 시간까지 음식을 삼가거나 하루에 한 끼를 금식할 수 있고, 다니엘처럼 채소와 물만 먹으며 금식할 수도 있을 것이다.

금식의 방법에 대해 기도하면 주님께서 올바른 종류의 금식으로 안내해주실 것이다. 일주일에 하루를 정해놓고 정기적으로 실행하는 금식으로 이끌어주실 수도 있고, 어떤 때는 40일에 이르는 특별한 금식으로 부르실 수도 있을 것이다. 우리가 금식이라는 율법 아래 놓여 있는 것은 결코 아니지만, 성령께서 이 특별한 기도의 영역으로 당신을 이끄실 때는 마땅히 반응해야 할 것이다.

금식을 시작하기 전에 먼저 금식에 대해 꼼꼼하게 기술한 책을 꼭 읽어보라고 강력히 권하고 싶다. 나는 아서 월리스(Arthur Wallis)의 《하나님께서 택하신 금식》(God's Chosen Fast)이 매우 탁월한 자료라는 것을 발견했다. 당뇨 같은 고질적 건강문제가 있는 사람들은 반드시 의사의 감독 아래 금식을 해야 한다. 이 점을 잊지 말기 바란다.

그래도 들을 수 없을 때

이 책에서 발견한 원칙을 활용하여 양방향의 기도를 시도해보면, 우리는 대부분 전능하신 하나님과 효과적으로 대화를 나눌 수 있다는 사실을 정말로 깨달을 것이다. 그러나 간혹 무엇인가가 하나님의 음성을 듣지 못하게 방해하는 것처럼 보일 때도 있을 것이고, 펜을 손에 들고 잠잠히 앉아 있어도 마음에 아무것도 흐르지 않는 때도 있을 것이다. 그럴 때면 좌절하면서 나에게 무슨 문제가 있는지 자문하게 된다. 우리는 왜 듣지 못하는 것일까? 그런 상황에 처했을 때 점검해볼 사항들이 몇 가지 있다.

하나님께 질문한 내용을 기도일지에 기록했는가?

어쩌면 당신은 "그건 너무 형식적이지 않나요? 마음으로 기억하면 충분할 것 같은데요" 할지 모른다. 그렇지 않다! 때로는 정말로 그렇지 않다! 당신이 생각하고 있는 질문을 기도일지에 기록하는 것은 중요하며, 특별히 당신이 이러한 기도 방법을 시작한 지 얼마 되지 않았다면 더욱 중요하다. 이 단순한 행동이 당신을 무엇인지 모를 방해로부터 풀어주고, 그러면 하나님의 대답이 흐르기 시작할 것이다.

하나님은 그저 말씀하지 않으신다고 생각하는가?

그런 경우라면 마음을 온전히 그리고 완전히 하나님 앞에 쏟아부어라. 하나님을 만나는 그 시간에 집중하라. 하나님을 체험하는 현재의 그 순간에 완전히 전념하라. 그런 다음 무슨 말씀을 받든지, 단어 한 개나 두 개라도 믿음으로 기록하라. 성령의 감동이 작고 미약하게 오므로 당신의 생각을 키우면 쉽게 사라질 수 있음을 기억하라.

핀란드 출신의 '페카'라는 학생은 이 믿음의 행동이 얼마나 중요한지에 관해서 우리에게 편지를 썼다.

"제 경우에 하나님의 음성을 듣기 위한 열쇠는 바로 무엇이든지 믿음으로 기록하는 것이었습니다! 하박국서 2장 1,2절에 계시된 놀라운 통찰을 알려주셔서 정말 감사합니다. 저는 매번 시작할 때마다 '이건 아무것도 될 수 없어!'라고 말할 수밖에 없는 생각들과 마주칩니다. 그러나 그런 생각을 일단 기록하면 하나님께서 새로운 것을 가르쳐주십니다. 제가 매번 성령과의 교통에 들어갈 때마다 출발점으로 삼는 것은 펜을 들고 첫 번째로 떠오르는 생각을 기록하는 것입니다. 아무리 어리석고 이상하게 느껴지더라도 이 예비적인 생각을 받아 적는 일에 순종한 후에야 성령께서 주시는 생각들이 자연스럽게 흐르기 시작합니다."

언젠가 아무것도 들을 수 없다고 느낀 적이 있었다. 좌절한 채 몇 분 동안 가만히 앉아 있었는데 내 마음에 가장 확실하게 떠오르는 것이라고는 '나'라는 단어뿐이었다. 그 단어를 기도일지에 적을 수는 없어서 다른 생각이 떠오를 때까지 조금 더 기다리다가 그것이 기록할 가치가 있는지 없는지 결정하겠다고 생각했다. 웬걸, 아무리 기다려도 아무것도 오지 않아서 하는 수 없이 잔뜩 실망한 채 '나'라고 기도일지에 적었다. 그랬더니 갑자기 두 번째 단어가 나의 의식을 찾아왔다. '너에게'라는 단어였다. 그것도 기도일지에 썼다. 그러자 다음 단어들이 차례로 떠올라 "나는 너에게 …에 대해 말하고 싶구나!"라는 문장이 완성되었다. 이후에 내가 뭔지 모를 방해에서 벗어나 성령과 자유로이 소통했음은 두말할 필요도 없다.

내가 내 마음에 흐르는 간단한 단어 하나를 기록하려고 하지 않아 성령의 흐름을 중단시킨 것이었다. 그러므로 마음에 무엇이 떠오르든지 그것이 당신을 생수의 강으로 인도할 것이라 믿고 믿음으로 기록하라.

정말로 하나님께 질문하고 있는가?

당신이 하나님께 하고 있는 말들을 구체적인 질문으로 만들어라. 질문이 구체적일수록 하나님께 더욱 집중할 수 있으며 하나님께 더욱 집중할수록 당신의 질문에 대한 대답으로 오는 하나님의 음성을 더 수월하게 식별할 수 있게 된다. 그러나 앞에서 말한 것처럼 지나치게 구체적으로 나아가다보면 하나님을 점쟁이 취급하거나 당신이 관여할 바가 아닌 것들을 구할 수도 있으니 특별히 유념하여 균형을 잃지 말기 바란다.

질문에 당신 자신이 대답하고 있는 것은 아닌가?

마음에 떠오른 생각이 자신의 것인지 하나님의 것인지 구별하기는 그렇게 어렵지 않다. 대체로 자신에게서 나온 생각들은 설교조로 들린다. 당신이 당신 자신에게 설교를 하기 때문이다. 그런 일이 일어날 때는 최소한 어떤 대답이 하나님에게서가 아니라 당신에게서 온 것임을 분별할 수 있는 위치에 도달했다는 것을 기뻐함으로써 다시 시작하라.

다시 시작할 때는 자신을 더욱 잔잔하게 가라앉히고 마음 가장 깊은 곳이 느껴질 때까지, 하나님의 생각이 흐르기 시작할 때까지 깊이 들어가라. 이 책 앞부분으로 돌아가 자신을 잔잔하게 가라앉히는 것에 관한 내용들을 다시 읽고, 전능하신 하나님께서 당신 마음을 주관하실 때까지 자신을 조용히 가라앉히는 법을 배워라. 몇 차례 시도하며 연습하면 신속하고도 수월하게 당신 자신을 가라앉힐 수 있을 것이다.

이것은 사실상 내적으로 고요한 삶의 방식을 기르기 시작하는 것이다. 그렇게 얼마의 시간이 지나면 사람들 사이에서 걸으면서도 하나님 앞에서 고요함을 유지하는 법을 배우게 될 것이다.

하나님의 음성과 불

하나님과의 교통에 장애를 가져오는 마지막 요인으로서 다루고자 하는 것은 바로 불의 문제이다. 신명기 5장에서 하나님의 음성은 불과 함께 왔다. 성경에서 불은 순화와 정화를 상징한다. 하나님의 자녀들이 아버지 음성을 듣지 못하는 주된 요인의 하나는 불 가운데 서기를 거리낀다는 것, 즉 불이 정화하는 그 고유 업무를 수행하여 그들을 육신의 속박에서 풀고 성령 안의 자유로 데려가게끔 좀처럼 허락하려 하지 않는다는 점이다. 시내산 앞에 있던 이스라엘 백성들의 이야기가 이를 예증한다.

불과 같은 음성으로의 초대

전능하신 여호와 하나님은 이스라엘 백성들을 애굽에서 구해내셨다! 하나님은 모세에게 무엇을 해야 할지 일러주셨고 모세는 그 말씀을 따라 백성들을 속박에서 끌어냈다. 하나님은 그들이 메마른 바닥을 걸어 바다를 건너게 하셨고, 하늘에서 만나를 내려주셨고, 바위에서 먹을 물을 내어주셨다. 모든 것이 순조롭게 진행되고 있었다. 하나님은 그들에게 필요한 모든 것을 공급하면서도 대가로 거의 아무것도 요구하지 않으셨다.

마침내 백성들이 시내산에 당도했을 때 모세가 희소식을 전했다. 하나님께서 시내산에 강림하시어 모세와 이야기를 하실 것인데 이스라엘 백성들도 와서 그 대화를 들으라고 초대를 받았다는 것이었다. 이에 백성들은 하나님의 음성을 들을 준비를 하기 위해 그다음 이틀 동안 옷을 빨고 스스로를 성결하게 했다. 드디어 약속의 날이 당도했다. 이스라엘 진영은 기대와 추측으로 웅성거렸다.

"하나님은 어떻게 생겼을까? 봄의 산들바람처럼 속삭이실까, 아니면 여름의 폭우처럼 뇌성을 발하실까? 그런데 우리가 하나님의 음성을 듣고도 살아남을 수 있을까? 모세는 그랬지만 그는 특별한 사람이잖아! 자네는 여호와 하나님이 정말로 우리에게 말씀하시기를 원하신다고 생각해? 우리가 하나님과 친교를 나눌 수 있을까? 오늘 무슨 일이 일어날까?"

갑자기 땅이 진동하고 산이 불에 타기 시작하더니 번개가 번쩍거리고 빽빽한 구름이 하늘을 뒤덮었다. 모세가 하나님을 만나기 위해 백성들을 데리고 더 가까이 나아갔고, 백성들은 산기슭에서 떨고 있었다. 갑자기 귀청이 터질 듯한 나팔소리 가운데 음성이 들렸다.

"모세야! 모세야! 산 위로 올라오너라!"

순간, 백성들이 등을 돌리더니 겁에 질려 도망치기 시작했다. 백성들은 모세가 산 위로 올라가는 것을 겁에 질린 채 지켜보았다. 어떤 이들은 모세가 하나님의 무시무시함 앞에서 죽을 것이라고 예상하기도 했다. 마침내 모세가 어두운 구름 안으로 사라졌다. 백성들은 남아서 기다렸다.

시간이 흐르자 어떤 이들은 산 밑에 서서 계속 지켜보았고, 어떤 이들은 장막으로 돌아가 일상의 일에 종사했다. 장로들과 12지파의 수뇌들은 장시간의 대책회의에 들어갔다. 모세가 산 정상의 시커먼 어둠 속에서 죽었을 것이라는 회의주의자의 주장이 지지를 얻기 시작할 즈음, 누군가가 소리쳤다.

"모세가 온다! 모세가 내려오고 있다! 살아 있어! 모세 만세!"

모세는 정말로 돌아왔다. 그리고 그의 손에는 하나님의 메시지가 들려 있었다. 모세가 잠시 앉아 쉬려고 할 때, 장로들이 그를 한쪽으로 데려가 말했다.

"우리 이야기 좀 합시다!"

불을 감수하고 하나님의 음성을 들으려 하는가?

"모세 씨! 오늘은 정말 대단했어요. 우리가 하나님의 영광과 위엄을 보고 음성을 듣다니 정말 기쁘기가 한량이 없습니다. 정말로 좋은 일이고 잘된 일이에요. 하지만 이 정도에서 그만두고 싶네요. 그 불을 보셨나요? 하나님께서 우리에게 조금이라도 더 말씀하셨다면 그 불이 우리를 삼켜버렸을 거예요. 하나님께서 불 가운데서 말씀하시는 것을 듣고 그것에 대해 다른 사람들에게 말할 때까지 살아남을 수 있는 사람이 누가 있겠느냐는 것이죠. 따라서 우리가 당신에게 원하는 것은 이겁니다. 이제 하나님께 돌아가서, 더 이상 우리는 하나님께서 우리에게 말씀하시는 것을 원하지 않는다고 전해주세요. 하나님께서 우리에게 바라시는 것은 당신에게 말씀하시면 되고, 당신은 우리에게 전해주세요. 하나님께서 뭐라 말씀하시든 그대로 행할 것을 약속합니다. 이제 우리가 더 이상 그 불 가까이 가지 않아도 되겠지요? 모세 씨! 아셨죠? 불을 감수하면서까지 그 음성을 들을 가치는 없는 것 같아요!"

하나님은 그들의 말을 들으시고 모세에게 말씀하셨다.

"이 백성들이 말한 것이 타당하구나. 그들이 그런 마음을 품고 자기들

입으로 말한 대로 행하고 순종했으면 좋겠구나. 그러면 내가 그들과 그들의 자손들을 한껏 축복할 수 있을 것이다. 가서 그들이 말한 대로 행하겠다고 전해라. 더 이상 그들에게 가지 않겠다. 하지만 모세야! 이것 하나는 알아야 한다. 그들은 내 음성 듣기를 거부했기 때문에 명령과 규례와 법도를 가져야 할 것이다. 그들이 나와 교제하며 살기를 원하지 않는다면 율법 아래서 살아야 할 것이야!"(신 5:28-33. 저자 의역).

하나님은 시내산의 그 두려운 날 이후 지금까지 변하지 않으셨다. 지금도 하나님의 음성은 불과 함께 온다. 불순물을 살라 금을 정화시키는 불이 온다. 그러므로 하나님과 교제하는 삶을 원한다면 당신은 그 불을 받아들일 준비를 해야 한다. "그분의 음성은 불을 감수할 만한 가치가 있어!"라고 말하라. 하나님께서 당신을 정화시키고 씻기 위해 무엇을 요구하시더라도 기꺼이 순종하겠다고 마음을 정하라.

학교에서 접시를 훔친 대학교수

30대 초반의 유식한 교수 한 사람이 하나님의 음성을 듣는 법을 배우는 중이었다. 하나님께서 그를 향한 사랑을 표현하셨을 때, 그는 그것이 진정 하나님으로부터 온 것이라 믿고 받아들였고 하나님께서 자기를 받아주셨음을 기뻐하며 행복해 했다. 그런데 어느 날, 하나님께서 그에게 말씀하셨다.

애야, 너와 네 아내가 처음 집들이를 하던 날 대학에서 접시와 은수저를 슬쩍 가져온 것 기억하니? 나는 네가 그것들을 제자리에 갖다 놓기를 원한다!

젊은 교수는 생각했다. '이런! 이건 하나님의 음성일 수가 없어. 당시 나는 믿는 사람도 아니었어! 내가 이것을 학교에 다시 갖다 놓았다는 걸 누구라도 알게 되면 틀림없이 바보라고 놀려댈 거야. 누구나 다 학교 물건을 가져가잖아! 그게 무슨 대수라고!'

그는 하나님께서 주신 메시지를 갖고 나를 찾아왔다. 그는 내가 "그런 것들은 잊어버려도 괜찮다, 그런 생각은 하나님께로부터 온 게 아니다"라고 말해주기를 은근히 고대하는 눈치였다. 그러나 나는 그럴 수 없었다. 하나님의 음성이 불과 함께 온다는 것을 나의 생생한 체험으로 잘 알고 있기 때문이었다. 나는 그를 독려하면서 우리에게는 중요하게 보이지 않는 것들이 하나님께는 매우 중요할 수 있으며 우리가 하나님께서 들려주신 말씀에 순종하지 않으면 하나님께서 종종 더 이상 아무것도 말씀하시지 않는다고 말해주었다. 그러나 슬프게도 그는 불과 음성에서 떠나 율법과 규칙과 전통 안에서 살기로 결정했다.

암시장에서 장물을 구입한 전도사

우리 교회에서 전도사로 일하는 청년이 하나님의 음성을 듣는 것에 관한 나의 수업에 참가한 적이 있었는데, 수업이 끝난 뒤에 그가 수심 가득한 얼굴로 나를 찾아왔다. 이유인즉 오래 전부터 장래의 사역의 방향을 구하며 기도하는 중이었고, 그날도 나의 강좌에 참석하여 그 제목으로 기도하고 있었는데, 갑자기 하나님께서 그가 그리스도인이 되기 전에 암거래 시장에서 장물인 줄 알고도 스테레오시스템을 구입했던 일을 상기시키며 즉각 그것을 팔아 그 돈을 하나님의 일에 바치라고 말씀하셨다는 것이었다. "목사님께서는 이 음성이 하나님으로부터 온 것이라고 생각하십니까? 사실 저는 이 문제에 대해 기도하는 중이 아니었습니다. 단지 장래의 사역을 위해 기도하는 중이었는데 갑자기 이 스테레오에 관한 생각들이 떠오른 것이었습니다. 그것이 정말 하나님의 음성일까요?"

나는 그렇다고 말해주었다. 그는 몇 개월 동안 고심한 뒤에 순종하는 마음으로 스테레오를 팔아 그 돈을 하나님의 일에 바쳤다.

나와 아내의 문제를 정화한 불

불은 내 삶에서 정말로 많은 일을 했다. 하나님의 음성을 듣기 위한 게 아니었다면 나는 그 불의 뜨거움을 견디지 못했을 것이다. 내가 하나님의 음성을 듣기 시작했을 무렵, 아내는 오랫동안 의기소침과 열등감에 빠져 괴로워하고 있었다. 나는 아내의 문제가 아내의 잘못에서 비롯된 것임을 잘 알고 있었고, 그것을 입증할 성경적 증거도 갖고 있었다. 그런데 어느 날, 그 불이 나에게 닿았다.

네 아내의 문제는 대부분 네게 책임이 있다. 네 아내가 이렇게 된 것은 네가 사랑으로 보듬어주지 못했기 때문이야!

나는 기도일지를 털썩 내려놓으며 중얼거렸다. "내가 언제부터 기도일지를 믿었다고!" 마음에서 화가 치밀었다.

그다음 날, 회의적인 생각이 가신 것은 아니었지만 마음이 좀 가라앉았을 때 주님께 도전했다.

"좋습니다. 제가 잘못한 것이 있다면 그게 무엇인지 제시해보십시오!" 나는 하나님께서 그런 나의 도전에 응해주실 것이라 예상하지 않았다. 그러나 하나님께서 주신 응답이 기도일지 두 쪽을 가득 채웠을 때, 한편으로 놀랐지만 억울하기도 했다.

하나님은 내가 이른 새벽마다 실시하던 감정절제 훈련이 오히려 내가 인생의 가장 중요한 부분에서 제대로 기능하지 못하게 하는 결과를 낳았다고 알려주셨다. 나는 늘 인간의 감정이라는 것이 예측할 수도 없고 믿을 수도 없는 타락한 인간 본성의 일부라고 생각했다. 그래서 새벽마다 감정을 억누르는 훈련을 했고 마침내 감정이란 것들을 삶에서 모두 퇴출해버리는 상태에 이르렀던 것이다.

사실 아내에 대한 나의 사랑은 대학시절에 배웠던 '아가페' 사랑에 근거하여 키워진 것이라 따스한 감정이라기보다는 전념과 결단에 가까웠다. 교인들을 향한 나의 사랑이 그들의 성장과 양육을 위해 전념하는 것을 의미했고, 하나님을 향한 나의 사랑이 하나님을 섬기는 일에 전념하는 것을 의미했던 것처럼 아내를 향한 나의 사랑도 아내에게 전념하는 것을 의미했던 것이다. 그러나 거기에 감정은 들어 있지 않았다.

내 아내의 영이 시들어 죽어가기 시작했다는 것이 놀라운 일일까? 아내는 수줍음을 잘 타고 내성적이라 친한 친구들이 거의 없었다. 아내는 자신을 지탱하기 위해 오직 나의 사랑을 의지하고 있었다. 그래서 하나님께서 나의 삶에 '돌봄'을 회복하라고 부르신 것이었다. 이 한 가지 명령은 나의 성격 자체뿐 아니라 나의 결혼생활과 사역까지도 변화시켰다.

하지만 나는 어디서부터 시작해야 할지 감을 잡을 수 없었다. 그때까지 내가 하나님을 위해 모색했던 모든 변화는 내 의지의 행동으로 시작된 것들이었다. 나는 외향적인 사람이 되겠다, 열정적인 사람이 되겠다, 지도자가 되겠다고 의지로 결심했었다. 그러나 감정적으로 느끼는 사람이 되겠다고 의지로 결심하려면 어떻게 해야 한단 말인가? 방도를 알 수 없었다. 그리스도인의 성장에 관하여 내가 직접 시도하여 검증한 많은 방법론도 소용이 없었다.

그래서 하나님께 도움을 요청했고 하나님은 기꺼이 도와주셨다. 하나님은 나에게 네 가지 과제를 내주셨다. 기도일지를 읽으며 하나님께서 나를 어떻게 사랑해주셨는지 배울 것, 복음서를 읽으며 예수님은 사람들을 향한 사랑을 어떻게 표현하셨는지 배울 것, 시편을 읽으며 다윗은 하나님께 어떻게 사랑을 표현했는지 배울 것, 내 삶에 감정을 회복해달라고 믿음으로 기도할 것 등이 바로 그 숙제였다.

이후 나는 1년을 꼬박 투자하여 '돌보는 법'을 배우는 데 전념했다. 나는 돌봄이 무엇인지 전혀 알지 못하는 상태에서 시작했다. 하나님은 "돌봄이란 지적 차원이 아니라 감정적 차원에서 표현된 사랑"이라고 정의를 내려주셨다. 나는 복음서와 시편을 읽고 또 읽었다. 그리고 마침내 하나님께서 역사하기 시작하셨다. 제일 먼저 되살아나기 시작한 것은 우울함, 분노, 두려움 같은 부정적인 감정이었다. 나는 어른이 된 이후 처음으로 울고 있는 나를 발견했고, 밤마다 아내의 품에 안겨 가망 없는 미래에 대한 불안과 두려움으로 흐느끼면서 어린아이처럼 위로받기도 했다. 나의 연약함을 진정으로 느끼면서 양파처럼 겹겹이 쌓였던 자존심의 층도 하나씩 벗겨지기 시작했고 마침내 나의 마음은 상한 심령이 되었다.

점차 치유도 시작되어 기쁨과 소망이 내 안에서 보글보글 솟아났고, 하나님께서 특별히 나를 위해 선별해주신 아내를 향한 새로운 사랑과 이해가 자라났다. 내가 그 감정적인 사랑을 표현하기 시작하자 아내의 내면에 있던 죽음도 일을 중단했고 아내도 점차 치유되기 시작했다.

정의와 자비의 균형을 찾게 해준 불

나의 사역은 나의 예언자적인 성격이 주된 특징을 이루고 있었다. 이 말은 내가 죄를 미워했고 죄인들을 격하게 비판했다는 것을 멋지게 표현한 데 지나지 않는다. 우리 교회 교인들은 내가 너무 가혹하다는 점을 종종 지적했지만 나는 인정하려 하지 않았다. 그러나 하나님께서도 그렇게 말씀하셨을 때는 더 이상 부정할 수가 없었다.

하나님은 나를 미가서 6장 8절로 이끄셨다.

"사람아 주께서 선한 것이 무엇임을 네게 보이셨나니 여호와께서 네게 구하시는 것은 오직 정의를 행하며 인자를 사랑하며 겸손하게 네 하나님과 함께 행하는 것이 아니냐."

하나님은 하나님이 자비를 사랑하시며 정의를 행하신다는 것을 내게 보여주셨다. 하나님은 자비를 베푸시며 기뻐하신다. 그러나 하나님은 또한 거룩하시므로 정의를 행하신다.

내 삶은 그것과 정반대였다. 나는 정의는 사랑했지만 자비는 행하지 않았다. 나는 모든 사람과 상황에 다가갈 때 먼저 판단했고 그다음에 (아마도) 사랑을 베풀었다. 하나님은 그분의 본성이 가진 두 가지 국면이 빛과 사랑임을 보여주셨다. 하나님은 심판하기도 하시고 자비를 베풀기도 하신다. 아프게도 하시고 치유하기도 하신다. 죄를 자각하게도 하시고 위로를 주기도 하신다.

나는 그러한 하나님을 보면서 내가 균형 잃은 관점으로 인생을 바라보았다는 것을 깨달았다. 나는 하나님의 본성의 '빛'의 국면에만 초점을 맞추고 엄정한 의를 주장하고 요구하며 살았다. 그런데 이제 하나님께서 하나님 본성의 '사랑'의 국면, 곧 용서와 화해와 은혜에 초점을 맞추라고 촉구하고 계심을 깨달은 것이었다.

그렇게 했을 때, 한 새로운 영이 나의 사역에 스며들기 시작했다. 전에는 의견차이가 있을 때 정면대결과 분리로 반응했지만 이제 화평과 화해를 탐색하기 시작했다. 전에는 율법의 문자를 따른 의로움이 사람들을 사귀는 기준이었지만 이제는 사랑이 기준이 되어갔다. 전에는 율법을 위반하는 사람들을 가차 없이 판단했지만 이제는 자비와 사랑이 나에게서 흘러 나가는 것을 보기 시작했다.

그러던 어느 날 우리 부부가 돌보고 있던 한 십 대 소녀가 성적으로 순결한 삶을 살고 있지 않다는 것을 발견했을 때, 내 안에서 새롭게 솟아나고 있던 심판과 자비의 균형은 시험대에 올랐다. 과거의 내 안에 있던 모든 것이 그녀를 엄히 징벌해야 한다고 소리를 높였고, 나의 머리는 성적 순결의 필요성과 성적 부도덕의 위험에 관한 장황한 설교를 구상했다. 그러나 나는 균형 잡는 법을 배우는 중이었기에 그 상황을 내 방식대로 처리하기 전에 주님 앞에 가져갔다.

내가 그 아이의 모든 죄와 비행과 그에 대한 조치를 취할 필요성에 대해 아뢰었을 때, 주님은 간음 현장에서 잡혀온 여인에게 하셨던 말씀을 상기시켜주셨다.

"나도 너를 정죄하지 아니하노니 가서 다시는 죄를 범하지 말라"(요 8:11).

메시지는 분명했다. 그 아이에게 필요한 것은 나의 심판이 아니었다. 하나님은 이미 그 아이가 자신의 죄를 깨닫도록 하셨다. 그 아이에게 필요한 것은 하나님의 종의 손에서 나오는 용서와 자비를 체험하는 것이었다.

나의 율법주의를 정화한 불

나의 감정 위축증은 주님과의 관계에도 영향을 끼치고 있었다. 하나님을 향한 진정한 사랑 없이는 하나님과의 친밀한 교제도 있을 수 없다. 그러므로 나는 나 자신이 광야의 이스라엘 백성들처럼 율법 아래 놓여 있는 것을 깨달을 수 있었다. 나는 그리스도인의 삶의 원칙을 캐기 위해 매일 성경을 연구했고 주일마다 강단에 서서 성공적인 그리스도인의 삶을 위한 새로운 법령을 반포하곤 했다.

나는 4년 동안 무려 A4용지 50쪽에 달하는 규칙들을 성경에서 캐내어 그것들을 따라 살려고 노력했다. 나는 그것들을 정제하여 30개의 일반 원칙을 뽑아 백지 양면에 꼼꼼하게 인쇄하고 그 종이를 비닐로 코팅했다. 나는 그렇게 기독교를 하나의 '시스템'으로 축소시켰다. 나는 모세보다 한 걸음 더 나아갔다. 그가 돌판에 새겨진 명령 10개를 갖고 있었다면 나는 비닐로 코팅된 종이에 새겨진 명령을 30개나 갖고 있었기 때문이었다.

문제는 종이 앞면에 있는 15개의 규칙에 순종하려고 집중하면 뒷면에 있는 15개의 규칙은 소홀히 하게 되고, 다시 뒷면에 있는 규칙들에 집중하면 앞면에 있는 규칙들을 소홀히 하게 된다는 것이었다. 한마디로 그리스도인으로서의 삶은 기쁨이라기보다 좌절이었다.

그러던 어느 날, 무기력함이 교인들 위에 무겁게 가라앉아 있는 것을 보면서 성경이 내게 줄곧 말하던 것, 즉 율법의 결국은 사망이라는 것을 인정하지 않을 수 없었다. 내가 주님과 친밀하게 교제하지 못한 탓에 나 자신과 아내와 주님께서 내게 맡기신 양 떼를 율법 아래 놓았던 것이며 내가 가는 곳마다 죽음이 명백하게 나타났던 것이다. 우리 교회의 예배는 더 이상 은혜롭지도 자발적이지도 않았고, 교회에서 일꾼들을 찾아보기가 어려워졌고, 예배 후 친교 시간은 점점 더 짧아졌다. 구역예배의 규모와 참석인원도 현격히 감소했고, 마침내 수군거림과 다툼과 언쟁이 그리스도의 몸을 분열시키고 말았다.

내가 자비 안에서 인내로 걸었더라면 몇 해 동안 강단에서 가르치면서 교인들을 망쳐놓는 일은 일어나지 않았을 테지만, 불행하게도 나는 그렇게 하지 못했다. 나의 가르침이 가져온 열매는 너무도 가혹했다.

그런 상황에서 하나님과 교통하기 시작하고, 나를 둘러싸고 있는 영적 세계를 의식하기 시작하고, 나의 관점에 균형을 잡아야 한다는 사실을 깨달았을 때 당연히 나는 우리 교회 교인들을 이 새로운 행보 안으로 데려오기 위해 열정적으로 노력했다.

그러나 그것도 결코 쉽지 않았다. 그 개념들 몇 가지가 너무 새롭고 논쟁을 유발할 가능성이 높다는 사실도 문제였지만, 내가 그 개념들을 그들에게 수월하게 전달해줄 수 있을 만큼 그들과 친근하게 지내지 못한 점도 문제였다. 어떤 이들은 내가 새롭게 강조하는 것들을 받아들이지 못했고 어떤 이들은 내가 가르치는 것들을 판단하며 정면으로 도전했다. 우리는 서로의 차이점들을 융화시키려고 무진 노력했지만 그 과정에서 너무도 많은 사람이 상처를 받았고 화를 냈다. 결국 내가 사임해야 한다는 것이 명백해졌다.

이후 몇 개월의 실직 기간에 나는 매일 하나님의 음성을 들음으로써 삶을 지탱하며 하나님의 인도를 받았다. 우리의 길이 불 가운데로 향해 있지만 하나님은 우리가 한 걸음씩 그 길을 지날 때 늘 함께하신다.

요약

예수 그리스도께서는 지성소 휘장을 찢으시고 우리에게 보혈을 뿌리심으로써 우리가 지성소에 들어갈 수 있도록 문을 활짝 열어주셨다. 그리고 우리에게 성령을 통하여 아버지와 아들과 직접 교통하는 특권을 부여하셨다. 그 길은 부담스럽거나 복잡하지 않다. 예수 그리스도께서는 "내가 길이다"(요 14:6)라고 말씀하셨다. 그 일을 하신 이가 바로 그리스도이기 때문이다. 그리스도께서는 자신의 피를 흘려 우리 마음에 바르셨고 우리 안에 믿음을 심어주셨으며 우리를 자신에게 끌어당기신다. 우리는 그저 그릇이 되어 그리스도께서 완성하신 것들을 우리 안에 담으면 된다. 우리는 그저 우리의 사랑과 주의를 그리스도께 맞추면 된다.

나는 앞에서 우리 마음의 주파수를 하나님의 음성에 더욱 정확하게 맞추도록 도와주는 개념 몇 가지를 제시했다. 때로는 무엇인가가 하나님의 음성을 듣지 못하게 가로막은 것 같은 때가 있다. 그런 경우에 몇 가지 영역에서 그 원인을 발견할 수 있도록 요약 질문을 아래에 제시했으니 효율적으로 활용하기 바란다.

하나님의 음성을 듣기 위해 기도할 때마다 이 질문 목록을 따라가면서 자신을 점검해야 하는 것은 아니다. 통상적으로 우리는 그저 앉아서 하나님께 "주님, 좋은 아침이죠?"라고 말하는 것만으로도 주님의 대답을 들을 수 있다. 그러나 가끔 주님과 영적인 접촉을 하지 못하는 것처럼 보일 때 다음의 질문 목록을 활용하면 그 이유를 발견하고 잘못을 교정할 수 있을 것이다.

성막 체험의 영역

1. **놋제단** : 나 자신을 산 제물로 하나님께 드렸는가? 나는 육신의 욕구를 부정하고 있는가? 나 자신을 의의 도구로 하나님께 드리고 있는가?
2. **물두멍** : 규칙적으로 하나님 말씀을 묵상하고, 깨달은 명령에 순종하고 있는가?
3. **진설병** : 그리스도의 몸 된 교회와 지속적으로 교제하는가? 형제자매들과의 친밀한 사귐을 통해 나의 자아 의지를 곱게 빻고 있는가? 나는 오직 하나님의 뜻대로 행하는 것을 마음의 깊은 소망으로 삼고 있는가?
4. **등잔대** : 성령의 조명을 받기 위해 머리를 주님께 드렸는가? 성경을 통해 오는 하나님의 계시를 받기 위해 마음의 주파수를 맞추고 규칙적으로 성경을 묵상하는가? 나의 모든 생각과 추론 과정은 성령의 인도하심을 신중히 의지하는 가운데 이루어지고 있는가?
5. **분향단** : 하나님께서 나의 감정과 반응을 다스리시도록 지속적으로 찬양과 감사의 제사를 드리고 있는가? 나는 감정의 기복이 심한가, 아니면 찬양과 감사의 태도가 나를 평정의 상태로 데려가고 있는가?
6. **언약궤** : 하나님의 즉각적인 임재 안에서 걸으면서 하나님께서 내 마음에 주시는 말씀을 듣고 있는가?

기도일지 작성의 영역

1. 세상의 산만한 것들로부터 완전히 자유로운 장소에서 기도하는가?
2. 나의 영을 잔잔하게 가라앉혔는가? 기도 시간에 불쑥 난입하여 주의를 흐트러뜨리는 생각들을 효율적으로 처리했는가? 예수님과 함께 있는 장면에 마음의 초점을 맞추고 있는가?
3. 기도일지를 작성할 준비가 되어 있는가? 마음에 떠오르는 생각을 무엇이든

지 기록함으로써 레마의 흐름을 촉진시키는가?

미세 조정의 영역

1. 나의 마음은 참되고 진실한가? 나는 일체의 속임과 위선에서 자유로운가? 하나님 앞에서 정직한 태도를 유지하고 있는가, 비밀을 품고 있는가?
2. 나는 믿음으로 나아가고 있는가? 하나님께서 말씀하시는 모든 것을 마음을 다하여 믿기로 결단했는가?
3. 나의 양심은 깨끗한가? 나의 죄를 자백하고 그리스도의 보혈로 깨끗하게 하심을 받았는가? 그리스도께서 나를 성결하게 하시어 하나님 앞에 흠 없이 내놓으실 것이라 확신하는가?
4. 이미 받은 레마에 순종했는가?

내적 장벽을 제거하는 영역

1. 지금 주님께서 대답하기 원치 않으시는 질문을 하고 있는 것은 아닌가? 지금 알아야 할 필요도 없는 정보를 얻으려고 애쓰는 것은 아닌가? 기도일지를 수정구슬처럼 조종하려고 하지는 않는가?
2. 나의 동기는 옳은가? 내가 어떻게 기도하기를 원하시는지 알려달라고 주님께 구했는가?
3. 주님께서 금식하라고 요구하고 계시지는 않는가?

이 모든 질문이 모든 기도 시간의 서곡이 되는 것은 아니라는 점을 재차 강조하고 싶다. 나는 하나님과 영적으로 접촉하지 못하는 것처럼 보이는 매우 예외적인 경우에만 이 질문들을 따라가면서 나 자신을 점검한다. 당신의 영적 접촉에 문제를 초래할 수도 있는 영역들을 의식하고 있으면 문제를 정확히 조준하는 것이 매우 쉬워진다. 그것도 그렇지만, 위에 제시한 각각의 질문들의 내용을 정확히 숙지하면 매일 하나님을 향할 때마다 하나님과 친밀하게 양방향의 대화를 나누는 것이 가능해질 것이다.

7

하나님의 음성인지 확인하는 방법

받은 것을 검사하기

현대 시대를 살아가는 우리는 머리의 지시를 따라 합리적으로 살아야 한다는 교육을 받으며 자랐다. 하나님과 '영 대 영'으로 만남이 일어나는 곳은 우리의 마음이다. 나는 머리가 하나님의 계시를 받는 주요기관이 아니라는 것을 인식하게 되었을 때, 나의 머리를 왕좌에서 내려놓느라 애를 썼다. 그렇다고 해서 '우리는 그리스도인이므로 머리를 던져버려야 마땅하다'고 생각하면 안 된다. 머리는 우리가 받은 것을 검사하는 데 사용되는 기관으로서 영적 행보에서 매우 필요한 곳이다.

영적 차원에서 살아가려고 하다 보면 실수도 할 것이다. 성경은 그 사실을 인정하고 받아들인다. 성경은 "범사에 헤아려 좋은 것을 취하고"(살전 5:21)라고 권고한다. 우리는 좋지 못한 것들을 성급히 비난하고 실수 때문에 자신을 질책하는 대신, 그저 우리가 받은 것들을 모두 검사하여 하나님에게서 오지 않은 것들은 무시하고 좋은 것들과 함께 움직여야 한다. 사람은 실수한다. 실수를 통해 배우는 것이 중요하다.

언제나 그렇듯이 우리의 목표는 균형을 잡는 것이어야 한다. 우리는 대부분 극단으로 치우치는 성향이 있다. 신비한 체험을 했다고 주장하는 사람들을 얕보기도 하고, 특별히 선천적으로 신비로운 경향이 있는 사람은 '머리로만 신앙생활을 하는 지적 속물들'을 경멸하기도 한다.

어떠한 태도도 합당하지 않다. 하나님은 머리와 마음 둘 다 창조하셨고 그 둘이 각각 다른 것을 보완하며 기능하도록 정하셨다. 이 둘 가운데 어느 하나만을 의지하여 그리스도인의 삶을 살려고 한다면 쳇바퀴를 도는 다람쥐처럼 살게 될 것이다. 우리에게는 머리도 필요하고 마음도 필요하다. 하나님과 교통하는 데는 영적 국면과 이성적 국면이 둘 다 필요하다.

왜 반드시 검증이 필요한가?

나의 세미나에 참석하는 사람들이 가장 많이 묻는 질문은 "하나님께서 내게 말씀하신 것이라고 어떻게 확신할 수 있나요?"이다. 이에 대해 내가 가장 많이 해주는 대답은 "그것을 당신의 영적 조언자들에게 가져가 평가와 검사를 받는 것입니다!"이다. 내 마음에 검사의 필요성에 대한 확신과, 항상 그렇게 해야겠다는 깊은 열망을 확고히 심어준 사례 두 가지를 소개하고 싶다.

첫 번째 사례는 내가 목회하던 어떤 교회의 한 남자 집사에 관한 이야기이다. 그는 하나님의 음성을 듣는 능력과 예언의 은사를 소유한 사람으로 교인들의 존경을 받고 있었다. 그런데 어느 날 그가 하나님께 새로운 '계시'를 받았다는 소문이 교회에 돌기 시작했다. 내용인즉, 그가 지금의 아내와 결혼할 당시 두 사람 모두 그리스도인이 아니었기 때문에 하나님께서 그들의 결혼이 하나님으로부터 온 결혼이 아니라며 '이혼'을 명령했다는 것이었다.

나는 그 소문을 듣자마자 그것이 정말인지 묻기 위해 즉각 그의 집으로 달려갔다. 그는 그것이 '하나님의 계시'임을 확신한다며 이혼할 의향을 밝혔다. 나는 성경구절을 제시하면서 하나님은 이혼을 싫어하시며 그의 '이끌림'이 말씀의 문자 자체에도 위배되고 말씀의 의미에도 위배된다고 말했다. 나는 그가 사탄에 속고 있다고 느꼈다. 하지만 그는 내 말을 거부하면서 자신은 하나님의 음성을 알고 있으며 그 음성이 분명 그렇게 말했다고 주장했다.

성경이 지시하는 대로, 나는 며칠 뒤에 교회 장로 두 사람과 함께 그를 다시 찾아갔다. 그들은 내 입장을 확인하면서 그의 '이끌림'에 반대되는 성경구절을 더 많이 제시했다. 그러자 그는 자신의 '계시'를 뒷받침하는 성경의 사례들과 성경구절들(하나 같이 문맥에 맞지 않는)을 제시하면서 응수했다. 우리는 그 후 3개월 넘게 수없이 그를 만났고 그를 사탄의 속임수에서 건지려고 무진 노력했으나 그는 더욱 교만해져 독단에 빠져들었다.

결국 우리는 그 문제를 교회 앞에 내놓기로 했다. 그는 교인들이 모두 모인 가운데서 자기가 받은 그 '계시'에 대해 말했고, 교인들은 그가 오류에 빠진 것이라고 만장일치로 확인했다. 그래도 그는 "신경 쓰지 않아요. 제 뜻대로 밀고 나갈 겁니다!"라고 대답했다. 그는 그렇게 교만으로 나아가 마침내 자기 아내와 자녀들의 삶을 파괴했고, '주님 안에서' 그의 새 아내로 간택을 받았다는 그의 '계시'를 그대로 믿은 젊은 여성의 삶과 자신의 삶에 돌이킬 수 없는 파멸을 가져왔다.

두 번째 사례로, 어느 날 나는 기도하는 중에 우리 교회의 한 남자 교인이 비서와 불륜을 저지르고 있다는 '계시'를 받았다. 그 말씀을 갖고 그를 대면하는 일은 전혀 달갑지가 않았다. 그것이 사실이 아니라면 내 말이 교회에 많은 문제를 일으킬 것이고, 설령 그것이 사실이라도 많은 문제를 일으킬 테니까! 그러나 주님께서 내게 그러한 정보를 주신 것이 그 사람을 죄에서 이끌어내기 위해서라면, 나는 기꺼이 위험을 감수하기로 했다.

하지만 먼저 나의 영적 조언자인 찰스에게 나의 '계시'를 내놓고 의견을 묻기로 했다. 나는 하나님의 음성을 듣는 그의 능력을 높이 평가하고 있었다. 그는 내 말을 신중히 듣더니 기도해봐야 알겠다고 대답했다. 그는 나중에 나를 찾아와, 기도하는 중에 '거짓의 영'이라는 단어를 들었다고 말했다. 그는 거짓의 영이 나를 속여 교인들과 나의 관계를 파괴하려고 그런 생각을 내 마음에 넣은 것이라고 말했다.

나는 즉시 기도일지로 돌아가서, 만일 내가 찰스의 말대로 거짓의 영에게 속은 것이라면 내가 느꼈던 '이끌림'을 즉시 제거해달라고 주님께 간구했다. 며칠이 지나자, 거의 3주 동안 생생하고도 강력하게 남아 있던 그 느낌이 서서히 약해지더니 마침내 사라졌다. 나는 지혜로운 영적 조언자를 허락하시어 엄청난 실수를 막아주신 하나님께 감사의 찬양을 드렸다.

우리 영은 여러 요인에 쉽게 영향 받는다

우리가 환상이나 레마로 받은 계시들을 예외 없이 모두 검사해야 하는 주된 이유 중 하나는 우리 영이 하나님이 아닌 다른 요인에 의해 영향을 받을 수 있기 때문이다. 바울은 "주와 합하는 자는 한 영이라"(고전 6:17)고 말했다. 하지만 그 사실이, 우리의 영에서 다른 요인들이 움직이면서 우리가 받는 계시를 오염시키는 것을 불가능하게 만드는 것은 아니다.

우리가 슬픔에 압도되어 있을 때 우리 영은 그 슬픔의 영향을 받을 수 있으며 그러한 영을 통하여 받은 메시지는 부정확할 수 있다. 그러한 예가 사무엘상 1장 1-15절에 나온다. 한나는 아들이 없어 "영적으로 답답하게 눌려" 있었다(삼상 1:15. 'oppressed in spirit'. NASB).

신체 상태도 영에 영향을 끼칠 수 있다. 사무엘상 30장에는 다윗의 부하들이 들판에서 어떤 사람을 우연히 만나는 장면이 나온다. 그는 퇴각하는 아말렉 군대에서 버려진 종으로, 병든 상태였고 사흘 동안 아무것도 먹지도 마시지도 못했다. 이에 다윗의 부하들이 떡과 과일과 물을 주었더니 그의 "영이 소생했다"(삼상 30:12. 'his spirit revived'. NASB).

질병도 우리 영에 영향을 끼친다. 육신이 쇠약하거나 고통으로 가득할 때 의심과 낙심이 어렵지 않게 우리 마음에 들어온다. 그러므로 우리는 육체적으로 쇠약하거나 고통스러울 때 받은 계시에 따라 행동하지 말고 다른 사람들의 확증과 검사를 받은 후에 행동하도록 각별히 유의해야 한다. 이것은 금식으로 육신이 약해졌을 경우에는 해당되지 않는다.

또한 사탄이 언제나 우리 마음에 영향을 끼칠 수 있다.

"마귀가 벌써 시몬의 아들 가룟 유다의 마음에 예수를 팔려는 생각을 넣었더라"(요 13:2).

위의 사례에서 자기 아내와 이혼하려 했던 그 남자나 나는 거짓의 영에게 속임을 당했다. 사탄에게 속고 있다는 것을 혼자 식별하는 것은 종종 어렵다. 우리는 우리에게 진실을 보여줄 만큼 우리를 사랑하는 형제자매들의 도움이 필요하다.

마지막으로, 우리 자신이 우리의 영에 영향을 끼칠 수 있다.

"자기의 마음을 다스리는 자는 성을 빼앗는 자보다 나으니라"(잠 16:32).

우리는 언제나 순전한 동기를 가지고 우리의 의지를 그리스도의 뜻에 맞추어야 한다. 그렇지 않으면 우리 자신이 만든 망상을 '계시'로 받게 될 것이다.

성령 이외의 너무 많은 요인이 우리의 영에 영향을 끼쳐 하나님의 음성을 듣는 과정에 불순물을 혼합할 수 있으므로, 모든 종류의 계시를 검사할 때 우선적으로 그러한 다른 영향력들의 증거를 찾아야 한다. 앞에서 환상에 대해 논하면서 우리가 받은 환상의 원천과 그 내용, 열매 이렇게 세 가지 구체적인 관점에서 우리가 받은 것들을 검사할 수 있다고 말했다.

우리 자신과 하나님과 사탄에게서 온 환상과 계시는 각기 독특한 특징을 갖고 있다.

나 자신의 영에서 나온 생각들은 나의 '숙고'에서 태어난다. 그것들은 내가 배운 것에 기초하여 점진적으로 개념을 형성하는 과정에서 나오는 산물이다. 만일 내가 세상에 속한 것들이나 악한 것들을 나 자신에게 먹이고 있다면 나의 마음에서도 그런 것들이 나올 것이다. 만일 내가 나의 영을 지켜 오직 선하고 정결하고 거룩한 것들만 들어오게 허락한다면 내 영의 묵상은 그런 것들을 반영할 것이다.

사탄이 내 마음에 투사하는 생각들은 퍼뜩 지나가는 아이디어나 이미지로 다가온다. 그런 생각들은 내 생각의 톱니바퀴에 잘 맞춰지지 않으며 내 마음에 불법적으로 침범한 것처럼 느껴진다. 그것들은 파괴적이고 악하며 나를 속박이나 두려움으로 데려간다. 나는 그것들의 자극에 순종해야 한다는 강박이나 압력을 느낄 수 있다. 그것들은 하나님의 본성과 영 둘 다에 반(反)하며, 종종 나의 자아에 강력히 호소함으로써 하나님의 기록된 말씀 앞에 제출되거나 교회 앞에 알려지기를 거부한다.

성령으로부터 오는 계시는 격려하며 위로한다. 죄의 자각에 관한 것이면 포괄적으로 비난하는 어조로 오지 않고 구체적으로 교훈하는 어조로 다가온다. 성령으로부터 오는 계시는 검사받기를 두려워하기보다 오히려 자진하여 검사대에 올라가려 한다. 그것은 하나님의 본성과 기록된 말씀에 완벽하게 조화를 이룬다. 이러한 레마는 나의 믿음을 분발시키며 나의 속사람에게 평화를 준다. 그것은 지혜롭고 삶에서 성령의 열매를 성장시키는 것을 촉진한다.

받은 말씀을 검증하는 도구들

성경 말씀

우리가 받는 모든 환상과 레마는 시험하여 그 원천을 분별해야 한다. 우리는 모든 계시를 하나님의 기록된 말씀에 비추어 검사해야 한다. 영적 차원의 것들을 조사하기 위해서는 해박한 성경지식이 필수이다. 성경은 진리의 절대적 표준이다! 그러므로 하나님에게서 온 모든 계시는 하나님의 기록된 말씀 문자 자체와도 정확히 일치하고 그 말씀의 의미와도 완벽하게 일치하며, '계시'에 관해 하나님께서 성경 전반을 통해 가르친 모든 말씀에 어긋나지 않는다. 그러므로 당신이 받은 것을 단 하나의 구절을 토대로 입증하는 것은 교리로나 믿음으로나 충분치 않다.

주님께서 내게 처음으로 주신 명령은 성경에 정통한 사람이 되라는 것이었다. 그래서 나는 내 인생의 10년을 오직 성경을 연구하는 데 전념했다. 그 기간 동안 나는 성경을 수없이 통독했고 성경 각 장의 내용을 요약하며 도표로 만들었다. 그렇게 공부하면서 내게 은혜를 베푸시어 깨달은 말씀에 순종하게 해달라고 구했다. 하나님은 내가 이렇게 튼튼한 성경지식을 갖게 된 이후에야 비로소 내게 영적인 사람이 되라는 부름을 주셨다. 나의 성경지식은 영적 성장을 위한 견고한 토대가 되었다.

함께할 사람들

우리가 받은 것들을 검사하기 위한 또 다른 아주 중요한 도구는 그리스도의 몸, 곧 교회이다. 그리스도인이 될 때 우리는 서로 한몸의 구성원이 되며 이 땅에서 그리스도를 나타내는 가시적 표현으로서 서로에게 연합하게 된다. 복음주의 안에서 교제할 때 관계의 안정감을 얻을 수 있으며, 동일한 목표를 가진 사람들과 서로 맹약을 맺을 때 힘과 능력이 역동적으로 증대된다.

특별히 뿌리 깊은 습관을 고치려고 분투할 때는 다른 사람들과 '책임 있는' 관계를 쌓는 것이 도움이 된다. 체중감량을 시도해본 적이 있는가? 당신 혼자 노력할 때는 낙심과 실패를 피하기 어렵다. 그러나 동일한 목표를 성취하는 데 당신처럼 어려움을 겪는 사람들과 함께하면, 특히 성공적으로 목표를 달성한 사람들과 함께하면 성공할 확률이 훨씬 더 커진다. 더욱이 당신의 목표를 잘 알고 당신이 목표를 향해 차근차근 나아가는 것을 당신의 책임으로 여겨줄 사람들이 옆에 있다면 그것은 더욱 효과적이다. 알코올 중독자는 혼자 힘으로 술을 끊지 못한다. 그러나 같은 문제를 가진 사람들과 함께 노력하면 많은 이들이 목표를 성취한다.

성격 재형성과 성공을 약속하는 자기계발서들을 읽어본 적이 있는가? 아마 당신은 혼자 책을 읽으면서 그 책이 가르치는 원칙들을 적용하며 노력했지만 아무 결과도 얻지 못한 채 끝나버린 경험이 있을 것이다. 그러나 만일 스터디그룹에 가입하여 똑같은 책을 읽었다면, 다른 사람들과 정기적으로 만나서 그 원칙들을 적용하는 법과 그에 대한 결과들과 다음 주의 목표에 대해 서로 나누었다면, 당신은 장기적으로 놀라운 변화를 체험했을지도 모른다.

이 책도 마찬가지이다. 아마 당신은 이 책의 내용에 매우 흥미를 느낄 것이다. 당신은 이 책에 있는 모든 원칙들과 제안들을 적용하여 정말 놀라운 영적 만남을 체험할 것이다. 그러나 이 흥미로운 영적 여정을 함께할 길동무를 발견하지 못하면 흥미가 곧 사라질 것이고 장애물이 길을 막을 때는 특히 더할 것이다. 그러면 이 책은 먼지를 뒤집어 쓴 채로 당신의 책꽂이에 서 있는 다른 많은 책들의 친구가 될 것이다. 혼자 해보려고 버둥거리는 사람들에게는 성장과 변화가 좀처럼 찾아오지 않는다. 그것들은 관계 안에서 발생한다.

피차 복종할 영적 조언자

하나님은 인간을 창조하실 때, 모든 인간이 최소한 다른 인간 한 명과 특별한 유형의 관계를 갖도록 정하셨다. 에베소서 5장 21절은 "그리스도를 경외함으로 피차 복종하라"고 말한다. 우리 개신교 신자들은 이런 유형의 관계를 구축하는 데 특별히 어려움을 겪는 것 같다. 종교개혁 당시 개신교도들이 로마가톨릭교회가 사람들에게 행사하는 과도한 권위에 반발하는 반응을 보였기 때문인 것 같다. 그러나 그러한 반작용 속에서, 성도 간에 '피차 복종하는' 진리마저도 던져버리고 말았다. 우리는 피차 복종해야 한다. 이것은 하나님께서 명하신 것이다.

현대문화의 억센 개인주의도 우리가 복종 개념을 수용하지 못하게 막고 있다. 우리는 다른 사람들과 융화하기를 거부하는 반항아를 영웅으로 대접하며, 존 웨인 같은 서부의 고독한 방랑자나 법보다 한 수 위에 있는 범죄자들을 찬미하며, 경찰이나 교사처럼 권위를 가진 사람들이 무능한 멍청이로 묘사되는 장면을 볼 때 박수 치며 웃는다. 이 시대의 문화는 영웅

자격이 없는 사람들을 영웅으로 높이며, 사람들은 권위나 복종이나 책임에 대해 듣고 싶어 하지 않는다.

하나님께서 우리를 더 힘들게 하시려고 우리에게 권위 있는 사람들을 주신 것이 아니다. 권위는 하나님께서 우리를 보호하고 이롭게 하기 위해 주신 귀한 선물이다. 잠언 11장 14절은 "지략이 많으면 평안을 누리느니라"라고 선포한다. 우리는 실수하기 쉽고 속기 쉬우므로, 형제자매들의 조언과 충고를 받아 그러한 가능성을 최소화하도록 하나님께서 축복하신 것이다. 바울은 권위를 가진 사람들을 "하나님의 사역자가 되어 네게 선을 베푸는 자"(롬 13:4)라고 말했다. 무법의 이 시대에 준법과 질서가 하나님의 자녀들의 특징이 되어야 할 것이다.

특별히 하나님과의 영적인 만남을 소망하는 사람들은 다른 신자들과 책임 있는 관계를 형성하는 것이 필요하다. 나는 영적인 길을 혼자 걷지 않는다. 오류와 속임에 빠질 가능성도, 교만과 독단의 유혹도 너무 많기 때문이다. 우리는 성령 안에서 걸으면서 내가 올바른 궤도에서 이탈하지 않게 도와줄 형제자매들이 필요하다.

나는 주님에게서 온 것이라고 생각되는 말씀을 받을 때, 하나님의 음성을 잘 알고 있는 또 다른 사람들의 확증을 받기를 원한다. 나는 내 영적 조언자들의 의견을 묻고 그들의 확증을 받은 뒤에야 비로소 내가 받은 말씀을 따라 행동하거나 내 인생의 방향을 바꾼다.

나는 지금 다른 사람의 허락 없이는 아무것도 하지 못하는 속박의 인생을 말하는 것이 아니다. 내가 기도할 때마다 하나님께 받은 말씀을 들고 영적 조언자들에게 쪼르르 달려가는 것은 아니기 때문이다. 대개의 경우, 나는 하나님의 기록된 말씀에 비추어 레마를 검사하며 자유롭게 행동한다. 그러나 매우 중대한 조치를 취해야 할 때, 내 인생과 가족들의 삶에 장기적인 영향을 끼칠 수 있는 결정을 해야 하는 경우에는 주님께서 다른 경건한 신자들을 통하여 주시는 가르침과 확증을 받기를 원한다.

사람들은 종종 "왜 내가 다른 사람들 말에 복종해야 하죠? 하나님은 그들에게 말씀하시는 것 못지않게 나에게도 말씀하십니다. 왜 내가 다른 사람들의 말을 들어야 하는 건가요?"라고 묻는다. 미리암과 아론이 모세에게 말한 것이 바로 그것이다(민 12:1-15). 사실이다. 하나님은 그들에게도 말씀하셨고, 그들을 통해서도 말씀하셨다. 그러나 그들이 모세에게 반항하면서 그 사실을 자신들의 반항적 태도에 대한 변명으로 이용했을 때 하나님은 진노하셨다. 미리암은 그렇게 말한 결과로 나병을 얻었고 오직 모세의 기도만이 그녀를 치유할 수 있었다.

영적 조언자의 자질

우리는 우리가 받은 레마와 우리의 최종 결정에 대해 조언해줄 영적 조언자가 필요하다. 사람들은 종종 내게 영적 조언자를 찾으려면 어떻게 해야 하냐고 묻는다. 당신이 할 수 있는 가장 확실한 방법은 하나님께 영적 조언자를 달라고 구하는 것이다. 하나님은 우리가 다른 사람들과 함께 영적인 길을 가기를 바라신다. 하나님은 "사람이 혼자 사는 것이 좋지 아니하니"(창 2:18)라고 말씀하신 분이 아니신가? 하나님께서 당신을 도우실 것이다.

영적 조언자는 몇 가지 특징을 가지고 있어야 한다. 우선 그 사람은 당신의 친구여야 한다. 영적 조언자와의 관계는 사랑과 우정 위에 세워져야 한다. 그 사람은 당신을 위해 기꺼이 시간을 투자할 사람이어야 한다. 이는 특히 처음에, 당신이 많은 질문을 갖고 영적 조언자를 찾아갈 수밖에 없을 때 매우 중요하다. 그 사람은 당신과의 이러한 관계를 매우 귀하게 여겨야 하고, 단지 자기 의견을 제시하는 데서 그치는 것이 아니라 당신과 함께 기꺼이 주님의 뜻을 구하는 사람이어야 한다.

당신의 영적 조언자는 성경에 정통한 사람이어야 한다. 성경지식이 뛰어날 뿐 아니라 하나님 말씀을 토대로 자신의 삶을 건축한 사람이어야 한다. 또한 하나님의 뜻을 분별할 수 있는 영적인 사람이어야 한다. 그리고 다른 영적인 사람들과 친밀하게 교제하면서 '피차에 복종하는' 사람이어야 한다. 누구든지 혼자 노는 사람은 사탄의 속임수에 빠지기 쉽기 때문이다. 당신은 당신의 영적 조언자의 반항적 태도와 독단으로 인해 곁길로 빠지는 것을 원하지 않을 것이다.

마지막으로, 당신의 영적 조언자가 반드시 안수를 받은 목회자여야 할 필요는 없다. 현실적으로 목회자들이 교인들 모두와 매우 친밀한 관계(바로 앞에서 말한)를 갖기가 그리 쉽지도 않거니와 안수를 받아야만 성령 안에서 걸을 수 있는 것은 아니기 때문이다.

영적 조언자는 먼 데서 찾을 필요가 없다. 당신의 배우자가 좋은 후보감이 될 수 있을 것이다. 나는 아내가 동의하지 않으면 중요한 일을 결정하지 않는다. 때로 우리 부부가 어떤 문제에 너무도 깊이 관련되어 있어서 그 문제에 대해 우리가 내린 결론을 신뢰하기 어려울 때는 다른 사람의 확증을 구하기로 동의한다. 당신의 경우에는 구역장이나 교구 담당 사역자들이 그런 사람이 될 수 있을 것이다.

대학을 막 졸업하고 전도사 생활을 하던 시절, 노년에 이른 그 교회 목사님이 교회 가운데 혼자 서서 아무에게도 의견을 묻지 않고 단독으로 중요한 결정을 내리는 것을 보았다. 그래서인지 몰라도 내가 그야말로 26세의 젊은 나이에 한 교회의 담임목사가 되었을 때, 나 혼자서는 그 역할을 온전히 수행할 수 없다는 것을 누구보다 잘 알고 있었다. 그래서 나는 교인들과 함께 신약성경의 교회 구조에 대해 공부했고, 그 결과 우리는 '장로들의 피차 복종 개념'을 교회 내규에 명시했다. 이후 나는 내 삶을 우리 교회 형제 두 사람의 권위 아래 자발적으로 갖다 놓고, 교회의 주요 문제에 대해서는 물론이고 나의 개인사의 주된 결정에 대해서도 그들에게 복종하기 시작했다.

나는 그 이후로 지금까지 두세 사람의 영적 조언자들에게 늘 복종하고 있다. 시간이나 돈에 관련된 주요 사안들이나 내 인생의 방향을 바꾸는 것 같은 중대 사안에 대하여는 반드시 그들의 영적 조언을 구한 뒤에야 비로소 행동하기 시작한다. 그들은 어려운 때에 나를 이끌어주며, 내가 내 가족과 교회와 사역을 어렵게 만들 실수를 저지르지 않도록 예방해준다.

내가 그들과의 관계를 얼마나 귀하게 여기는지 말로는 다 표현할 수 없다. 나는 정말로 친밀하게 인격적으로 나를 돌보기 위해 기꺼이 자신의 시간과 노력을 희생하는 그들을 진심으로 존경한다. 그리고 이런 권위 있는 사람들을 통해 나를 보호하시는 주님께 늘 감사드린다.

권세(권위)에 대한 이해

나는 빌 가서드(Bill Gothard, 미국의 품성개발전문가) 목사의 '청소년 갈등의 기본'(Basis Youth Conflicts) 세미나에서 권세(authority)에 관해 많은 것을 배웠다. 그에게 감사하기 그지없다. 아래의 설명 대부분은 그에게서 배운 것에 근거했음을 밝힌다.

모든 권세는 하나님으로부터 온다

권세와 적절한 관계를 맺고 또 그것을 존경하기 위해서는 먼저 몇 가지를 알아야 한다. 첫째, 하나님께서 모든 권세를 우리 위에 놓으셨다는 사실을 받아들여야 한다.

"권세는 하나님으로부터 나지 않음이 없나니 모든 권세는 다 하나님께서 정하신 바라"(롬 13:1).

시편 기자는 "무릇 높이는 일이 동쪽에서나 서쪽에서 말미암지 아니하며 남쪽에서도 말미암지 아니하고 오직 재판장이신 하나님이 이를 낮추시고 저를 높이시느니라"(시 75:6,7)라고 말했다. 누구도 하나님의 허락 없이 권세를 찬탈할 수 없다. 그리고 권세를 행사하도록 하나님께 허락을 받은 사람들이 아니면 누구도 우리에게 권세를 행사할 수 없다.

사람들은 종종 "악한 권세에 대해서는 어떻게 해야 합니까?"라고 질문한다. 히틀러 같은 사람들에 대해서는 어떻게 해야 하는가? 그는 분명 하나님의 사역자가 아니었다. 그는 분명 미치광이였다. 이스라엘 백성에게도 나름의 히틀러, 느부갓네살 왕이 있었다. 그는 유대 온 땅을 죽음과 파괴와 공포로 휩쓸었다. 이스라엘 백성들은 그의 손에서 구출되기를 울부짖었지만 예레미야라는 선지자가 일어나 말했다.

"그에게 저항하지 마시오. 그는 우리의 악한 행실을 보응하려고 하나님께서 보내신 종이오! 그는 하나님의 곤봉이요, 하나님의 손에 들린 무기요!"(렘 25:8-12, 51:20-23. 저자 의역)

우리는 정말 그런 악한 권세에 복종해야 하는 것인가? 바울은 로마서를 기록할 당시 로마의 통치 아래 살았다. 당시 로마정부는 가학적이고 사악하고 타락했다. 그들은 그리스도인들의 몸을 태워 거리를 밝히는 등불로 사용했고, 그리스도인들을 굶주린 사자의 먹이로 던졌고, 단지 사람들을 즐겁게 해주기 위해 검투사들을 시켜 고문하게 했다. 그런데도 바울은 그 야만적인 정부의 본거지에 살고 있는 그리스도인들에게 "권세를 거스르는 자는 하나님의 명을 거스름이니 거스르는 자들은 심판을 자취하리라… 복종하지 아니할 수 없으니 진노 때문에 할 것이 아니라 양심을 따라 할 것이라"(롬 13:2,5)라고 편지를 썼다. 예수님도 가이사의 것은 가이사에게 바치라고 제자들에게 말씀하셨다(마 22:21).

사도 베드로는 우리에게 권면했다.

"인간의 모든 제도를 주를 위하여 순종하되… 곧 선행으로 어리석은 사람들의 무식한 말을 막으시는 것이라… 사환들아 범사에 두려워함으로 주인들에게 순종하되 선하고 관용하는 자들에게만 아니라 또한 까다로운 자들에게도 그리하라 부당하게 고난을 받아도 하나님을 생각함으로 슬픔을 참으면 이는 아름다우나 죄가 있어 매를 맞고 참으면 무슨 칭찬이 있으리요 그러나 선을 행함으로 고난을 받고 참으면 이는 하나님 앞에 아름다우니라 이를 위하여 너희가 부르심을 받았으니 그리스도도 너희를 위하여 고난을 받으사 너희에게 본을 끼쳐 그 자취를 따라오게 하려 하셨느니라"(벧전 2:13-21).

하나님은 어떤 권세보다 더 크시다

둘째, 하나님은 어떤 권세보다도 크시다. 내가 영적 조언자들의 견해와 의견을 구하는 까닭은 사람을 신뢰해서가 아니라 사람을 통하여 역사하시는 하나님의 능력을 신뢰하기 때문이다. 때로 우리는 불완전한 인간에 불과한 다른 신자에게 복종하는 것에 불만을 제기하고 싶어진다. 그리스도께 복종한다고 말하기는 어렵지 않다. 그분이 완전하신 분이기 때문이다.

그러나 우리가 우리 자신을 활짝 열어 오류에 빠질 수도 있는 다른 인간의 영향을 받아들여야 하는 까닭이 무엇일까? 나는 하나님을 믿고 또 하나님께서 내 삶에 정해주신 사람들을 통하여 역사하시리라는 것을 믿는다. 이것이 그 질문에 대한 나의 간결한 대답이다.

잠언 기자는 "왕의 마음이 여호와의 손에 있음이 마치 봇물과 같아서 그가 임의로 인도하시느니라"(잠 21:1)라고 말했다. 우리가 하나님께서 우리 위에 놓으신 사람들 손에 우리 자신을 놓을 때, 하나님은 그들 마음이 하나님의 뜻과 일직선으로 맞추어지게 하실 것이다. 설령 그들이 교만하게도 그들 마음에 흐르는 하나님의 영향력을 거부하려고 한다 해도, 하나님은 그들이 계획했던 것과 정반대되는 말을 하도록 역사하실 것이며 그럼으로써 하나님의 뜻을 이루실 것이다(잠 16:1).

모든 권세는 하나님에게서 온다. 우리에게 권한을 행사하는 사람들은 오직 하나님께서 허락하셨기 때문에 그리하는 것이다. 그런 사람들은 하나님께서 주신 능력을 통해서가 아니면 존재할 수 없다. 예수께서 빌라도의 질문을 받고 대답하지 않으시자 마침내 빌라도가 두려움과 좌절에 빠져 소리쳤다. "너는 왜 내게 대답하지 않는가? 내가 너를 풀어줄 권한도 있고 십자가에 처형할 권한도 있다는 것을 모르는가?" 하지만 예수님은 "위에서 주지 아니하셨더라면 너는 나를 해할 권한이 없었을 것이다!"(요 19:8-11. 저자 의역)라고 대답하셨다. 당신 삶에 권세를 행사하는 사람이 둘이나 셋이나 넷이 있는 것이 아니다. 당신 삶의 권세자는 단 하나, 인간들을 통하여 자신의 뜻을 행하시는 하나님뿐이시다.

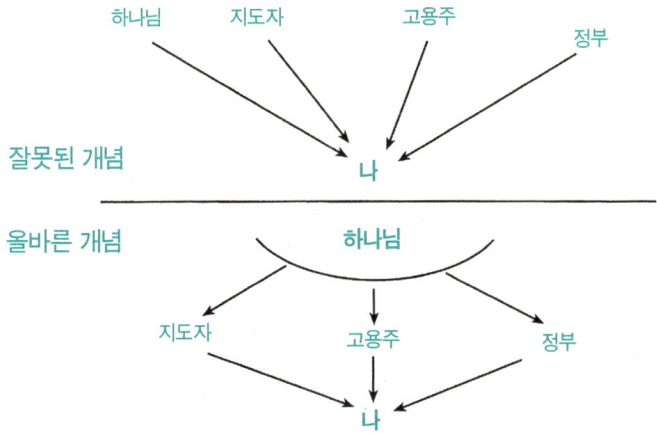

구약에서 하나님께서 택하신 백성들을 징벌하기 위해 앗수르 같은 나라들을 사용하셨을 때, 그들은 이스라엘 백성에게 일정 정도의 권세를 행사하도록 허락을 받았다. 그러나 그런 나라들은 하나같이 오만에 빠져 이스라엘을 포로로 잡은 것이 자기들의 막강한 힘 덕분이라고 생각했다. 그러므로 그들이 하나님께서 지정해주신 역할을 완수했을 때, 하나님은 그들에게 주셨던 힘을 거두시고 징벌하셨다. 하나님은 그들을 향해 "도끼가 어찌 찍는 자에게 스스로 자랑하겠으며 톱이 어찌 켜는 자에게 스스로 큰 체 하겠느냐"(사 10:15)라고 말씀하셨다.

하나님은 모든 권세를 압도하는 권세를 갖고 계시다. 바울은 디모데에게 보낸 편지에서 하나님이 모든 권세 위에 계시므로 "모든 사람을 위하여 간구와 기도와 도고와 감사를 하되 임금들과 높은 지위에 있는 모든 사람을 위하여 하라"(딤전 2:1,2)고 권고했다. 우리는 기도를 통해 경건함과 단정함 속에서 고요하고 평안한 생활을 할 수 있다.

거기에는 다 이유가 있다

어떤 사람들이 우리 삶에 권세를 행사하는 것이 하나님께서 그렇게 하게끔 허락하셨기 때문이라는 것을 정말로 믿는다면, 그런 사람들을 우리 위에 놓으신 까닭이 무엇인지 하나님께 여쭐 수 있다. 하나님은 변덕스럽게 역사하시거나 부당하게 일하시지 않기 때문이다.

느부갓네살 왕은 이스라엘 백성들을 70년 동안 포로로 잡고 있는 권세를 허락받았다. 이때 예레미야 선지자는 하나님께서 느부갓네살 왕에게 그것을 허락하신 까닭이 무엇인지 밝히며 이스라엘 백성들이 무려 490년 동안이나 하나님께서 정하신 안식년을 지키지 않았기 때문이라고 말했다. 이스라엘 백성들은 490년 동안, 하나님과 토지로부터 7년에 1년씩 총 70년의 안식을 도적질했다. 그래서 하나님께서 그 기간을 갚게 하신 것이었다. 이스라엘 백성이 포로로 잡힌 데에도 분명한 이유가 있었고 또 70년의 포로 기간에도 분명한 이유가 있었다.

우리에게 권세를 행사하는 사람들과 사이좋게 지내기는 무척이나 어렵다. 그러나 그런 사람들의 존재는 우리 삶을 향한 하나님의 기본적인 뜻을 나타낸다. 하나님은 우리를 하나님 형상의 거푸집에 넣어 주조(鑄造)하는 중이시다. 주조에는 필히 압력이 요구된다. 하나님은 우리를 완벽하게 만들고 계시다. 그리고 하나님은 어떤 사람들이 우리 삶에 권세를 행사하도록 허락하심으로써 그렇게 하신다. 베드로가 상기시키는 것처럼 "부당하게 고난을 받아도 하나님을 생각함으로 슬픔을 참으면"(벧전 2:19) 주님의 발자취를 따르게 될 것이다.

영적 조언자들과 의견이 일치하지 않을 때

때로는 우리에게 권세를 행사하는 사람들이나 영적 조언자들의 견해에 동의하지 않을 수 있다. 그것은 아마도 그 문제에 확답을 내려주는 성경의 명령을 찾기 어려울 때 생기는 단순한 견해 차이일 것이다. 우리는 주님께서 어떤 것을 하라고 말씀하셨다고 믿는데 우리의 영적 조언자들은 동의하지 않을 수 있다. 그럴 때는 어떻게 해야 할까?

선택할 수 있는 방법이 몇 가지 있다. 우리는 우리가 하나님의 음성을 정확히 식별할 수 있고 우리에게 가장 좋은 것이 무엇인지 잘 알고 있다고 확신하며 독립을 선언함으로써 영적 조언자들과 관계를 끊을 수 있다.

아니면 하나님께서 우리 주변 사람들을 통하여 역사하신다는 것을 확신하여 우리의 모든 것을 단념할 수도 있다. 하나님과 소통하던 우리 마음과 전선(電線)을 차단하고 로봇처럼 영적 조언자들의 말대로 움직이는 것이다. 우리는 영적 조언자들과 견해 치이가 발생했을 때 택할 수 있는 방법이 이 두 가지밖에 없다고 생각하곤 한다. 개인적으로 나는 이 두 방법 가운데 어느 것도 좋아하지 않는다.

하나님은 언제나처럼 더 좋은 아이디어를 갖고 계시다! 따라서 하나님의 방법대로 행하면 관계를 파괴하지 않고서도 의견의 불일치를 극복할 수 있을 뿐 아니라, 생각도 활기도 없는 어수룩하고 만만한 사람이 되지 않고서도 피차 복종하는 온유한 사람이 될 수 있다.

다니엘서 1장에는 하나님께서 우리 자신과 우리에게 권세(권위)를 행사하는 영적 조언자 둘 다를 만족시키는 창의적 대안으로써 우리를 인도하시는 예가 나와 있다.

비판과 반항 대신 온유한 사랑으로

다니엘은 느부갓네살의 포로로 바벨론에 끌려간 유대 청년이었다. 그는 어전에 나아가 일하기 위해 왕궁에서 훈련받도록 선발되었다. 그래서 왕의 식탁에서 나오는 기름지고 부정한 음식과 포도주를 매일의 식사로 배급받았다. 다니엘은 그런 음식을 먹어본 적도 없었고 먹고 싶지도 않았다. 그 상황에는 중대한 갈등, 곧 권세에 대한 복종과 신앙의 정절이 충돌할 가능성이 잠재해 있었다. 그러나 다니엘은 그 둘의 첨예한 대립을 초래하지 않고서도 문제를 해결할 수 있었다.

다니엘이 제일 먼저 한 것은 자신의 마음을 온유한 사랑으로 정결하게 하는 것이었다. 그는 자신의 양심을 깨끗하게 했고, 환관장을 비판하거나 정죄하거나 그에게 반항하는 자세를 갖지 않았다. 그런 감정을 갖고 환관장을 대하면 환관장이 알아차릴 것이고 그러면 결국 관계의 가능성이 파괴될 수밖에 없다는 것을 잘 알고 있었다. 다니엘이 그런 바른 자세를 갖자 환관장도 은혜와 긍휼로 다니엘을 대했다(단 1:9). 그들 사이에는 생각의 불일치도 있었지만 사랑과 존중도 있었다.

만일 하나님의 허락을 받아 당신에게 권세를 행사하는 사람에게 분노와 불만을 느꼈다면, 그래서 당신이 그릇된 태도로 그 사람을 대하고 있음을 깨달았다면 당신은 하나님과 그 사람 양측의 용서를 구해야 한다. 이런 경우 "나쁜 태도로 당신을 대할 수도 있었습니다만…"이라는 거짓말이나 "당신이 이러저러 했기 때문에 제가 화가 났던 거예요!"라는 책임전가나 "혹시 당신 마음을 아프게 한 게 있다면 죄송해요"라는 일반화는 용납되지 않는다.

우리는 자신의 행위와 반응에 책임을 져야 하므로 자신의 그릇된 생각과 말과 태도를 깊이 회개해야 한다. 우리는 뉘우칠 수도 있고 자신을 합리화할 수도 있다. 그러나 하나님의 움직임에 우리 자신을 활짝 열기 원한다면 회개가 유일한 선택사항이다. 정결한 마음은 좋은 일이 일어나도록 우리를 열어준다.

상대방의 기본적인 의도를 파악하라

다니엘은 환관장과 좋은 관계를 유지하기 위해 자신이 해야 할 몫을 다하고는 환관장의 기본적인 의도를 파악하려 애썼다. 환관장의 의도는 살기를 바란다는 것뿐이었다. 만일 환관장이 왕의 명령에 불복하여 소년들에게 조금이라도 해를 끼친다면 그는 즉각 처형을 당할 것이다.

그런데 왕은 왜 소년들에게 기름진 음식을 먹이라고 명한 것일까? 소년들의 신앙을 더럽히기 위해서? 하나님께 순종할 것인지 인간에게 순종할 것인지 택할 것을 강요하려고? 아니다. 느부갓네살은 단지 소년들이 강하고 건강하고 총명해지기를 바랐기에 자기가 줄 수 있는 가장 좋은 것, 곧 자신의 식탁에서 나오는 음식을 주려고 한 것이다. 왕의 기본적인 의도는 소년들이 잘 지내는 것이었다.

다른 사람들과 의견 불일치가 일어날 때 우리는 종종 그 상황을 우리 자신의 관점으로만 바라보고 우리 자신의 그릇된 태도를 보지 못한다. 그러나 마음을 정결하게 할 때 그들의 요구사항 이면에 있는 동기를 식별할 수 있게 된다. 그리고 그럴 때에 그들이 우리 자신의 최대의 유익을 위해 일하고 있음을 깨달을 수 있다.

하나님께 창의적인 대안을 구하라

하나님의 율법에 순종하지 말라고, 즉 우상에게 바쳤던 음식을 먹으라고 요구하는 권세와 마주했을 때 다니엘은 반항하면서 벌떡 일어나 "아니요, 나는 그 명령에 따르지 않겠습니다!"라고 단순하게 말할 수도 있었다. 그랬다면 그는 틀림없이 그 자리에서 참수를 당했을 것이다.

그러나 사랑으로 마음을 가득 채운 그는 왕의 분노를 사지 않고서도 하나님의 율법을 순종할 수 있게 허락받는 대안을 찾았고, 그 결과로 이방 나라에서 권세를 얻었고, 하나님을 모르는 나라에 사는 하나님을 모르는 백성들에게 경건한 영향을 끼칠 수 있었다.

다니엘이 환관장에게 제안한 해결책은 자신과 친구들을 열흘 동안 시험해보라는 것이었다.

"당신의 종들을 열흘 동안 시험하여 채식을 주어 먹게 하고 물을 주어 마시게 한 후에 당신 앞에서 우리의 얼굴과 왕의 음식을 먹는 소년들의 얼굴을 비교하여 보아서 당신이 보는 대로 종들에게 행하소서"(단 1:12,13).

환관장은 그 제안을 받아들일 만하다고 여겼다. 앞으로 3년 동안 저 소년들을 자기가 돌볼 것이므로 열흘 동안 그들의 얼굴이 수척해진대도 3년 동안 잘 먹여서 어전에 내보내면 된다고 생각했고, 그래서 그 제안에 동의했다. 그리고 물론 열흘의 시험 기간이 끝났을 때, 다니엘과 그의 친구들의 신체 상태가 다른 소년들보다 훨씬 더 좋았다.

그런 창의적 대안에 이르려면 창조주 하나님과 늘 접촉해야 한다. 하나님의 음성을 마음으로 분명하게 들으려면 무슨 일을 당하든지 분노를 넘어 사랑으로 나아가야 한다. 우리에게 권세를 행사하는 사람들이나 영적 조언자의 견해가 우리 의견과 일치하지 않을 때, 우리는 쌍방에게 만족할 만한 해결을 가져다줄 수 있는 아이디어를 주님께 구해야 한다.

새로운 소명으로 나를 인도했던 창의적 대안

오래 전, 부목사로 섬기던 교회를 떠나라는 권고를 받은 적이 있다. 이유는 나의 신학적 견해가 그 교회의 신학적 견해와 다르다는 것이었다. 나 말고도 많은 신실한 교인들도 동일한 권고를 받았다. 그러나 그 지역에는 우리를 반겨줄 교회가 없어서 담임목사님에게 새로운 교회를 개척하게 해달라고 청했다.

새로운 사역의 기반을 구축하는 것은 대단한 경험이었다. 기쁜 일도 많았지만 대부분이 고된 일이었다. 5년 뒤, 우리는 예배당도 갖게 되었고, 나름의 정책과 전통도 수립하며 그것들이 오래 지속되기를 바랐다. 나는 그 교회 교인들의 목회자로서 여생을 살아가리라 다짐했다.

불행하게도 우리의 평화와 만족은 오래 가지 못했다. 신학적인 문제가 다시 불거져 교회의 분열을 위협했기 때문이다. 마침내 교인 6명이 나의 사임을 공식적으로 요청했다. 물론 나는 충격을 받았고 크게 상처받았다. '이 교회가 어떤 교회인데! 말할 수 없는 수고와 땀으로 일군 교회인데 어떻게 나더러 떠나라고 할 수 있는 거지?' 동시에 나를 원하지 않는 양 떼의 목자가 될 수는 없다는 사실도 잘 알고 있었다. 나는 그것이 교인들의 합의된 여론이라면 기꺼이 사임할 터였다.

나는 지혜가 필요했고, 그래서 주님 앞으로 나아갔다. 기도일지에서 주님은 내게 사임하지 말라고 말씀하셨다. 주님께서 나를 그들의 목자로 세우셨으니 주님이 달리 말씀하시기까지는 내가 책임져야 한다고 하셨다. 내가 그들의 목자가 된 것은 사람의 뜻이 아니라 하나님의 뜻에 의한 것이었다. 더욱이 그들은 내 자리를 대신할 사람을 새로 초빙할 준비도 되어 있지 않아서, 그대로 사임할 경우, 하나님의 양 떼들을 목자 없이 무방비로 두고 떠났다는 죄책감이 들 것이었다. 그렇게 할 수는 없었다!

그러나 남는 것도 문제였다. 그들의 요청을 거부할 경우, 교회에 돌이킬 수 없는 손상을 초래할 수 있었기 때문이다. 그렇다고 하나님의 명령에 불순종할 수도 없었으므로, 그들이 나의 사임을 요청하는 근본적인 이유가 무엇인지 알려달라고 하나님께 구했다. 하나님은 그들이 나의 소신과 가르침 몇 가지를 불편하게 느꼈기 때문이라고 말씀해주셨다.

사실 그들은 문제를 해결하기를 원했고, 나와 마찬가지로 교회가 더 이상 분열하는 것을 원하지 않았다. 하지만 내가 목회자로서 의무를 수행하면서 교회 활동의 전면에 나서고 모든 모임에서 가르치는 한, 그 문제 또한 전면에 부각될 수밖에 없었다. 그들이 정말로 원한 것은 잠깐의 '타임아웃', 이 문제를 토의하고 차이를 해결할 수 있도록 성질을 차분히 가라앉히고 태도를 깨끗하게 할 기회였다.

하나님은 내게 창의적인 대안을 주셨다. 내가 사임하지는 않되 6주 동안 이면에 물러나 있는 것이었다. 내가 하나님께서 주신 목회자의 책임을 유지하는 대신, 목회자의 모든 의무는 그 6명과 장로들이 한시적으로 맡는 것이었다. 나의 영적 조언자 로저에게 이에 대하여 조언을 구하니 그는 그렇게 하는 것이 합당하다고 동의했다. 그 6명의 교인들도 나의 대안을 흔쾌히 받아들이며 즉각 실행하였다.

나는 그 6주 동안을 정말로 값지게 보냈다. 일종의 유급 안식년을 받은 것이 아닌가? 그 기간 동안 나는 평소에 가장 하고 싶었던 말씀 연구에 전념했고 성경의 모든 장과 절을 탐색하면서 사람의 마음과 영에 대해 집중적으로 공부했다. 나는 깨달은 것들을 체계화했고 나중에 그것들을 토대로 두 권의 책을 저술할 수 있었다.

그 기간에 우리 교회 교인들 또한 우리의 문제와 차이점에 대해 토론했다. 우리는 모든 사람에게 존경받는 유명한 목회자를 초빙하여 중재를 구하고 서로에 대한 이해를 쌓아가고 한 발짝씩 물러남으로써 마침내 교회의 분열을 막을 수 있었다.

이후 6개월 동안, 주님께서 내 마음에서 일하기 시작하셨다. 내 인생의 가장 중대한 은사와 소명은 목회가 아니라 가르치는 것임을 보여주셨다. 내 마음에서도 말씀을 공부하고 가르치는 데 전념하고 싶다는 욕구가 모락모락 피어나기 시작했다. 마침내 주님께서 나를 목회의 책임에서 풀어주시어 다른 일을 찾게 하시는 것이 분명하다는 것을 느끼게 되었다. 나는 이러한 이끄심에 관해서도 영적 조언자 로저에게 의견을 물었고, 그는 "지금이 바로 그때입니다!"라고 확증해주었다.

나는 교인들에게 사임 의사를 밝혔고, 후임자를 구하도록 한 달의 시간을 준 뒤에 아름답고 평화롭게 헤어졌다. 하나님께서 헤어짐을 위한 창의적인 대안을 주신 덕택이었다.

사람이 아니라 하나님께 순종하라!

다니엘은 환관장에게 대안을 제시할 때, 공손하게 하되 그것이 왕의 뜻에 부합하는 것임을 강조했다(단 1:12,13). 다니엘은 열흘의 시험 기간이 끝났을 때 환관장의 뜻대로 결정해도 된다는 점을 분명히 했다. 우리도 정중하게 대안을 제시하고, 영혼의 온유한 상태를 유지하며, 우리 마음이나 말을 오염시키는 비난은 조금도 허용하지 말아야 한다.

일단 대안을 제시한 뒤에는 잠시 뒤로 물러나, 하나님께서 그 권위자의 마음을 바꾸실 시간을 드려야 한다. 그리고 그럴 때 하나님께서 그 사람에게 강하게 압력을 가하실 것이므로 그 사람 또한 우리에게 강하게 압력을 가하리라는 것을 의식하고 있어야 한다. 하나님께서 그 사람의 마음을 바꾸려고 하실 때, 그 사람 안에서 내적인 싸움이 일어나고 그 여파가 우리에게 미칠 수밖에 없기 때문이다. 이런 일이 일어날 때 우리는 하나님께서 우리 위에 가해지는 압력을 이용하여 우리 삶에 경건한 성품을 세워 가시도록 하며, 계속 사랑과 의로 반응해야 한다.

드물기는 해도, 권세자들이 우리를 하나님께 순종할 것인지 사람에게 순종할 것인지 선택해야 했던 베드로와 요한의 상황(행 5:29)으로 몰아갈 수도 있다. 가끔은 양심을 지키면서도 권세자의 뜻을 만족시키는 창의적 대안을 찾는 것이 불가능한 때가 있기 때문이다. 물론 권세의 명령이 하나님의 기록된 말씀이나 레마로 주신 말씀에 정면으로 위배되는데 다른 대안을 찾을 수 없는 경우에는 사람이 아니라 하나님께 순종해야 한다. 그럴 때 아무 잘못도 없이 부당하게 고난을 당할 수가 있지만 불의한 손에 의해 고난을 당하는 것이 하나님의 심판대 앞에 서서 "저는 시키는 대로 했을 뿐이에요!"라고 구차하게 변명하는 것보다는 훨씬 낫다!

다니엘은 나중에 바벨론의 총리가 되었을 때 그러한 상황을 만났다. 다리오 왕이 간신들의 계략에 속아 바벨론 땅에 사는 모든 사람은 30일 동안 다리오 왕 이외의 그 누구에게도 기도할 수 없다는 조례를 반포했기 때문이었다. 이번에는 타협이나 양보의 여지가 없었다. 그래서 결국 다니엘은 사자 굴로 향했지만 하나님은 다니엘의 힘이 되어주시고 초자연적인 방법으로 구출해주셔서 하나님의 이름을 더욱 영화롭게 하셨다(단 6장).

하나님께서 임명하신 권세를 무조건 거부하기 전에 하나님과 권세 양자에 순종할 방법이 정말로 없는지 분명하게 확인하는 것이 중요하다. 권세에 대한 불순종은 하나님 말씀에 대한 우리의 불분명한 해석이 아니라 성경의 명백한 명령에 근거를 두어야 한다. 우리 위에 있는 권세가 하나님 말씀에 순종하지 말라고 요구하지 않는데도 그 권세를 거부하는 것은 하나님 그분을 거부하는 것임을 기억해야 한다(롬 13:2).

이상에서 살펴본 권세의 원칙은 결코 신자의 삶을 얽매는 속박의 원천이 아니다. 그것은 성령의 계시를 통하여 적용되어야 하는 원칙이다. 권세와 복종은 신자들에게 크나큰 축복이 될 수도 있지만 큰 고통의 원인이 될 수도 있다. 내가 권세에 대해 이야기한 까닭은 당신을 새로운 율법 아래로 데려가기 위해서가 아니라, 복종함이 내게 얼마나 큰 가치를 지니고 있는지를 보여주기 위해서였다. 이 가르침이 어색하거나 부담스럽게 느껴지는가? 이 원칙을 생활에 실천하기기 너무 어렵게 느껴지는가? 그렇다면, 당신만 그렇게 느끼는 게 아니라는 사실을 알라! 복종을 매우 사랑하는 나 역시 몸부림치며 거부할 때가 있다. 그러나 겸손히 복종할 때 그것은 항상 내 삶에 축복이 되었다.

새로운 영적 조언자를 만나는 것

인생을 살다보면 영적 권위자와 기존의 관계를 방해하는 변화들이 있다. 결혼, 취업, 이사라든지 교회를 옮기거나 하는 경우에 영적 조언자와 있어 왔던 기존의 관계는 변할 것이다. 그러한 변화를 모색해야 할 때마다 그것이 잔잔하고 조화로운 변화가 되도록 최선을 다해야 한다.

"할 수 있거든 너희로서는 모든 사람과 더불어 화목하라"(롬 12:18).

영적 조언자와의 관계에 긴장이 있어 왔다면 용서를 구하라. 당신의 마음이 오직 사랑과 수용으로 가득한지 확인하라. 다가오는 변화에 대해 당신과 영적 조언자의 생각이 일치한다면 가장 이상적이겠지만, 유감스럽게도 항상 그런 것은 아니다.

중요한 것은 우리가 하나의 관계를 떠나면서 또 다른 관계에 들어가야 한다는 점이다. 우리는 언제나 그리스도의 몸의 지엽적 표현의 일부가 되어야 한다. 당신의 마음이 제 아무리 넓고 크다 해도, 영적 조언자가 아무리 훌륭하다 해도, 하나님의 진리와 지식과 지혜는 너무나 커서 한 사람 안에 다 담지 못한다. 진리는 그리스도의 몸 전체 안에 살고 있으므로 우리에게는 서로가 필요하다.

영적 조언자들을 존중하면 결코 후회하지 않을 것이다

나의 또 다른 사례를 나누겠다. 아내와 나는 대학에서 만난 이후로 '크리스천 공동체'에 지대한 관심이 있었다. 우리는 여러 그리스도인이 서로의 물질을 공동으로 출자하고 비용을 나눔으로써 주님의 일을 위해 물질적으로 훨씬 더 많은 것을 바칠 수 있다고 믿었다. 우리는 친한 친구들과 그런 식으로 삶을 살기 위한 집을 설계하기도 했다.

대학시절에는 실행에 옮기지 못했으나, 몇 해가 지나자 공동체에 관한 의욕이 다시 일기 시작했다. 당시 우리는 우리 교회에 출석하는 다른 두 쌍의 부부와 친밀한 관계를 갖고 있었기 때문에 그들과 '그리스도인 공동체'를 이루어 함께 살 계획을 세웠고 세 가정의 식구들을 수용할 수 있는 넓은 집을 찾기 시작했다.

그러다가 내가 그 일에 대해 믿음의 형제들과 의논하지 않았다는 사실을 문득 깨달았다. 나는 문제가 있을 것이라고는 전혀 예상하지 않은 채 영적 조언자 로저에게 말했는데, 그에게서 "좀 더 기다리는 것이 좋겠습니다!"라는 대답을 듣고는 충격을 받았다.

그 계획은 기도 중에 주님께 듣고 일지에 적어둔 것이어서 나는 주님께서 우리를 '공동체 생활'로 부르신다고 확신했다. 그러나 또한 나는 로저를 존경했고 주님의 음성을 듣는 그의 능력을 높이 평가하고 있었다. 그래서 화를 내며 반항하는 대신 로저의 기본적인 의향이 무엇인지 생각해보았다. 그것을 깨닫기는 어렵지 않았다. 그는 우리를 사랑했고 우리가 상처를 입기보다 잘 되기를 진심으로 원했다.

주님은 공동체 삶을 바라는 나의 소망에도 부합하고 우리가 좀 더 기다리기를 바라는 로저의 소망에도 딱 들어맞는 창의적인 대안을 주셨다. 우리는 로저의 축복기도를 받은 뒤, 미국 북동부와 캐나다에 있는 크리스천 공동체들을 방문하기 시작했다. 다양한 공동체 속에 들어가 2, 3일간 함께 지내며 그들과 함께 일하고 먹고 예배했다. 그들은 다양한 신학적 확신을 대표했고, 공동체 삶을 꾸려나가는 다양한 방법을 제시해주었다.

공동체들을 방문하고 돌아와서 나는 그 여행에서 관찰하고 배운 것들을 간략히 요약하여 기록했다(나는 글로 써야만 무엇을 배울 수 있는 사람이다!). 우리가 그 여행에서 깨달은 가장 중요한 것은 '사역하는 가정' 개념이었다. 그것은 '크리스천 공동체'의 한 가지 형태로서, 몇 가정의 식구들이 한 집에서 사는 것이 아니라 혈연관계가 없는 개인들과 붕괴된 가정의 구성원들이 하나의 가족 단위를 이루어 사는 것을 의미했다. '사역하는 가정'에서는 독신자, 이혼한 사람들, 편부모 가정, 집에서 도망친 사람들 등 모든 사람이 가족의 사랑과 수용을 느낄 수 있었다.

우리는 이 개념에 마음이 끌려서 우리가 그런 방향으로 나아가는 것에 관해 로저의 의견을 물었다. 로저는 우리의 생각에 동의했다. 이후 3년 동안 십 대 가출 청소년에서 병든 노인까지, 신학생에서 미혼모까지 13명의 다양한 사람들이 짧게는 하룻밤에서 길게는 2년에 이르기까지 우리 집에서 머물렀다. 그리고 주님께서는 우리를 점차 몇 가지 다른 사역으로 이끌어가셨다.

여기서 중요한 점은 우리가 로저의 조언을 받아들인 것을 결코 후회하지 않았다는 사실이다. 당시에 우리가 계획했던 대로 밀고 나갔다면 재난과도 같은 실수를 피할 수 없었으리라는 것을 우리는 지금 분명히 깨닫고 있다. 사실 당시에 내가 기도일지에서 깨달은 것은 옳았다. 주님은 분명 우리 집과 돈과 사랑을 다른 사람들에게 나눠주라고 부르고 계셨다. 그러나 우리를 '사역하는 가정'으로 부르셨는데, 당시 우리는 그런 말이 있는지조차 몰랐고 그저 주님께서 '공동체 가정'을 말씀하신다고만 생각했다. 당시 우리가 영적 조언자의 말을 경청하지 않았다면 하나님의 뜻을 오해하여 실로 값비싼 대가를 치렀을 것이다. 우리는 우리의 길로 가지 않게 보호하고 막아주신 주님과 로저에게 늘 감사할 것이다.

내가 여기서 권위에 대해 말한 모든 것을 받아들이기가 어려운가? 그렇다면, 일단 보류해놓고 약한 불에서 서서히 끓여라! 그것들과 맞붙어 싸울 필요가 없다. 그것들이 진리임을 깨우쳐달라고 주님께 구하라. 그 개념을 당신 삶에 어떻게 적용하기를 바라시는지 가르쳐달라고 주님께 구하라. 그러나 진심으로 부탁하건대, 당신 생각을 나눌 수 있는 영적인 친구를 최소한 한 명 정도는 찾아라. 그리스도교의 영적 차원을 혼자 탐사하려고 애쓰지 말라!

두 사람이 한 사람보다 나음은 그들이 수고함으로 좋은 상을 얻을 것임이라 혹시 그들이 넘어지면 하나가 그 동무를 붙들어 일으키려니와 홀로 있어 넘어지고 붙들어 일으킬 자가 없는 자에게는 화가 있으리라 … 한 사람이면 패하겠거니와 두 사람이면 맞설 수 있나니 세 겹 줄은 쉽게 끊어지지 아니하느니라 전 4:9-12

8

기도의 여섯 가지 원칙

우리는 예수님 안에서 성령을 통하여 우리의 창조 목적인 하나님과의 교제를 회복했다. 그러나 성경이 기도에 대해 가르치는 모든 것을 아직 우리가 다 배운 것은 아니다. 나는 기도에 관해 성경을 깊이 연구하면서 하나님과의 교제에 적용할 수 있는 다른 원칙과 통찰들이 있다는 것을 깨달았다. 시중에는 기도생활의 다양한 국면들을 다루는 훌륭한 책들이 많이 있다. 그러나 내가 기도와 관련하여 여기서 반드시 다루어야 한다고 느끼는 중요한 원칙 여섯 가지가 있다.

이 원칙들을 탐사할 때 그것들이 우리 삶에서 갖는 적절한 위치를 기억하는 것이 중요하다. 그것들은 우리를 다시 속박으로 데려가는 '율법'이 아니다. 우리는 삶의 초점을 원칙에 집중시키려 하거나, 우리 삶을 그 원칙들에 복종시키려고 애쓰지 말아야 한다. 나는 여러 해 동안 그런 실수를 해왔다. 나는 그리스도인의 성공적인 삶을 위한 원칙을 찾고, 가르치고, 그것에 순종해야 한다는 강박에 사로잡혀 살았고 그 결과로 나의 삶과 우리 교회 교인들의 삶을 율법 아래로 데려가고 말았다. 우리는 원칙이 아니라 그리스도께 초점을 맞추어야 한다. 물론 기도에 관한 이 원칙들을 철저하게 배우고 이해하는 것은 정말 중요하다. 그러나 그렇게 할 때에 시선을 예수님께 돌려야 하며 우리의 특정 상황에서 알 필요가 있는 모든 것을 예수님이 알려주실 것이라 믿고 의지해야 한다.

기도할 때 용서하라

응답받는 기도의 가장 중요한 열쇠는 용서이다. 예수님은 기도를 통해 풀어지는 능력에 관해 제자들에게 가르치셨다(막11장). 예수님은 그들이 기도로 산도 움직일 수 있을 것이라고 말씀하시고 "서서 기도할 때에 아무에게나 혐의가 있거든 용서하라"(막11:25)고 덧붙이셨다. 이는 매우 포괄적인 놀라운 명령이다. 이 명령에는 예외가 없다. 우리의 기도가 산을 움직이는 결과를 낳기를 바란다면 주변 사람들이 우리에게 무슨 짓을 했든지 그 모든 것들을 용서해야 한다.

용서하지 않고 살 때 우리는 수축되고 폐쇄된다. 우리의 근육은 오그라들고 턱은 닫힌다. 우리 몸의 모든 기능은 유연성을 잃고, 부드럽게 작동하기 위해 균형이 필요해진다. 영에서도 같은 일이 벌어진다. 용서하지 않을 때 우리는 수축하고 경직되어 방어 태세로 주먹을 쳐든다. 하나님의 사랑이 우리에게, 그리고 우리를 통해 밖으로 흘러가지 못하게 효과적으로 막고 있는 것이다.

예수님은 제자들에게 그분 안에 거하라고 하시면서 우리가 예수님 안에 거하면 예수님의 사랑 안에 거하리라고 설명하셨다(요 15:4,9). 예수님의 사랑 안에 거하고 있다면 어떤 분노나 비통함이나 비판적인 마음도 우리 안에 있을 수 없다. 예수님은 우리를 위해 자기 목숨을 버리셨기 때문에 그분이 우리를 사랑하신 것보다 더 많이 예수님을 사랑하는 것은 불가능하다. 그러나 예수님이 우리에게 나타내라고 명하시는 사랑은 가족과 친구들을 위해 우리 생명과 권리와 모든 것을 내어놓는(요 15:12,13) 바로 그런 사랑이다. 이것은 불의를 용서로, 저주를 축복으로, 거절을 받아들임으로 갚아주는 사랑이다.

사랑하기 어렵다고 느낄 때

이 사랑은 인간에게는 불가능하다. 어떤 고통을 당하더라도 사랑할 수 있는 능력을 가진 분은 예수님 한 분뿐이기 때문이다. 나는 나 자신에게 이를 악물고서 이웃을 사랑하라고 강요할 수 없다. 나는 연약하다. 그러나 강하신 그분, 모든 사람에게 측량할 수 없는 사랑을 베푸실 수 있는 그분, 사랑을 이름으로 갖고 계신 그분이 내 안에 살고 계시다.

요한일서 4장 12절은 우리가 서로 사랑하면, 그것이 하나님께서 우리 안에 거하고 계시다는 것과 하나님의 사랑이 우리 안에서 온전히 이루어진다는 것을 증명하는 명백한 증거가 된다고 말한다. 우리가 그런 사랑을 표현하는 것은 오직 우리를 통해 살고 계신 예수님에 의해서만 가능하기 때문이다.

어떤 사람을 사랑하기가 어렵다는 것을 느낄 때, 나는 그 사람을 사랑하기 위해 발버둥치고 안간힘쓰며 "하나님, 그 사람을 사랑하려고 애쓰고 있습니다. 꼭 그렇게 할 거예요. 좀 더 열심히 노력할 겁니다!"라고 약속하지 않는다. 나는 내 안에 사랑할 힘이 있는 것처럼 가장하거나 주장하는 대신 정직하게 아뢴다.

"주님, 그 사람을 사랑할 수가 없습니다. 하지만 주님께서 제 안에 살고 계시니 감사합니다. 그리스도의 사랑이 제 마음에 가득 퍼져 있는 것에 감사드립니다. 저는 약하지만 주님께서 강하시니 감사합니다. 제 부족함을 주님의 풍성한 공급으로 바꿔주셔서 감사합니다. 제게 필요한 모든 것이 되어주신 주님께 감사드립니다."

그리고 그렇게 기도하면서 내 안에 계신 그리스도께 눈을 돌리면 사랑과 용서가 풀려나와 마침내 사랑할 수 있게 된다. 예수님은 그분의 멍에는 쉽고 짐은 가볍다고 약속하셨다(마 11:30).

하나님이 주시는 은혜와 능력을 받아먹어라!

하나님은 시편에서 우리와 하나님의 언약 관계를 아름다운 그림으로 그려주셨다. 아버지께서 우리에게 말씀하신다.

"네 입을 크게 열라 내가 채우리라"(시 81:10).

이 장면을 그릴 수 있겠는가? 새끼 새들이 옹기종기 모여 있는 둥지를 생각해보라. 그 둥지를 자세히 들여다보면 온통 크게 벌리고 가득 차기를 기다리는 새끼들의 입만 보인다. 새끼 새들이 배고파할 때, 어미 새는 새끼들을 둥지 밖으로 내보내 스스로 먹이를 찾게 하지 않는다. 자칫 둥지에서 떨어져 다칠 수 있기 때문이다. 대신 "일은 내가 할 테니 입만 크게 벌려! 얼른 날아가서 벌레를 잡아올게. 너희들은 여기서 쉬면서 입을 크게 벌리고 내가 주는 것을 받아먹으면 돼!"라고 말한다.

이것이 하나님과 우리의 관계이다. 우리는 필요한 것을 스스로 조달하려고 서툰 날개를 푸드덕거리지 않아도 된다. 하나님께서 강한 분, 공급하는 분이시기 때문이다. 우리가 할 일은 입을 크게 벌리고 하나님께서 주시는 것들을 받아먹는 것이다. 용서는 오직 하나님의 은혜로만 가능하다. 우리가 하나님의 은혜와 능력을 받아들이면 우리에게서 사랑과 용서가 흘러나갈 것이다.

요한일서 4장 18-21절은 온전한 사랑이 두려움을 내어 쫓으므로 사랑 안에는 두려움이 없다고 말한다. 나는 이 구절을 척도로 삼아 내가 그리스도의 사랑 안에 얼마나 철저하게 거하는지 측정한다. 만일 내가 사람들이 모여 있는 방에 두려움을 갖고 들어간다면 그것은 내 삶이 초점을 잃었음을 나타낸다. 만일 내가 어떤 상황을 두려움으로 맞는다면 나는 그리스도의 사랑에 거하고 있는 것이 아니다.

사랑은 나를 나 자신 너머로, 나의 염려와 부족함 너머로 높이 들어올린다. 사랑은 예수님과 다른 사람들에게 초점을 맞추어, 나의 가장 깊은 갈망이 예수님의 사랑으로 다른 사람들을 섬기는 것이 되게 한다.

사랑을 풀어내는 용서의 능력

분노는 속박하고 용서는 풀어준다. 용서는 용서하는 사람과 용서받는 사람 둘 다를 자유롭게 풀어준다. 용서는 하나님의 능력을 풀어내어 그 능력이 용서에 관계된 쌍방과 상황 안에서 역사하게 하며, 그럼으로써 하나님께 영광을 돌린다. 나는 오래 전 내 아버지를 용서했을 때, 사랑과 용서의 능력을 깨달을 수 있었다.

당시 나는 내 부모님을 주님의 양육과 훈계 안으로 모셔오려고 애쓰고 있었다. 그 분들께 가르쳐드려야 하는 진리가 많았지만 특히 아버지는 내 말을 더 강하게 거부하셨다. 어느 여름날, 막다른 골목에 다다랐다. 우리 부부는 부모님이 계신 캠프를 방문하여 풍성하고 값진 지혜를 나눠드리기를 정말로 갈망하며 열변을 토했지만 부모님은 받아들이려 하지 않았다. 분노에 가득 찬 말들이 오갔고 결국 그 방문의 남은 시간은 냉전과도 같았다.

나는 차를 몰고 돌아오면서 그곳에서 일어난 일을 생각해보았다. 그리고 부모님을 가르치려던 나의 시도가 합당치 못한 것이었음을 점차 깨닫기 시작했다. 나는 목사였지만 내 부모님의 목자로 부름 받지는 않았다. 플로리다에 살고 있는 부모님에게는 그들의 교사로 안수를 받은 유능한 목회자가 있었고 나는 뉴욕에 있는 내 양 떼들의 목자였다.

나는 아버지에 대한 분노를 키우지 않으려고 매우 조심했다. 다행히 아버지는 나와 2천5백 킬로미터나 떨어진 곳에서 살고 계셨고 또 한동안은 아버지 얼굴을 보지 않아도 되었다! 아버지도 나와 같은 느낌일 것 같았다. 그 후 4개월 동안 우리는 아무 연락도 하지 않았다.

그 해 가을, 우리 집에서 사람들과 성경공부를 할 때였다. 예배를 드린 뒤, 성령께서 각자에게 무엇이라 말씀하시는지 듣기 위해 조용히 앉아 있었다. 내 마음에 갑자기 주님의 음성이 들려왔다.

너는 네 아버지를 사랑하지 않는구나!

나는 즉각 "미워하지도 않습니다!"라고 대답했다.

하지만 사랑하지도 않잖니? 사랑은 활동적이고 적극적으로 손을 내미는 거야! 너는 그저 중립적인 태도를 유지하고 있지. 그건 사랑이 아니야.

나는 그 말씀이 진리임을 즉각 깨달았고, 마땅히 부모님을 사랑하고 공경해야 하는데 그러지 못한 것을 회개했다. 모임에 참석한 사람들에게 내 안에서 일어나고 있는 일에 대해 설명했고, 그들은 나와 아버지의 관계가 회복되도록 한마음으로 기도했다.

부모님께 즉각 전화하지는 못했다. 그런데 이틀 후, 4개월 만에 처음으로 부모님의 편지가 한 통 도착했다. 이것도 놀라웠지만 그 내용은 훨씬 더 놀라웠다. 사실 우리 부부의 명의로 되어 있던 그 연립주택은 건축비용 일부를 아버지에게 빌린 것이었다. 당시에는 이자율이 그렇게 비싸지 않아 아버지께 돈을 빌린 것인데 몇 해 후에 이자율이 급상승하면서 아버지에게 지불해야 하는 이자가 상당한 부담이 되기 시작했었다.

그런데 하나님께서 내 아버지에게 그리스도인 '형제'에게 이자를 받는 것이 옳지 못하다는 깨달음을 주셨다는 것이 아닌가? 아버지는 앞으로 우리 부부에게 이자를 부과하지 않을 뿐 아니라 그때까지 우리에게 받았던 이자의 액수를 총합하여 대출금 원금에서 제하겠다고 하셨다.

정말로 믿을 수가 없었다. 내가 말 한 마디도 하지 않았는데 용서의 능력이 무려 2천5백 킬로나 떨어져 있던 내 아버지에게 당도하여 그의 마음을 어루만졌던 것이다. 그것은 내 아버지를 속박에서 풀어 자식을 향한 사랑을 재확인하게 했다. 이후 아버지와 나는 관계를 회복하여 오늘까지 행복하게 지내고 있다.

용서의 능력은 아무리 강조해도 지나치지 않다. 분노와 쓴뿌리가 없는 순전한 마음이 기도를 통해 역사하시는 하나님의 능력에 통로가 된다.

간절하게 기도하라

책상 앞에 조용히 앉아 일지를 쓰는 것이 유일한 기도방법이라고 믿는 사람을 내가 그냥 내버려둔다면, 나는 정말 잘못하는 것이다. 고요하게 예수님과 사랑을 나누는 것은 절대적으로 필요하지만 그것이 예수님과의 관계에서 '전부'인 것은 아니다. 때로는 강력하고 열정적인 기도가 요청될 때도 있다.

엘리야 선지자는 우리와 본성이 같은 사람이었지만, 비가 오지 않기를 간절히 기도했을 때 3년 6개월 동안 땅에 비가 오지 않았다(약 5:17). 그 3년이 끝날 무렵, 그는 다시 비가 오게 해달라고 기도했다. 얼굴을 무릎

사이에 넣고 간절하게 하나님을 구했다. 그는 여섯 번이나 시종을 보내 하늘에 구름이 이는지 살펴보게 했지만 여전히 하늘은 맑았다. 그러나 그는 간절한 간청을 계속했고, 마침내 일곱 번째로 살펴보았을 때 작은 구름을 목격할 수 있었다. 엘리야는 자신의 기도가 응답되고 있음을 알았고 두 사람은 폭우에 몸이 흠뻑 젖기 전에 피할 곳을 찾았다(왕상 18:42-45).

시편 기자는 전심으로 주님의 은혜를 간구했고(시 119:58), 유다 온 족속은 마음을 다하여 주님께 순종하기로 맹세하고 뜻을 다하여 하나님을 찾았다(대하 15:15). 그들의 간절함으로 인해 하나님은 휘장을 걷으시고 그들을 만나주셨다.

기도에는 괴로움과 연민, 무거운 짐, 눈물, 신음, 산고(産苦) 같은 것들이 들어갈 자리가 있다. 예수님은 '불쌍히 여기사' 사람들을 치유하셨고(마 20:34), 눈물을 쏟으며 큰 소리로 기도하고 간구하셨으며(히 5:7), 겟세마네 동산에서는 고뇌에 빠져 '힘쓰고 애써 더욱 간절히' 기도하여 땀이 핏방울처럼 땅에 떨어졌다(눅 22:44).

시편 기자는 하나님께서 피난처가 되시므로 하나님 앞에 마음을 온통 쏟아 놓으라고 촉구했다(시 62:8). 시편 기자가 의미하는 것을 상상할 수 있겠는가? 하나님 앞에 자신의 마음을 토해내는 사람의 강렬한 느낌을 시각적으로 그려볼 수 있겠는가? 하나님은 마음이 상한 사람을 가까이 하시고 진심으로 뉘우치는 사람을 구원하신다(시 34:18). 성령께서는 말할 수 없이 깊이 탄식하시며 우리를 위해 친히 간구하신다(롬 8:26).

몇 해 전, 이 나라 백성들의 회개를 촉구하고 그들의 죄를 위해 간구하는 '예수님을 위한 워싱턴'이라는 대회가 열린 적이 있다. 나는 주님 앞에서 산고의 시간을 갖겠다는 마음으로 집회에 참석했다. 나는 주님께서 이 민족을 향해 갖고 계신 무거운 짐을 느꼈고, 모임에 참석한 수천 명의 그리스도인들이 그 짐을 나눠질 것을 기대했다.

집회 첫날 밤 프로그램이 시작되었을 때, 이 나라 정부와 백성들을 위한 합심기도 시간이 오기를 기다렸다. 그러나 아무리 기다려도 연설에 연설만 이어지고 사람들을 즐겁게 해주기 위한 노래에 노래만 계속될 뿐 합심기도 시간은 오지 않았다. 그 모습은 마치 가슴을 치며 회개해야 할 시간에 떠들썩한 축제를 벌이는 것만 같았다.

마침내 고(故) 키이스 그린(Keith Green. 미국의 복음성가 가수)이 마이크를 잡았다. 그는 내가 느끼는 것과 같은 것을 느끼고 있었다. 그의 메시지가 간명하게 문제를 짚었기 때문이었다.

"여러분의 눈물은 어디 있습니까? 여러분의 통곡은 어디 있습니까? 왜 하나님의 자비를 눈물로 구하지 않고 박수치며 즐거워하는 것입니까? 지금은 기쁨의 때가 아니라 슬픔의 때요, 웃음의 때가 아니라 눈물의 때입니다. 이 나라의 죄를 씻어 이 나라를 구해달라고 무릎 꿇고 기도합시다!"

하나님 앞에서 조용히 고개 숙여야 할 때가 있고, 성경에서 깨달은 것을 가지고 말 그대로 울부짖어야 할 때가 있으며, 하나님께서 우리를 찾아오시지 않아 기도를 하지 못하는 때도 있다. 어떤 경우든지 하나님은 우리가 정직하고 간절한 마음으로 하나님께 나오기를 바라신다.

환경과 상황을 향해 명령하라!

예수님께서 무화과나무를 저주하셨을 때, 제자들은 나무가 하루 만에 시들어 죽은 것을 보고 깜짝 놀랐다. 예수님은 제자들이 놀라는 것을 보시고 기도의 능력에 대해 가르치시면서, 그들이 믿음으로 산을 향해 "들리어 바다에 던져지라" 명령하면 그대로 되리라고 말씀하셨다(막 11:23).

우리의 기도가 하나님께 드리는 간청이 아니라 환경에 대한 명령이어야 할 때가 있다. 예수님은 폭풍우를 일으키는 바람과 부서지는 파도를 마주하셨을 때 "하나님 아버지, 이 폭풍이 그치게 하소서! 바람이 거세게 불지 않게 하소서!"라고 하시지 않았다. 문제를 향해 직접 명하셨다. "잠잠하라 고요하라"(막 4:39). 그러자 바다와 바람이 순종했다.

모세의 영도 아래 애굽에서 나온 이스라엘 백성들은 곧바로 엄청난 문제에 봉착했다. 앞은 홍해가 가로막고, 좌우에는 산이 둘렸고, 뒤에서는 성난 애굽 군대가 맹추격하고 있었기 때문이다. 백성들은 투덜댔고 모세는 기도했다. 마침내 하나님께서 대답하셨다.

"너는 어찌하여 내게 부르짖느냐 이스라엘 자손에게 명령하여 앞으로 나아가게 하고 지팡이를 들고 손을 바다 위로 내밀어 그것이 갈라지게 하라"(출 14:15,16).

그들은 하나님께서 역사하시기를 기다릴 필요가 없었다. 오히려 하나님께서 그들이 행동하기를 기다리고 계셨다.

우리는 이생에서 다스리고 통치할 권세를 받았다. 하나님의 뜻이 하늘에서 이루어진 것처럼 땅에서도 이루어지기를 언제나 구하기만 해야 하는 것은 아니다. 그러나 많은 이들이 이 말씀을 잘못 이해하여 모든 기도에 접미사처럼 덧붙이고 있다. 하나님의 음성을 들을 줄 모르기 때문에 기도하기 전에는 하나님의 뜻이 무엇인지 모른다. 그래서 기도할 때, 그 상황에서 하나님이 어떻게 해주셔야 하는지 우리 생각을 제시한 다음에 "주님의 뜻이라면"이라는 말을 덧붙이는 것이다.

그러나 이렇게 기도하는 것은 예수님이 가르쳐주신 대로 기도하는 것이 아니다. 사실 헬라어 원문에서 주기도문의 이 어구는 간청의 형태가 아니라 명령형으로 되어 있다. 물론 하나님께 대한 명령이 아니라 우리의 상황을 향해 하나님의 뜻과 일직선으로 놓이라고 명하는 명령이다.

"하나님의 나라여, 오라! 하나님의 뜻이여, 이루어져라!"

우리가 누구인가? 우리는 하나님의 음성을 듣고 하나님이 주시는 환상을 보는 사람들이다. 우리는 우리 스스로는 아무것도 하지 않고 오직 아버지께서 행하시는 것을 본 대로만 행하며, 우리 스스로는 아무것도 말하지 않고 오직 아버지께서 말씀하시는 것을 들은 대로만 말한다. 우리는 우리의 특정한 상황에 대한 하나님의 뜻과 계획을 보고 말하여 그것이 현실로 이루어지게 하는 사람들이다. 우리가 하나님의 뜻을 따라 우리의 환경과 상황에 명령할 때, 성령께서는 태초에 아무것도 없을 때 역동적인 힘으로 세상을 존재하게 하셨던 것처럼 우리의 명령과 함께 다니시면서 하나님의 뜻을 이루신다.

예를 들어, 만일 내가 부러진 다리의 치유를 위해 기도하는 중이라면, 나는 깁스붕대 안에 있는 다리와 깁스붕대가 가진 한계에 초점을 맞추지 않는다. 그 대신, 예수님이 그러셨던 것처럼 질병 너머에 있는 것, 즉 하나님이 주시는 건강이라는 더 깊은 실체를 바라본다. 나는 환자가 팔짝팔짝 뛰면서 하나님을 찬양하는 모습을 본다. 그런 다음 예수님이 그러셨던 것처럼 하나님나라에 대해 말하고 환자의 뼈가 창조의 모습 그대로 온전해지기를 명령한다.

우리는 왕의 자녀로서 권세를 받았으므로, 때로는 산을 향해 명령하고 그것이 움직이는 것을 보아야만 한다. 그리고 우리에게 약속하신 이가 신실하시다는 것을 알아 믿는 도리의 소망을 움직이지 말고 굳게 붙잡아야 한다(히 10:23). 하나님은 영원 안에 살고 계시므로 때로는 우리가 명한 것이 성취되기를 기다려야 한다. 그러는 동안 의심에 굴복하지 않도록, 믿는 것을 계속 견고히 붙잡고 있도록 유의해야 한다.

감사의 찬양이 나올 때까지 기도하라!

당신이 어떤 필요를 위해 기도할 때, 하나님의 능력과 약속들이 그 필요를 압도하여 당신을 평화 안으로 데려갈 때까지는 정말로 기도했다고 말할 수 없다. 바울은 빌립보 교인들에게 "아무것도 염려하지 말고 다만 모든 일에 기도와 간구로, 너희 구할 것을 감사함으로 하나님께 아뢰라 그리하면 모든 지각에 뛰어난 하나님의 평강이 그리스도 예수 안에서 너희 마음과 생각을 지키시리라"(빌 4:6,7)고 권면했다.

다음 진행과정을 주목하라. 우리는 기도를 시작하며 원하는 것들을 하나님께 내놓는다. 그리고 더욱 간절한 형태의 기도인 간구로 들어간다. 그러나 구하는 것에서 감사하는 것으로 이동하려면 어떻게 해야 하는가? 구하는 것에서 받는 것으로 이동하려면 어떻게 해야 하는가? 그것은 오직 우리 마음을 잔잔히 가라앉히고 하나님의 움직임을 느끼기 위해 시간을 가짐으로써만 가능하다.

그렇게 할 때 하나님은 우리가 어떻게 기도하기를 바라시는지 환상으로 보여주시거나 레마로 말씀하실 수도 있고, 우리의 요청을 기쁘게 받으셨음을 보여주시거나 말씀해주실 수도 있다. 우리는 하나님께서 모든 것을 다스리시며 그래서 모든 것이 다 잘 되리라는 것을 알 때 안심할 수 있고, 그 쉼 안에서 짐을 벗고 평안을 누릴 수 있다. 하나님께서 들으시고 응답하셨다는 것을 알 때 하나님의 선하심을 찬양하고 감사하게 된다.

때로는 그러한 평안이 즉각 찾아오지 않을 수도 있다. 며칠 동안 간절히 구한 뒤에야 우리의 기도가 응답되었음을 말해주는 '놓임'을 영으로 느낄 수도 있다. 어떤 때는 딱 한 번만 기도해도 우리를 감사와 평화로 이끄는 확신이 찾아오기도 한다. 어떤 경우이든지 하나님의 평화가 우리 마음을 다스리게 해야 하며 우리의 문제가 해결되어 찬양이 터져 나올 때까지 기도해야 한다.

하나님의 힘이 필요할 때 기도하라!

하나님은 "환난 날에 나를 부르라 내가 너를 건지리니"(시 50:15)라고 격려하시고 히브리서 기자는 "우리는 긍휼하심을 받고 때를 따라 돕는 은혜를 얻기 위하여 은혜의 보좌 앞에 담대히 나아갈 것이니라"(히 4:16)라고 권고한다.

그러나 우리는 종종 이와 정반대로 행하려는 유혹을 받는다. 어려울 때, 죄를 짓고 자신이 너무 더럽고 자격 없다고 느낄 때, 하나님의 얼굴에서 멀리 도망쳐 숨고만 싶다. 하나님의 보좌 앞에 나아가기 전에 우리 영혼의 더러움을 박박 문질러 스스로 자신을 깨끗하게 하고 싶어 한다. 그러나 그렇게 하는 것은 하나님의 은혜를 거부하는 것이요 다시 자신의 의로움에 의지하는 것이다.

오직 하나님만이 우리를 깨끗하고 정결하게 할 수 있으시고, 그렇게 해주시기를 갈망하신다. 하나님의 능력과 의로 옷 입혀주고 싶어 하신다. 그러나 우리가 하나님께 나아가야만 그렇게 해주실 수 있다.

죄의 유혹이 강렬하고 그것을 뿌리칠 힘이 없다는 것을 느낄 때라도 우리는 하나님께 부르짖을 수 있다. 우리는 우리 자신의 힘으로 사탄과 싸우지 않아도 된다. 사실 싸울 수도 없다. 그러나 우리 안에 살고 계신 그분은 이미 사탄을 패배시키지 않으셨는가? 주님께 간구할 때 주님께서 우리를 죄의 유혹에서 건져주실 것이다.

성경은 우리 자신의 힘으로 원수와 싸우지 말고 주님을 의지하라고 반복적으로 상기시킨다. 야고보 사도는 하나님께 복종하면 마귀를 물리칠 것이라고 말한다(약 4:7). 그렇다. 우리는 하나님께 복종할 때에 마귀가 우리를 피해 달아난다는 것을 확신할 수 있다. 사도 바울은 우리의 무기가 육신에 속한 것이 아니라 하나님의 능력임을 깨우쳐준다(고후 10:4,5). 우리는 하나님을 알아가는 데 장애가 되는 모든 것을 그 무기로 파괴할 수 있다. 우리는 주님과 주님의 권능 안에서 강하다. 우리는 하나님의 전신갑주를 입음으로써 마귀의 모든 간계에 대적할 수 있다(엡 6:10,11).

성령을 의지하여 기도하는 법을 배워라!

우리는 기도를 자신의 행위로 생각하는 경향이 있다. 무엇을 위해 기도할지, 어떻게 기도할지, 어떤 응답을 원하는지를 우리가 결정하고, 하나님 앞에 나아가 우리의 요구사항을 들이민다. 그러나 이러한 관점은 기도의 참모습의 일부에 불과하다.

로마서 8장 26절은 "우리는 마땅히 기도할 바를 알지 못하나 오직 성령이 말할 수 없는 탄식으로 우리를 위하여 친히 간구하시느니라"라고 말씀한다. 우리의 깨달음은 제한되어 있다. 우리는 우리의 관점으로만 보는 경향이 있다. 우리 생각이 항상 하나님의 뜻을 인식하는 것은 아니다. 그런데도 우리는 너무나 종종 한계를 망각하고, 하나님께서 우리를 위해 무엇을 어떻게 하셔야 하는지 하나님께 고할 수 있을 만큼 잘 안다고 생각한다. 교만 때문이 아니면 무지(無知) 때문이리라! 우리의 기도 능력이 연약하고 그 연약함이 영속적이라는 것을 인정하고, 그래서 영원히 성령을 의지하는 법을 배우기 위해서는 하나님으로부터 오는 계시가 필요하다.

우리는 마땅히 기도할 바를 알지 못하므로 성령께서 우리의 연약함 안에서 우리를 통하여 역사하신다. 그러므로 우리는 약점을 숨길 필요도 없고 약점 때문에 애쓸 필요도 없다. 우리는 자신의 연약함을 통하여 역사하시는 주님을 의지하고 편안히 쉬는 법을 배워야 한다. 우리가 기도할 바를 알지 못하므로 하나님께서 직접 우리의 기도를 주관해주시기 때문이다. 하나님의 능력이 우리의 연약함 안에서 완전해진다. 우리가 자신을 하나님께 맡기기만 하면 삼위일체 하나님의 세 위격(位格)이 우리의 기도생활에 관여해주실 것이다.

먼저 하나님께서 우리의 기도를 시작하시는 이가 되어주실 것이다. 우리에게 어떤 필요가 발생했을 때 하나님 앞에 나아가 조용히 기다리면 성령께서 우리를 위해 합당한 말을 만들어주실 것이다.

"너는 하나님의 집에 들어갈 때에 네 발을 삼갈지어다 가까이 하여 말씀을 듣는 것이… 너는 하나님 앞에서 함부로 입을 열지 말며 급한 마음으로 말을 내지 말라 하나님은 하늘에 계시고 너는 땅에 있음이니라 그런즉 마땅히 말을 적게 할 것이라"(전 5:1,2).

기도할 때 경배함으로 마음을 잔잔히 가라앉히고 우리 안에 거하시는 성령과 접촉하면, 마땅히 구해야 할 바를 성령께서 알려주실 것이다. 성령께서 말씀을 하시거나 환상을 보여주시거나 성령께서 느끼는 것을 우리가 느끼도록 하실 것이다.

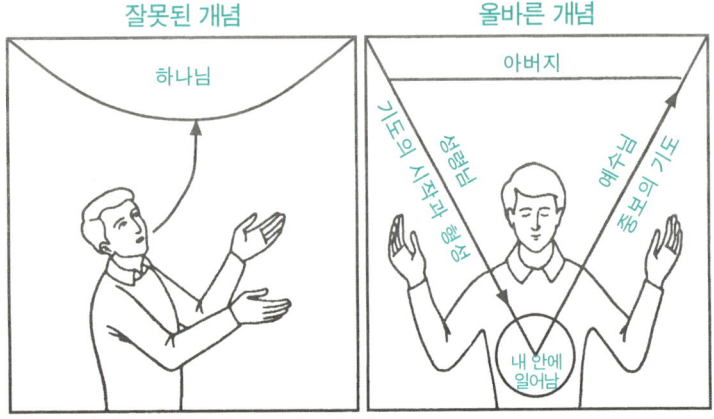

기도는 하나님의 흐름을 따라가는 것이다!

언제나 성령 안에서 기도하라!

성령께서 우리를 주관하시며 어떻게 기도할 것인지에 대해 지혜를 주실 때 우리는 성령께서 계시하신 대로 기도할 수 있다. 언제나 성령 안에서 기도하면 우리의 기도는 성령의 영감을 받고, 성령께 안내받으며, 활기가 넘치고, 성령께서 지탱해주실 것이다.

"그를 향하여 우리가 가진 바 담대함이 이것이니 그의 뜻대로 무엇을 구하면 들으심이라 우리가 무엇이든지 구하는 바를 들으시는 줄을 안즉 우리가 그에게 구한 그것을 얻은 줄을 또한 아느니라"(요일 5:14,15).

성령의 내적 자극에 의해 기도하면, 자신이 성령의 뜻을 따라 기도하고 있음을 알게 된다.

때로 하나님의 음성을 듣기 위해 자신을 잔잔히 가라앉히고 마음의 주파수를 맞추는 과정을 생략한 채로 기도하라는 내면의 압력을 느낄 때가 있다. 내 경우에는 특별히 그룹 기도를 할 때 나 자신에게 가하는 그러한 압력을 느끼곤 한다. 다른 사람들과 함께 기도할 때 나는 즉시 입을 열어 아무 말이라도, 정확히 성령께서 원하시는 것이 아닐지라도 무슨 말이라도 해야 한다고 느끼곤 한다. 그런 경우에 하나님의 움직임을 포착할 때까지 조용히 기다리는 데에는 용기가 필요하다. 솔직히 그러한 내면의 압력에 굴복하여 내 마음대로 기도하는 경우가 가끔 있다. 그러나 단지 불편한 침묵의 시간을 메우기 위해 기도한다면 그러한 기도가 무슨 소용이 있을까? 그것을 하나님께서 들으셨고 그분이 대답하실 것을 알고 잠시 당혹감에 빠지게 하는 정도의 가치는 확실히 있을 것이다.

삼위일체 하나님 가운데 오직 성령만이 우리의 기도에 관여하시는 유일한 분인 것은 아니다. 우리가 기도할 때, 예수님은 아버지의 보좌 우편에 앉아 우리의 기도를 아버지께 내놓으시며 중보해주신다. 기도는 삼위일체 하나님의 행위이다. 나는 기도할 때에 아버지와 아들과 성령의 흐름에 푹 젖는다.

9

기도일지 속에서
말씀하시는
하나님

당신에게 매일 기도일지 작성으로 하루를 시작하라고 정말로 강력히 권하고 싶다. 주님께서 당신을 위해 얼마나 놀라운 것들을 준비하고 계신지 볼 수 있도록 돕기 위해, 당신과 똑같은 평범한 사람들에게 주신 주님의 치유와 지혜와 기쁨의 말씀들을 나누고 싶다.

이제 소개할 이야기들은 평범한 그리스도인들이 작성한 기도일지이다. 나는 이러한 이야기들을 모든 세미나에서 듣기도 하고, 매일 우리 집에 당도하는 편지들에서 읽기도 한다. 전 세계 각국에서 수많은 남자와 여자들, 젊은이와 장년들, 목회자와 평신도들이 그렇게 자신들의 기도일지 일부를 우리에게 기꺼이 보내줌으로써 자신들의 삶과 마음을 공개했다. 그 모든 분들께 감사의 마음을 표하고 싶다.

이 글들은 여러분이 기도일지를 작성하기 시작할 때 확신을 줄 것이고, 어떤 면에서는 당신이 처음 음성듣기 한 경험을 비교하고 검토해보는 본보기가 될 수 있을 것이다. 물론, 기도일지에 적은 내용을 성경에 비추어 검증하거나 영적 조언자와 의논하는 작업을 대체해주는 것은 아니다.

이 이야기들은 몇 가지 놀라운 진리를 실증한다. 첫째, 이 이야기들은 전 세계 다양한 문화권, 다양한 연령층의 수많은 사람들에게서 나온 것으로, 이는 누구나 하나님의 음성을 들을 수 있다는 사실을 확증한다. 하나님의 음성은 소수의 선택받은 사람들만 들을 수 있는 것이 아니다! 둘째,

이 책에 제시된 기법들이 평범한 그리스도인들을 전능하신 하나님과의 쌍방향 대화로 데려오는 데 실제로 효과가 있다는 점을 입증한다. 마지막으로, 나는 이 모든 각 사람의 기도일지 내용이 나의 기도일지 내용과 얼마나 흡사한지 주목할 만하다는 것을 발견했다. 이는 우리 모두가 동일하신 하나님, 스스로 존재하시는 크신 하나님과 접촉하고 있음을 입증하는 강력한 증거이다.

폭풍을 두려워하지 말라!

"하나님, 제게 무엇을 말씀하시려 하십니까?"

너는 순결한 눈을 가진 아름다운 아이야. 저 지평선에 모여드는 먹구름이 보이지? 내 팔이 너를 안전하게 보호할 것이다. 폭풍이 불 때는 신나는 시간이란다. 내가 두 팔로 너를 감싸고 너 혼자 가게 하지 않을 것이니 천둥과 번개를 두려워하지 마라.

우리는 폭풍의 음악에 맞춰 춤출 수 있단다. 네 발을 내 발 위에 얹고 나는 너를 팔로 꼭 붙잡고 말이지. 너를 내려놓고 춤을 추는 것이란다. 네 심장의 박동은 두려움이 아니라 기쁨과 기대에서 비롯되는 거야. 바람이 너를 두른 내 옷자락에 스치는구나. 내가 하는 일들을 잘 보고 놀라렴. 너는 혼란의 한가운데서 평화를 발견할 것이다.

- 캐롤

나는 실수하지 않아!

작은 자야! 나는 너를 잘 안단다. 나는 네가 의심한다고 정죄하지 않아. 나는 네 마음의 소망을 알고 있고 그것이 순결하고 선하다는 것도 잘 알고 있다. 지금의 네 의심은 믿음으로 걷는 동안 사라질 거야. 너는 인간이므로 실수할 수밖에 없지. 하지만 내가 그런 실수까지도 담당하고 있단다. 나는 네가 성장해야 할 시기에 내 말을 잘못 이해할 수도 있다는 이유만으로 재난을 내리지 않아. 나를 의지하라. 나는 너를 성장시키는 데 실수하지 않을 것이다. 네가 구하고 있는 것들을 지금 내가 주고 있는 중이란다. 실수하는 것을 두려워하지 마라.

나에게 간청하기를 중단하지 마라. 나는 언제나 신실하고, 너를 사랑한다. 아버지는 자녀들이 실수하지 않게 언제나 막아주지는 않아. 왜냐면 그것이 바로 자녀들이 배우는 방법이기 때문이지. 그러나 그 어떤 아버지도 자녀의 실수가 자녀 본인은 물론이고 다른 사람들의 삶에 재난과 해와 아픔을 초래하리라는 것을 알 때는 실수를 저지르게 내버려두지 않아. 그런데 왜 미래를 알고 있는 내가 너의 해롭고도 비생산적인 실수를 막아줄 것이라고 믿지 못하는 것이냐? 나는 너를 사랑한다. 나를 신뢰해라. — 익명

열등감의 치료

저는 환상을 구하면서 예수님과 제가 함께 걷는 것을 상상하고, 성령께 그다음 장면을 주관해달라고 구했습니다. 순간, 제가 오그라들더니 그 장면에서 완전히 사라져버렸습니다. 그 장면을 계속 주시하면서 '내가 어디로 간 거지?' 하고 생각했는데, 갑자기 장면이 바뀌고 저는 하나님의 왼쪽 얼굴을 보았습니다. 아버지께서는 얼굴을 위로 향하시고 무엇인가를 응시하고 계셨습니다. 순간 저는 아버지께서 제 생각을 하고 계시다는 것을 알았습니다. 그러나 그 시점은 땅의 기초가 놓이기 전, 지금부터 수십억 년 전이었습니다. 그때부터 저에 대해 계획을 세우고 계셨습니다.

갑자기 장면이 또 바뀌었습니다. 아버지께서 이번에는 아래쪽을 바라보고 계셨습니다. 저는 아버지의 왼쪽 어깨 너머로 바라보았습니다. 정자와 난자가 결합하고 있었습니다. 아버지께서는 제가 창조되는 과정을 지켜보시며 흥미로운 표정을 지으셨습니다. 저는 아버지께서 혼잣말로 '여기 버크가 나가신다!'고 말씀하시는 것을 들었습니다.

다시 장면이 바뀌었습니다. 이번에 아버지께서는 시선을 위로 향해 제 어머니 자궁에 있는 태아를 바라보셨습니다. 저를 바라보시면서 저를 향한 사랑과 제 인생을 향한 계획과 뜻에 대해 말씀하셨습니다. 환상은 거기서 끝났습니다.

저는 하나님께서 정말 저의 아버지라는 것을 난생 처음 알았습니다. 하나님은 저의 아빠였습니다. 제 육신의 부모는 제가 이미 존재하고 있다는 것을 알지 못했습니다. 하나님은 수십억 년 전에 저를 계획하셨고 제가 수태되는 장면을 흥미롭게 지켜보셨으며 제 육신의 모친이 저의 존재를 의식하기도 전에 말씀으로 제 안에 생명을 넣으셨습니다.

이 환상은 제가 하나님께 어떤 가치를 지닌 인간인지에 대해 이전에 미처 알지 못했던 놀라운 깨달음을 주었습니다. 저는 자아상을 제대로 정립하지 못해 혼란을 겪고 있었습니다. 그런데 제가 이 땅에서 숨을 쉬기도 전, 세상에서 사람들에게 거부를 당하기도 전에 아버지께서 저를 지켜보고 계셨다는 사실을 환상으로 보여주셨을 때 저의 문제는 완전히 해결되었습니다. 아버지께서는 저를 위해 계획을 세우셨고, 저를 지켜보셨고, 인정해주셨고, 제 안에 생명을 넣으셨습니다. 하나님은 제가 존재한다는 것을 사람들이 알기 전에 이미 저를 알고 계셨던 저의 참된 아버지였습니다. - 버크

죄수의 삶이 변화되다

저는 하나님께서 제 기도를 듣고 계시다는 것을 전혀 몰랐을 뿐 아니라, 지난 몇 개월 동안 제가 체험했던 것과 같은 방법으로 저 같은 사람에게 이야기를 하시리라고는 꿈에도 생각지 못했습니다. 제 삶은 하나님께서 성령으로 공급해주신 지혜뿐 아니라 하나님과 쌓기 시작한 새로운 관계로 엄청나게 변했고, 매일의 생활 역시 여기 이 차갑고 외로운 곳에서 익숙해진 어둡고 공허한 시간의 연속이 아니라 기꺼이 걷고 싶은 기쁨이 되었습니다.

요즈음 저는 교도소 안을 거닐 때마다 예수님과 나란히 걸으며 이야기를 나누고 예수님의 동행하심을 기쁘게 체험하고 있습니다. 저는 더 이상 외롭지 않습니다. 저는 과거에는 전혀 알지 못했던 평화를 느끼고 있습니다. 제가 하나님의 강하신 능력을 의지하기 시작하자 하나님께서 땅에서 가장 어두운 곳의 하나이 이곳에서조차 제 길에 빛을 비추시고 인도해주고 계시기 때문입니다.

- 스티븐

기도가 직장에 기름부음을 흘려보내다

제 남편은 직장에서 매우 도전적인 팀 업무를 배당받았습니다. 모든 사람들이 몇 주 동안 구체적인 프로젝트를 완성하려고 최선을 다했지만 진전이 보이지 않았습니다. 장시간의 회의를 거듭하고 아이디어들을 검토했지만 그 무엇도 그들이 추구하는 목표에는 미치지 못했습니다.

그러던 어느 주일 오후, 아이디어를 창안하느라 몰두해 있던 남편이 제게 프로젝트를 보여주면서 의견을 물었습니다. 저는 기도일지를 작성하면서 기도해보는 것이 어떻겠느냐고 말했습니다. 사실 저는 예전부터 그렇게 말해왔는데 그날은 남편이 선뜻 응하더니 자신의 아이디어를 놓고 하나님께 기도했고, 하나님께서 주시는 말씀을 기록했습니다. 물론 그 결과는 찬란하게 빛났습니다. 남편은 기도하며 받은 것들을 체계적으로 정리하여 발표준비를 했습니다.

월요일 아침, 다시 회의가 시작되고 프로젝트를 맡은 팀원들이 한 명씩 아이디어를 발표하기 시작했지만 최종 시안으로 결정할 만한 것은 하나도 없었습니다. 마침내 남편의 차례가 되어, 남편은 하나님께 계시로 받은 것들을 발표했고 모든 사람의 지지를 얻었습니다. 회의에 참석한 사람들은 남편의 아이디어가 최상이며 그들이 원하던 바로 그것이라고 만장일치로 의견을 모았습니다. 모든 사람이 찬동하는 획기적인 아이디어가 나왔던 것입니다. 이런 게 바로 이적이 아닐까요?

제가 드리고 싶은 말씀은 하나님께서 모든 것에 대한 최상의 아이디어를 갖고 계시므로 우리 생각으로 이것저것 시도하다가 실패할 때까지 기다리는 대신 처음부터 하나님의 생각이 무엇인지 물음으로써 시작해야 한다는 것입니다. 우리 내면에 거주하시는 하나님의 창의력을 적극 활용하는 것! 우리 직장에 하나님의 기름부음을 방출하는 것! 그것이 바로 하나님께서 우리 그리스도인들을 불신자들이 와글거리는 직장에 놓으신 까닭이 아닐까요?

- 채러티

꿈속의 수학

1995년, 제 남편은 항공우주공학에 관한 박사논문을 준비하고 있었습니다. 남편은 로봇공학을 연구했고 논문의 제목은 '평행 제어기의 운동전달과 디자인'이었습니다. 로봇의 팔을 제어하는 데는 고도의 정밀한 수학 계산이 필요합니다. 문제는 로봇의 팔을 제어하는 데 필요한 수학 공식을 얻기가 좀처럼 쉽지 않다는 것이었지요.

어느 날 밤, 남편은 꿈에서 로봇을 제어하는 데 필요한 수학 공식을 얻었습니다. 그는 즉시 일어나 꿈에서 받은 공식을 적어내려가기 시작했죠. 이때 남편이 받은 공식은 논문이 끝날 무렵, 33쪽에 달하는 방정식으로 전개되었습니다. 남편은 논문의 서문에서 '지속적인 지혜와 안내와 힘을 주신 하나님께 감사드린다!'고 진술했습니다. 남편은 이 진술 때문에 비난받고 특별히 상급자들에게 비난을 받았지만 결코 흔들리지 않았습니다.

- 수잔

사업의 해결책

저는 1992년부터 기도일지를 작성하면서 기도를 해오고 있습니다. 저는 사업에 관계된 문제들을 놓고 종종 기도합니다. 그러면 하나님께서 인간관계와 노사분쟁에 관한 지침은 물론이고 사업상의 문제들을 해결할 지혜를 주십니다.

목사님이 흥미를 느끼실 것 같은 사례가 두 가지 있습니다. 첫째 사건은 영업회의 중간에 발생했습니다. 우리는 시장에 내놓으려는 새로운 아이디어의 가치를 정확히 포착한 새로운 영업 표어를 궁리 중이었습니다. 영업팀 사원들은 머리를 쓰느라 녹초가 되었던지라 저는 하나님께 도움을 청했고 하나님은 새로운 영업 표어를 알려주셨습니다. 그것을 팀원들에게 말하자 모두들 깜짝 놀라며 대단하다는 찬사를 아끼지 않았습니다. 그 사건은 영업팀 직원들이 임무를 수행하는 데 완전히 새로운 접근로를 열어주었습니다.

둘째 사건은 세미나에서 발표할 영업전략 보고서를 작성할 때 발생했습니다. 아무리 노력해도 어찌 된 일인지 머리가 꽉 막혀 아무 생각도 떠오르지 않았습니다. 그래서 기도일지를 갖다놓고 기도하기 시작했습니다. 그러자 하나님께서 영업전략 보고서 전문의 내용을 알려주셨습니다. 저는 그냥 받아 적기만 하면 되었습니다.

- 빌(캐나다의 기업문제 해결관리자)

꿈을 통한 격려

어느 날 밤, 제가 잘 나가는 야구팀의 선수가 된 꿈을 꾸었습니다. 저는 팀원들에게 존경을 받는 선수였기 때문에 저 때문에 팀원들의 사기가 저하되기를 바라지 않았습니다.

드디어 제가 타석에 설 차례가 되었습니다. 상대 투수는 자기가 가진 가장 예리한 구질의 공을 던졌지만 저는 멋지게 받아쳐 장외 홈런을 만들어냈습니다. 그러나 저는 1루로 뛰어가지 않고 그 자리에 서서 다른 투구를 기다렸습니다. 상대 투수는 자기가 가진 모든 구질의 공을 던졌지만 받아치기가 하나도 어렵지 않았습니다. 너무 쉽다고 생각됐습니다. 상대 투수가 공을 던질 때마다 멋지게 장외로 날려 보냈습니다. 평소에 치기 어렵다고 생각했던 낙차 큰 커브볼도 거뜬히 쳐낼 수 있었습니다.

순간 꿈속의 상황이 바뀌더니 제가 투수가 되었고 상대편이 자랑하는 강타자들이 하나씩 타석에 들어서기 시작했습니다. 저는 최선을 다해 공을 던졌고 상대 타자들은 아무도 쳐내지 못했습니다. 그들은 모두 삼진 아웃을 당했습니다.

저는 그 꿈에 흥미를 느꼈습니다. 저는 남아프리카 출신이라 야구와 별 상관없이 자랐거든요. 경기에 관해 좀 아는 정도지 시합을 할 만큼은 아니었습니다. 주님께서 저를 미국의 선교사로 부르셨을 때, 저는 남아프리카의 친근한 사역을 떠나 미국에서 마치 이국적인 음식을 먹는 것같이 낯선 사역을 시작했습니다. 사람들도 달랐고 생활방식도 달랐죠. 저는 야구장에 서 있는 크리켓 선수 같았습니다. 주님께서 저를 이곳으로 부르셨기 때문에 제가 주님의 팀의 일원이라는 것은 잘 알고 있었지만 제 능력에 대해서는 여전히 걱정스러웠습니다. 남아프리카에서는 저 자신의 사역을 꾸려나갈 수 있었지만 미국에서는…?

그래서 주님은 제가 모든 공을 쳐낼 수 있다는 확신을 주신 것이었습니다. 아무리 도전이 거세고 환경의 공격이 험하더라도, 심지어 제가 평소에 어려워하던 상황(커브볼)을 만나더라도 충분히 장외 홈런을 만들어낼 수 있다는 확신을 주신 것이죠! 또한 주님은 제 모든 노력(투수로서)이 성공할 것이라는 확신도 주셨습니다. 그것들이 난타 당하지 않고, 목표한 것을 정확히 이룰 것이라는 확신을 주셨습니다.

그 꿈은 제게 실로 견고한 확신을 심어주었습니다. 처음에는 주님께서 저를 별로 흥미도 관심도 없는 경기장에 데려다 놓은 것이 그저 이상하게 느껴졌지만, 그것이 중대한 의미를 갖고 있다는 것을 나중에 알게 되었습니다. 저의 모든 염려는 사라졌습니다. 저는 지금 이곳의 낯선 사역과 환경과 원수가 던지는 모든 공을 힘껏 쳐내고 있습니다. 저는 주님께서 주신 능력을 굳게 확신하고 있습니다. 이 모든 것이 순전히 주님께서 꿈을 통해 주신 자신감 덕택입니다.

- 루돌프(오하이오주의 목회자)

우리는 서로 결합하여 독특한 요리가 되는 것이란다

"주님, 제게 무엇을 말씀하시렵니까?"

너는 자신에게 지나치게 엄격하구나. 나는 네가 완벽해지기를 기대하지 않는다. 내가 너를 불러낸 것은 네 안에서 살기 위해서였고, 우리가 이 한 몸에서 서로의 특질들을 나타낼 때 우리 둘의 결합이 어떤 결과를 가져오는 지 함께 체험하기 위해서였어. 서로 떨어져 있을 때 나는 초콜릿 같고 너는 땅콩버터 같지만, 우리 둘을 섞으면 아주 맛있는 요리가 나오지. 우리가 서로 결합하여 매우 진귀한 요리가 되는 거야.

네가 내 안에서 네 자신에 관한 그 사실을 기쁘게 누렸으면 좋겠구나. 네가 현재의 네 모습이 아닌 것들로 인해 슬퍼하기를 그치기 바란다. 네 연약한 부분들을 내가 완벽하게 해줄 것이다. 너는 너 자신이 내가 주는 은사를 받기에 부적절하다고 생각하고 있어. 이제 그 모든 생각을 잡아다가 내버려라! 나를 바라보고, 내게 기대고, 나를 의지해야 한다는 것을 항상 기억해라! 그러면 하나님나라를 섬기는 데 필요한 모든 것을 내가 공급할 것이다!

- 익명

내가 너를 사랑하듯이 사랑해라

"아버지, 제가 지니를 더 사랑하고 낭만적으로 대하는 것에 더 집중해야 한다는 것을 잘 알고 있습니다. 그녀에게 날마다 실제적인 방법으로 사랑을 보여주어야 한다는 것도 잘 압니다. 하지만 그녀에게 이용당하지는 않을까 염려됩니다. 이 문제에 대해 제게 하실 말씀이 무엇입니까?"

상처받거나 이용당할까봐 마음을 닫으면 너도 지니도 사랑의 기쁨과 만족감을 강탈당하게 될 것이다. 사랑은 마음을 여는 것이고 주는 것이야. 이 기심은 사랑을 퇴보시키지. 네가 원하는 것이 그게 아니라는 것을 잘 알고 있단다. 뿌린 대로 거둔다는 말을 들어보았지? 그리고 씨를 뿌리면 뿌린 것보다 훨씬 더 많은 것을 거두는 법이야. 언제나 그렇지! 그녀를 사랑하는 것, 그녀와 그녀의 필요에 민감하게 반응하는 것은 앞으로 네게 엄청난 수확을 안겨줄 비옥한 토양에 씨를 뿌리는 것이란다.

내가 너를 사랑한 것처럼 다른 사람들을 사랑해라! 네가 그녀와 다른 사람들에게 이용당해왔다는 생각은 버려라! 그들에게 이용당할 수도 있다는 생각 자체도 잊어라. 상대방이 네게 했거나 하지 않은 것들에 근거하여 사랑을 보이는 것은 옳지 않아. 너는 오직 내가 네게 한 것에 근거하여 사랑을 보여야 해. '내가 너를 사랑한 것처럼', 바로 여기에 초점을 맞추면 나의 사랑을 깨닫고 받아들이는 것에서 다른 사람들을 향한 사랑이 흘러나올 거야. 네 시선과 초점이 사람을 향하도록 하면 안 돼. 너를 너무도 사랑하여 외아들까지 내어준 하나님께 고정해야 하는 것이야!

그녀를 연약한 꽃으로 생각하여라. 네가 수시로 물을 주면서 자상하게 돌보면 그 꽃이 봉오리를 맺고 꽃을 피워 아름답고 귀한 향을 발산할 거야. 네가 그녀에게 베풀 때, 그것은 그 꽃에 물을 주는 것과 같지. 네가 그녀를 너보다 앞에 놓고, 나의 사랑과 내가 공급하는 것들에 기초하여 베풀 때, 그것은 태양이 그 꽃에 빛을 비추어 아름답고 밝게 빛날 힘을 주는 것과 같단다.

그녀에게 이용을 당할지도 모른다는 네 염려에는 근거가 없어. 그녀는 너를 사랑하고 네게 전념하고 있지. 그러니 그녀에게 투자해라. 그러면 실로 값진 배당을 받을 것이다. 그녀야말로 네가 가질 수 있는 최고의 투자 대상이다. 그녀는 네 모든 것을 팔아서 기꺼이 쏟아부을 만한 가치를 지니고 있어. 그러니 그녀에게 민감하게 반응하며 도와주고, 그녀가 애들을 키우는 것도 도와주어라. 어떻게 하면 그녀를 도울 수 있을지 늘 주시하고 살펴라!

결코 후회하지 않을 거다. 나는 네게 내 모든 것을 준 것에 대해 한 번도 후회한 적이 없단다. 나는 내 삶 전체를 너와 세상을 위해 쏟아부었어. 네가 그럴 만한 가치가 있기 때문이었지. 필요하다면 몇 번이라도 그렇게 할 수 있단다. 인간은 다른 사람을 위해 자기 목숨을 버리는 이런 사랑보다 더 큰 사랑을 갖고 있지 않아. 그녀를 위해 네 삶을 바쳐라. 그것보다 더 큰 사랑은 없어. 너를 향한 나의 사랑을 보아라! 받아라! 그리고 그것을 다시 다른 사람에게 주어라! 이것이 나의 명령이니 서로 사랑해라! 그렇게 하면 네 기쁨이 충만할 것이다. 마이크야, 너를 사랑한다! 온유한 사랑, 영원한 사랑으로 너를 사랑한다!

- 마이크(캐나다)

주님이 주신 돌과 내가 고른 돌

저는 주님께서 바닷가에 계신 것을 보고 즉시 달려가 주님 옆에 섰고, 주님과 함께 자갈을 주워 물수제비를 뜨기 시작했습니다. 제가 던진 돌은 수면 위를 세 번 스치고 물에 잠겼습니다. 그러나 주님께서 던진 돌은 끊임없이 수면을 스치면서 수평선 너머로 사라졌습니다. 주님은 저를 보시며 싱긋 웃으셨습니다. 저는 다시 시도했습니다. 이번에는 전보다 조금 나아져 수면 위를 다섯 번 스쳤습니다. 주님도 다시 던지셨는데 그 돌은 아까처럼 수평선 너머로 사라졌습니다.

제가 다시 시도하려고 고개를 숙여 돌을 고르려 할 때, 주님께서 제 몸을 일으키시더니 돌 하나를 손에 쥐어주셨습니다. 울퉁불퉁한 돌이라서 물수제비를 뜨기에는 별로 좋지 않았지만 받아서 힘차게 수면을 향해 던졌습니다. 그랬더니 그 돌이 끊임없이 수면을 스치며 가더니 수평선 너머로 사라지는 게 아니겠습니까? 주님께서 미소 지으며 말씀하셨습니다.

폴! 내가 네 손에 준 돌이 네 스스로 주운 돌보다 훨씬 멀리 날아갔지?

주님의 이 말씀은 제게 질문을 던지는 습관을 만들어주었습니다. 저는 그때 이후, 무슨 일을 당하거나 어떤 일을 하고픈 생각이 들 때, '이것은 주님께서 내 손에 주신 것일까 아니면 내가 고른 것일까?'라고 질문을 던지게 되었습니다.

- 폴(영국)

너는 나의 기쁨

"주님, 저는 지난 보름 동안 정처 없이 표류했고 너무도 쉽게 실패했습니다. 주님은 이유를 아시지요? 저는 주님이 필요합니다. 저는 다른 누구보다 주님과 친밀하게 교제해야 합니다. 제 삶은 그것에 의해 좌지우지 될 것입니다. 그러니 오늘 아침 제게 말씀하소서!"

내가 너로 인해 기쁨으로 춤을 출 때는 나를 보거나 이해하기가 어려울 거야. 나는 네가 네 자신을 보는 것처럼 너를 보지 않아. 나는 너처럼 너의 과거와 실패로 인해 늪에 빠지지 않아. 너는 나의 기쁨이기 때문이다. 너는 내게 하나의 기쁨이야.

"하지만 주님, 제가 맛 본 모든 실패들, 가장 최근에 겪은 쓰린 실패들은 어찌 되는 것입니까?"

그것들은 이미 지나갔어. 모두 씻겨 내려갔고 나는 다 잊었단다. 네가 고백했기 때문이야. 네 안에 내 마음이 있고, 나는 네 마음을 보고 있단다. 오늘 너는 내 안에 거할 것인지 아니면 네 실패와 죄와 몸부림에 시선을 고정하고 네 안에 거할 것인지 선택할 수 있다. 좋은 것을 택하라. 내 발치에 앉아 내게 배워라. 그러면 고단한 네 영혼이 안식을 찾을 것이다. 와서 앉아라. 내 안에 거하고 쉬어라. 나의 임재 안에서 긴장을 풀어라!   - 익명

네가 성공하기를 바란다

3개월 정도 조깅을 쉬었다가 다시 시작하려고 밖으로 나갔습니다. 몇 킬로를 뛸까 생각하고 있는데 저의 충동을 거스르는 소리가 내면에서 들려오기 시작했습니다. 그래서 내면의 소리가 말하는 거리만큼만 뛰기로 했고 정말로 딱 그만큼만 뛸 수 있었습니다.

만일 제가 충동을 따라 목표를 정하고 뛰었다면, 석 달이나 운동을 쉬었기 때문에, 중간에 포기할 수밖에 없었을 것입니다. 저는 목표 지점에 거의 도달했을 무렵, 이 일에 대해 곰곰이 생각하다가 주님께서 "린다야! 나는 네가 성공하길 바란다!"라고 말씀하시는 것을 느꼈습니다.   - 린다

내가 정해준 길에 굴복하라

"주님, 제가 왜 주님께 굴복해야 하는지 다시 말씀해주세요!"

너는 그 질문에 대한 대답을 저장할 디스크 공간도 충분히 갖고 있지 않거니와 그 대답을 출력할 잉크도 충분치 않아. 하지만 이유가 필요하다니 말해주겠다. 네가 내게 굴복해야 하는 까닭은 네가 아버지의 자녀로 창조

되었기 때문이고, 내게 굴복할 때야 비로소 아버지의 자녀가 될 수 있기 때문이다. 그것이 바로 내가 네게 정해준 길이다. 하지만 어떤 사람들은 탐스럽게 무르익은 자신들의 힘과 지위를 버리기 싫어서 내가 정해준 길로 결코 걷지 못해. 그러나 제시야, 너는 그런 사람들처럼 되지 마라. ─ 제시

너를 이곳으로 데려온 것이 바로 나야!

어제 주님은 율법으로 사는 것과 성령의 흐름으로 사는 것에 관해 제게 중요한 교훈을 주셨습니다. 저는 필리핀 선교사였으나 얼마 전에 교통사고를 당해 중상을 입고 치료차 본국인 캐나다로 돌아와야 했습니다.

의사들은 몸이 회복되면 바로 필리핀으로 돌아가 사역을 할 수 있을 것이라 말했습니다. 그런데 누군가 대만에서 사역하는 것에 대해 기도해보라고 했습니다. 제 마음은 대만에 가고 싶지 않았죠. 필리핀 사람들을 사랑했기 때문에 그곳으로 다시 돌아가고 싶었습니다. 그런데 다음 날, 선교본부에서 저를 대만으로 파송하기로 결정했다는 연락이 왔습니다. 저는 권위에 복종해야 한다는 것을 잘 알고 있었으므로 대만으로 갔습니다.

그것이 벌써 1년 6개월 전이었습니다. 대만에서의 생활은 황무지와도 같았습니다. 필리핀과 거기서 사랑한 사람들만 생각할 수 있었기 때문입니다. 저는 너무 좌절했습니다. 그런데 한 가지 생각이 마음에 떠올랐습니다. '주님과 친밀하게 교통하면서 무엇이라 말씀하시는지 들어보는 것이 어떻겠어?' 하는 것이었죠.

저는 마음에 있던 우상을 제거하고 필리핀 사람들 대신 예수님께 초점을 맞추고는 그 상황에 대해 무엇을 말씀하기 원하시는지 여쭈었습니다. 주님의 대답을 듣기 위해 성경의 한 장면을 마음에 그리지 않아도 되었습

니다. 곧바로, 폭풍 속에서 악전고투하는 제자들의 모습과 주님께서 물 위를 걸어 그들에게 오시는 장면을 보여주셨기 때문입니다.

주님께서 주신 환상 속으로 더 들어가니, 저도 거기서 노를 저으며 배를 안전하게 해변에 대려고 안간힘을 쓰고 있었습니다. 그때 예수님께서 배에 올라 바다를 잔잔하게 가라앉히시고는 직접 노를 저으셨습니다. 배가 안전하게 항구에 닿았는데, 가만 보니 그곳은 제가 지금 사역하고 있는 대만의 도시인 타이쭝(臺中)의 항구였습니다.

그때 주님께서 제게 말씀하셨습니다.

나는 지금까지 네 삶에서 일어나는 모든 것을 인도하고 이끌면서 너와 동행했다. 너를 이곳으로 데려온 것은 바로 나, 그것은 실수가 아니야.

그 환상과 말씀은 저를 자유롭게 풀어주었고 제 영에 자유와 생기를 주었습니다. 물론 순종은 성경의 원칙이고 마땅히 행할 바이지만, 만일 제가 권위에 대해 순종해야 한다는 율법을 따라서만 산다면 남은 2년 반의 임기를 매우 비참하게 보낼 것입니다. 과거에 그랬듯이 그 순종의 원칙을 옳다고 여기고 그것을 따라 살았을 테니까요. 그리고 그 환상과 성령님의 공급이 나를 이런 상황으로 풀어주신 풍성한 삶을 놓쳤을 것입니다. 저는 그 풍성한 삶이 계속 저를 통해 흐르기를 원합니다.

- 신디(대만)

내가 네 이름을 안단다

"하나님 아버지! 저는 여자로 인해 저 자신을 더럽히지 않으며 열심히 일해 왔습니다. 이제 저는 미래의 짝을 찾을 준비가 되었고 앞으로의 삶을 배우자와 함께 하나님의 사랑 안에서 기쁘게 누릴 준비가 되었습니다. 아버지! 어떤 여자와 데이트를 해야 하는지, 하나님께서 정해주신 제 배필이 어느 부족과 어떤 배경에서 나올 것인지 정확히 어떻게 알 수 있습니까? 하나님께서 정해주신 제 짝의 피부색은 어떻고 성격은 어떻습니까?"

    네가 세상에 태어나기 전부터 나는 너를 알고 있었지. 네 어머니의 자궁에 너를 형성한 이가 바로 나이니까. 내가 네 인생을 위한 계획을 갖고 있다고 생각하지 않니? 나는 네가 세상에 태어난 때부터 줄곧 지켜주었고 옳은 길로 이끌었어. 네가 지금까지 보고 겪은 것은 모두 우연에 의한 것이 아니란다. 네가 지금까지 보였던 모든 능력은 내가 준 것이었어. 내가 네게 은혜와 특권을 허락했고 그것이 지금까지 네 삶을 지탱한 것이다.

    그런데 네가 평생의 배필을 택함으로써 새로운 삶의 국면에 들어갈 이 시점에서 내가 여전히 너와 함께할 것이라 생각하지 않는 것이냐? 아니면 내가 너를 결단코 떠나지도 않고 버리지도 않겠다고 성경에서 약속한 말을 까맣게 잊은 것이냐? 나의 종 이삭을 주목하라. 알맞은 때에 나는 그에게 맞는 배필을 주었다. 그래서 나는 아브라함의 하나님, 이삭의 하나님, 야곱의 하나님이 되었지.

    나는 변하지 않았어. 그러니 네 신뢰와 소망을 나에게 두고 내 말을 믿어라. 내가 너를 돌볼 테니 네 모든 염려를 내게 맡겨라. 세상은 타락해도 내 자녀들을 위한 길은 여전히 남아 있단다. 나는 네 인생을 성공으로 이끄는 법을 알고 있다. 너는 내 것이고 내가 항상 네 곁에 있어줄 것이니 이 문제에 대해 너무 속을 끓이지 마라. 내가 명한 모든 것에 초점을 맞추고 네 앞에 펼쳐주는 길을 따라가며 일해라.

때가 이르면 네 뼈 중의 뼈를 보내주고 네 인생을 흥미로운 삶으로 만들어줄 거야. 아킨타요 에벤에셀, 나는 너를 이름으로도 알고, 네가 값진 삶을 살아가도록 예정했단다. 그러니 네 믿음의 주요 온전하게 하시는 이인 나에게 초점을 맞추어라!

"오, 주님! 제 눈을 열어 주님을 알게 하시고 주님의 아들이라 불러주시니 주님의 이름을 찬양합니다! 영원히 주님을 의지하겠습니다. 이후에는 배필 문제로 영적 성장을 지연시키는 잘못을 범하지 않겠습니다. 주님, 오직 주님만 의지합니다. 주님께서 저를 위해 행하신 일들을 영원히 감사할 것입니다. 주님, 이후로는 불평하거나 당황하지 않을 것입니다. 주님께서 제 옆에 계심을 확신하기 때문입니다. 주 예수님! 오늘 이렇게 말씀하시고 주님께서 언제나 저를 위하신다는 것을 알게 하시니 정말 감사합니다. 사랑의 주님, 오직 주님만을 의지합니다!"
- 아킨타요(나이지리아의 목회자)

보호하는 음성

저는 하나님의 음성이 매우 부드러우며 저의 생각과 뚜렷하게 구별된다는 것을 깨달았습니다. 목사님의 책에서 우리 모두의 마음에 생각, 아이디어, 느낌, 인상 같은 것들이 때로 자연스럽게 흐르며, 그런 것에 주목하면 하나님께서 우리에게 말씀하시는 것을 깨달을 수 있다고 배웠습니다.

얼마 전에 언니와 함께 고속도로를 타고 영화 보러 가던 길에 정말로 그런 일이 일어났습니다. 운전하고 가는데 다음 진입로에서 빠져야 한다는 생각이 계속 떠올랐습니다. 무시했지만 잠시 후에 다시 살아나 좀처럼 사라지지 않았습니다. 결국 언니에게 고속도로를 빠져 나가서 다른 길로 가자고 말했습니다.

집에 돌아왔을 때, 엄마가 현관문을 박차고 급히 뛰어나와 "너희들 무사했구나!" 하셨어요. 무슨 일이냐고 여쭤봤더니 우리가 출발한 직후 엄마는 우리가 끔찍한 교통사고를 당하는 것을 보셨고, 우리가 안전하다는 느낌이 들 때까지 계속 기도하셨다는 것이었습니다. 저는 고속도로에서 있었던 일을 엄마에게 말씀드렸는데 우리가 고속도로를 빠져나온 시각이 엄마가 기도를 멈춘 때와 정확히 일치한다는 것을 알았습니다. 우연의 일치였을까요? 저는 그렇게 생각되지 않아요.

- 익명

네가 태어났을 때 기뻐했다!

아들아! 생일 축하한다. 네가 태어났던 날 얼마나 기뻤는지 몰라. 나는 너를 모태에서 받는 손을 축복했고, 그 손들이 작은 실수도 하지 않게 지켜주었고, 네 인생의 모든 날을 지켜보았어. 나는 이 세상에 나온 너를 축복하고 환영해주었어. 이제 네가 내 선지자의 말을 들을 때, 너를 자랑할 거야. 아들아! 너는 내 은혜의 기념비란다!

- 마이클

너를 향한 나의 사랑을 의지하라

너는 그리스도 안에서 새 피조물이 되었다. 옛 것은 지나갔으니 보라! 내가 모든 것을 새롭게 만들고 있다! 너를 향한 나의 사랑이 네 두려움보다 훨씬 더 크고 강하니라. 나의 사랑이 네 연약함을 압도할 것이다. 나의 사랑이 네 마음과 영혼을 새롭게 할 것이며 내가 너를 내 안에서 온전하게 할 것이라. 너를 향한 나의 사랑을 믿어라. 의지하라. 너를 나의 소유가 되게 하려고 너를 위해 내가 죽었으니 의심하지 말라!

너를 위해 놀라운 일들을 쌓아두었다. 의심하지 말고 오직 믿어라! 우리는 함께 세상을 정복할 것이다. 너는 나의 오른손이고 이 세상을 물들이는 나의 달콤한 맛이란다. 너를 통해 그들이 내게 올 것이다.

나의 평화를 네게 주었으니 그 평화가 너와 함께할 것이다. 세상이 네게 평화를 주기 때문이 아니라 나의 영이 네 안에 거하기 때문에 너는 나의 평화를 알게 될 것이다!

- 익명

보좌의 방에서

저는 매일 아침 경건의 시간을 갖는데, 보좌의 방에 들어가 주님을 찬양하고 싶다고 말했습니다. 저는 노래를 잘 못하지만 주님께서 제 찬양 안에 거하신다는 것을 압니다. 그래서 또한 주님께서 저의 찬양을 지휘하시리라는 것도 알고요.

저는 성령님께 보좌의 방으로 데려가 달라고 간구했습니다. 저는 환상을 구했고 이내 열린 문 하나를 보았습니다. 안으로 들어가니 보좌가 보였지만, 아련한 안개 같은 것이 아버지를 뒤덮고 있어서 그분의 다리 윤곽만 어렴풋이 볼 수 있었습니다. 하지만 예수님이 이따금 왼쪽 팔꿈치를 보좌의 팔걸이에 올려놓고 보좌 옆에 계신 것은 볼 수 있었습니다. 예수님은 아버지의 보좌에 살며시 기대어 두 발을 서로 교차시키고 완벽하게 편한 자세로 서 계셨습니다.

저는 그 모습을 보고 예수님이 인간과 같은 형상을 하고 계시다는 것을 알았습니다. 저는 보좌를 덮고 있는 영광 가운데 계신 아버지를 보려고 애썼지만 잘 볼 수 없었습니다. 그래서 예수님과 눈을 맞추고 그분을 향해 찬양하기 시작했습니다. 저는 모든 초점과 주의를 예수님께 집중하고, 예수님과 계속 눈을 맞추기 위해 한순간도 다른 곳을 쳐다보지 않았습니다.

그렇게 얼마가 흘렀을까, 갑자기 아버지께서 보좌에서 벌떡 일어나 두 발로 바닥을 디디시고는 두 팔을 벌리고 말씀하셨습니다.

나도 네 찬양을 받고 싶구나!

저는 깜짝 놀랐습니다. 한동안 얼어붙어 아무 말도 하지 못하다가 다시 정신을 모아 "네. 그러면 두 분께 찬양을 드리겠습니다!"라고 아뢰었습니다.

제가 찬양을 시작하자 예수님과 아버지께서 나란히 서서 듣기 시작하셨습니다. 저는 그때, 아버지는 예수님처럼 인간의 형상을 하고 계시지 않다는 것을 알아차렸습니다. 아버지는 완벽하게 찬란했고, 마태복음 17장 2절에 예수님의 변화된 모습에 대해 묘사된 그대로 빛처럼 희었습니다. 그때 제가 본 것을 유일하게 닮은 것이 있다면 그것은 아마도 번갯불일 것입니다. 또한 그 환상에서 제가 본 두 분은 키가 같았습니다.

그렇게 얼마 동안 두 분께 찬양을 드린 후, 예수님이 오른손을 뻗어 제 왼팔을 잡고 아버지 품으로 데려가셨습니다. 아버지 품에 안겨 있을 때, 저는 아버지의 사랑이 제 위에 부어지고 저를 통해 흐르는 것을 느꼈습니다. 그곳을 절대 떠나고 싶지 않았습니다. 아버지의 품보다 더 좋은 곳이 있을까요?

그러나 잠시 후 예수님이 다시 손을 뻗어 저를 뒤로 당기시고는 아까 그 문을 가리키시며 "이 사랑을 가져다 내 백성에게 나눠주어라!"라고 말씀하셨습니다(뒤로 물러나 그 말씀을 들을 때, 제 허리에서 얼굴까지 조금 전에 아버지와 접촉했던 제 모든 부분이 아버지 주변에 충만했던 빛처럼 희어졌다는 것을 알아차렸습니다).

저는 예수님의 명령을 상기하며 "그건 어렵지 않아"라고 혼잣말했습니다. 사역하면서 늘 신경을 많이 쓰며 염려했는데 주님의 말씀은 저를 그 두려움에서 완전히 해방시켜주셨습니다. 아버지께서 안아주시며, 제가 그분의 사명을 감당할 수 있도록 능력 주시고 두려움이 즉각 떠나게 하시는 것을 알았습니다. 이후로 저는 아무것도 두려워하지 않고 제 인생을 향한 아버지의 계획대로 걸을 수 있었습니다. 예수님, 감사합니다! – 버크

승진은 내가 시켜주는 것이다

(이 기도일지의 작성자는 입사를 위한 적성검사에서 낮은 성적을 받아 매우 낙심한 상태였다.)

아들아, 내가 베드로와 야고보와 요한과 다른 많은 사람을 택할 때, 그들에 대한 사람들의 생각이 아니라 내가 그들에게 준 은혜에 근거하여 택했다는 사실을 기억하렴. 네 마음이 실망으로 가득하다는 것을 잘 안다. 하지만 내가 지혜 있는 자들을 부끄럽게 하려고 세상의 미련한 것들을 택했다고 너와 내 교회에게 말한 것을 기억해야 한다.

베드로와 다른 제자들이 내 복음을 전하려고 했을 때, 유식한 사람들이 그들에 대해 뭐라고 말했을지 생각해보아라. 그 시대 사람들은 내 아들 예수조차도 학식 있는 인물로 간주하지 않았어. 그러나 예수는 인류가 상상할 수 있는 가장 크고 귀한 선물인 영생을 세상에 주었지.

너의 낮은 점수가 내게는 아무 의미 없단다. 그것에 대한 생각에서 벗어나 내 마음에 준 꿈에 집중하여라. 대학원 공부를 계속하면서 전진해라. 그

러면 내가 원하는 방향으로 나아갈 수 있도록 그때그때 문을 열어줄 거야. 너는 회사에 들어가 날로 승진할 것이다. 네가 힘이나 능력이 있어서가 아니라 내가 그렇게 되도록 명했기 때문이다.

이것을 겸손을 위한 교훈으로 받아라. 네 자신의 능력을 의지할 필요가 없고 나의 영을 의지해야 한다는 사실을 기뻐하라!

- 익명

어린이의 기도일지

(이것은 일곱 살 된 소녀가 처음으로 작성한 기도일지이다.)
"왜 하나님은 우리를 그렇게 많이 사랑해주서요?"

나의 자녀이기 때문이지.

"주님, 제게 말씀하고 싶으신 것이 또 있나요?"

그럼. 아주, 아주 중요한 것을 말하고 싶구나. 내가 너를 아주, 아주 많이 사랑한다는 거야.

"그것 말고 또 있나요?"

아니!

"오늘밤에 말씀해주신 모든 것에 감사드려요. 저는 이만 자러 갈게요!"
(이 소녀는 다음 날 아침에 다시 기도했다.)

"주 하나님! 어젯밤에 제게 말씀을 해주셔서 감사해요. 한 가지 질문이 있어요. '어린아이들을 용납하고 내게 오는 것을 금하지 말라 천국이 이런 사람의 것이니라'라고 말씀하신 까닭이 무엇인가요?

내가 그들의 구주이고, 그들을 사랑하기 때문이지.

(잠시 후에 소녀는 아빠와 함께 마태복음 19장 13-15절 말씀을 읽었다. 소녀는 예수님이 어린이들과 같이 있는 장면을 마음으로 그렸고 그 장면 속에 자기가 있는 것을 보았다. 다음은 소녀가 기록한 내용이다.)

"저는 예수님의 무릎에 앉아 있었어요. 예수님께서 한 손을 제 어깨에 얹으시고 다른 한 손으로는 허리를 감싸셨어요. 그리고 '너를 축복한다!' 말씀하셨어요. 정말, 정말 기분이 좋았어요."
— 채러티

나로 충만한 삶을 살아라

저는 예수님과 함께 호숫가를 걸었습니다. 우리는 작은 배에 올랐고 그분이 노를 저으셨습니다. 호수는 잔잔했습니다. 호수에 손을 담가보니 따뜻했습니다. 동이 트고 있었습니다. 완벽한 날이었죠. 저는 예수님께 사랑을 표현했고 주님은 잔잔한 미소로 받아주셨습니다. 우리는 다시 호숫가로 돌아와 배를 대고는 팔짱을 끼고 걸었습니다. 주님은 우리가 함께 걷고, 함께 뛰고, 함께 웃고, 함께하는 것을 서로 즐거워하는 시간을 가졌다고 말씀하셨습니다. 예수님과 함께하는 시간은 언제나 값진 시간입니다. 예수님이 말씀하셨어요.

나로 충만해지기 위해 따로 시간을 갖는 사람은 다른 사람들이 궁핍해질 때도 결코 부족함이 없을 것이다. 그들이 네게 빌리려고 손을 벌릴 때, 그들은 나를 발견하리라.

- 캐롤

나의 보좌로 나오너라

예수님을 묵상하고 있을 때 십자가에 달리신 예수님의 모습이 마음에 떠올랐습니다. 예수님이 말씀하셨습니다.

이곳은 네 죄와 옛 본성에 사망을 가져온 곳이다.

그다음에 저는 무덤을 보았습니다. 예수님이 부활하신 몸으로 무덤 옆에 서 계셨고 다시 말씀하셨습니다.

이곳은 나의 생명이 네게로 간 곳, 네가 새 본성을 받은 곳이다.

그다음에는 예수님이 보좌에 앉아 계신 것을 보았습니다. 예수님 옆에는 방이 하나 있었는데 저는 그것이 저를 위한 방이라는 것을 알았습니다. 예수님이 제게 손을 내미시며 말씀하셨습니다.

여기 내 옆으로 와라! 이곳은 나의 능력이 네게로 가는 곳이다. 너는 왕의 자녀야. 그래서 내가 다스릴 권세와 능력을 나눠주는 것이란다. 나의 자녀들 가운데는 보좌 앞에까지 나오지 않는 이들이 참 많다. 나는 여기 이렇게 그들이 있을 곳을 준비해놓고 있는데, 그들은 내 음성을 듣지도 않고 내 손짓을 구하지도 않는구나.

> 그들은 나의 생명을 갖고 있지만 내가 약속한 만큼 풍성하게 갖고 있지는 못해. 이 생명을 받으려면 내 보좌 앞으로 나와서 내가 주는 권세와 능력을 그냥 건네받기만 하면 되는데 그들은 도통 그렇게 하지를 않는구나. 나의 생명을 나눠가지는 것은 나의 십자가와 부활과 보좌를 나눠가지는 것이란다. 작은 자야! 언제나 담대하게 나의 보좌로 나오너라!
>
> – 익명

환상을 확증하는 예언적 말씀

성령께서 요한계시록 1장 6절 말씀으로 저를 깊이 감동시키셨습니다. "그의 아버지 하나님을 위하여 우리를 나라와 제사장으로 삼으신 그에게…"

저는 예수께서 물살이 거친 강 건너에 계신 것을 보았습니다. 예수님은 키가 컸고, 강인해보였고, 저를 향해 뻗으신 오른손에는 열쇠 두 개가 들려 있었습니다. 그것들을 제게 주려고 하신다는 것을 알 수 있었습니다. 예수님은 제가 강을 건너는 것을 도와주시려고 왼손을 이쪽으로 뻗으셨습니다. 제가 강을 바라다보는데 갑자기 급류가 위로 솟구쳐 올라 예수님이 보이지 않게 되었습니다. 저는 예수님을 찾으려고 더 위쪽을 바라보았습니다. 그렇게 물에서 눈을 떼자 수위가 다시 낮아졌고 예수님은 여전히 그곳에 계셨습니다.

예수님께 시선을 고정하고 강으로 들어갔는데 곧 거친 물살에 휩쓸렸습니다. 저는 예수님의 손을 붙잡으려고 팔을 뻗었지만, 거리가 너무 멀어 잡을 수가 없었습니다. 그런데 예수님의 손이 다가와 제 손을 꽉 붙들어주었습니다. 저는 예수님의 긴 팔을 볼 수 있었습니다. 예수님은 저를 강가로 끌어내셨고 제가 흐느껴 울자 꼭 안아주셨습니다. 예수님은 제가 그 열쇠들을 받아 사용하기를 바라셨습니다. 그 열쇠들은 사망과 원수의 모든 계략을 압도하시는 예수님의 능력과 권세를 나타냈습니다.

저는 그 열쇠들에 대해 말씀해달라고 예수님께 청했습니다. 예수께서 오른손을 내밀어 손바닥을 펴시자 거기에는 열쇠 두 개가 놓여 있었습니다. 저는 그 열쇠들을 보다가 그분 손바닥에 깊은 상처가 있는 것을 발견했습니다. 예수께서 십자가에서 죽으심으로써 그 열쇠들을 얻었다는 것과 제가 그 열쇠들을 사용하고자 한다면 저 역시 자아를 온전히 버려야 한다는 것을 상기시켜주신다는 것을 알았습니다.

저는 그 상처에 입을 맞추고 울며 제가 어떻게 하기를 원하시냐고 외쳤습니다. 예수님은 호소력 깊은 눈으로 저를 바라보셨습니다. 저는 그분이 내게 간절히 원하시는 것을 알아차렸습니다. 예수님처럼 저 또한 저 자신을 십자가에 달기를 진정으로 바라신다는 것을요.

예수님은 제게 그 열쇠들을 넘겨주시는 것이 아니라 제가 그분의 손에 손을 올려놓고 예수님의 인도를 따라 그 열쇠들을 사용해야 한다는 것을 알려주셨습니다. 저는 그 열쇠들을 마음대로 사용할 수 있겠지만, 예수님의 지시대로만 사용할 것입니다.

(다음 날 아침, 이 기도일지의 작성자는 교회의 기도회에 참석했다. 그런데 어떤 여성도가 이 작성자에게 예언으로 그 열쇠들은 주님께서 사용하라고 주신 것이니 담대하게 사용해야 할 것이라고 말했다. 그 예언은 이 작성자가 환상으로 받은 것들을 확증해주었다.)

- 익명

내 결정을 막을 자는 없단다

(이 기도일지의 작성자는 주님께서 특정한 목표를 향해 나아가라고 말씀하

시는 것을 느꼈지만 그 길에 엄청난 장애가 있어 망설이고 있었다. 주님께서 대답하셨다.)

내가 네 주님이냐? 그렇다면 나는 네 모든 환경을 결정해야 할 것이고 지금 네가 처한 상황에도 주님이 되어야 할 것이다. 내가 결정한 것들이 이루어지지 않게 막을 사람은 아무도 없단다. 네 눈에 엄청난 장애로 보이는 것들은 내 길에 있는 파리똥에 지나지 않아. 그러니 염려하는 모든 것을 내게 맡기지 않겠니?

- 익명

너의 좋은 점들을 보여주고 싶어!

(이 기도일지의 작성자는 자신의 영의 특징과 태도와 동기, 특히 주님을 불쾌하게 하는 것들을 보여달라고 주님께 구했다.)

나는 너의 좋은 점들을 보여주고 싶은데 너는 보려고 하지 않는구나. 나는 네 안에 있는 것들 가운데 나를 기쁘게 하는 것들에 집중하고 있는데, 너는 나를 불쾌하게 만든다고 생각하는 것들에 지나치게 집중하고 있구나. 네 마음이 나를 향하고 있으므로 그런 것들은 곧 사라질 거야. 나는 네가 네 자신의 좋은 것들에 초점을 맞추고, 내가 그것들을 통해 기쁨을 느끼는 것처럼 너도 기쁨을 느끼기를 바란다.

나를 향한 네 마음은 정결하구나. 네 마음에는 나의 사랑이 있어. 사랑이 나의 모든 행위의 동기이며 기본적인 특징인 것처럼 네 모든 행위의 동기와 기본적인 특징 역시 사랑이구나. 그러나 사랑이 아닌 다른 무엇인가가 네 마음에서 고개를 쳐드는 것이 느껴질 때, 그것은 사탄이 네 마음에 자기의 길을 끼워 넣으려고 술책을 부리는 것이다.

하지만 네가 나를 믿고 내게 묻는 한, 나의 사랑이 아닌 다른 동기를 받거나 초대하는 것이 네 마음의 진실한 소망이 아니라는 것을 내가 아는 한, 내가 그 모든 것을 네게서 몰아낼 것이다.

― 요안나

네 고통은 범람하지 못할 것이다

내 아들아, 와서 함께 걷자. 해변에 찰랑이는 물이 보이니? 그것들은 내가 정해놓은 한계를 넘지 못해. 네 고통도 내가 정해놓은 한계 너머로 범람하지 못할 거야. 이 모든 것은 아름답게 끝날 것이다. 그러니 무슨 말을 하고 어떤 행동을 해야 할지 염려하지 말라. 이스라엘 백성들에게 먹을 것이 필요했을 때에 내가 계속 만나를 주었던 것처럼 네게 필요한 것이 있으면 계속 공급할 것이다. 모든 해결책이 네 옆에 차곡차곡 쌓여 있어서 필요할 때 임의로 꺼낼 수 있다면 니에 대한 믿음이나 신뢰가 무슨 필요가 있겠니? 내가 공급할 것이다! 내가 지탱할 것이다! 내가 에너지를 줄 것이다! 너는 그저 나를 바라보고 의지하면 된단다. 내 아들아, 위로를 얻어라. 이제 나의 평안으로 들어오너라!

― 익명

내가 너의 성공이다

"주님, 주님을 아주 많이 사랑하고, 주님의 사랑과 돌보심에 늘 감사합니다. 주님의 음성을 듣기 위해 시간을 낸다면 제게 말씀하신다는 것을 보여주신 주님께 제가 어찌 감사해야 좋을까요?"

아들아, 너를 사랑한다. 내 사랑은 네가 이해할 수 있는 것보다 훨씬 더 강하고 깊단다. 앞으로 너를 지탱해줄 것도 바로 이 사랑이야. 네가 낙심하거나 당황하거나 지칠 때, 나의 사랑이 네 마음의 울타리가 되어 줄 거야. 그러니 이를 깨닫고 기뻐하라! 너는 다른 사람들의 삶에 네가 생각한 만큼 빨리 변화가 일어나지 않으면 네가 사역을 잘못한 게 아닌가 걱정하지. 그러나 평화로운 마음을 갖고 내 안에서 쉬어라! 그런 것은 내가 염려할 문제야. 너는 나의 도구란다. 도구가 행한 것에 대해 책임을 져야 할 이는 도구가 아니라 그 도구를 사용하는 사람이지. 그러니 성공의 압박감에 시달리지 마라. 내가 너의 성공이다. 그저 내 안에서 쉬고, 내가 그들의 삶에 변화를 일으키리라 믿고 의지해라!

"주님은 너무나 좋으신 분이십니다. 주님으로부터 오는 것을 모두 받겠습니다."

그렇다면 나의 사랑을 받아라! 그것은 샘물처럼 영원히 쏟아진단다. 내가 너를 얼마나 소중히 여기는지 알고 있지? 내 아들아, 내 말을 믿어라. 내가 너를 품에 안고 있다. 너를 붙잡고 보호하고 있다. 이 세상 무엇도 너를 해할 수 없고 내가 네게 준 사랑, 기쁨, 평화, 내 안에 있는 쉼을 앗아갈 수 없어. 가르침을 주겠다. 무엇을 하려고 바둥거리지 말고 단순하게 나를 기다려라! 네 모든 염려를 내게 맡겨라! 네 마음을 볼 때 내 마음은 기쁘다. 네가 요청하는 것들을 듣고 있다. 그것들이 이루어졌다고 여겨라.   - 익명

너는 나를 통해 승자가 될 것이다!

너는 너 자신을 형편없는 실패자요 구제불능으로 간주하여 이미 모든 것

을 포기했고 패배와 실패에 굴복해 기권해버렸구나. 너는 싸우기도 전에 이길 수 없다고 말해 또 다른 실패와 패배를 초대하고 있다. 군인이 싸우기도 전에 질 것이라 믿으면 승리의 소망과 싸울 힘을 잃고 필경 패배하지 않겠니?

그러나 나는 너를 그런 식으로 보지 않아! 나는 그런 오해와 거짓말에 현혹되거나 설득당하지 않아. 너는 내 아들이란다. 내 귀한 피를 흘려 산 아들이지. 너는 정복자 이상이요, 승리자 이상이야! 너는 아버지의 기쁨이란다. 너는 수년, 여러 세대에 걸쳐 하나님을 아는 지식에 대항하여 세워진 불경건한 믿음과 부도덕한 구조들을 뒤엎고 있어. 네 삶에 있는 경건하지 못한 불신앙의 패턴을 쓰러뜨리도록 내가 도와주리라. 내가 너를 내 안에 있는 온전한 안식과, 여러 민족에게 영향을 끼치는 엄청난 위업을 낳을 친밀함의 처소로 데려갈 것이다. 네 시선을 내게 고정하라! 나는 할 수 있느니라. 나는 전능하신 하나님이 아니냐?

너는 그 옛날 나의 제자였던 사람들과 다르지 않구나. 그들은 나와 함께 다니면서도 불신앙에 젖어 있었고, 내가 행하는 모든 일을 목격하고서도 불신앙과 경건하지 못한 사고방식에 빠져들었다. 하지만 나는 그들을 큰 믿음의 장소, 나와 친밀하게 교제하는 장소로 데려갔다. 나는 신실하다. 너를 향한 나의 신실함은 아주 크다!

너는 내 것이다. 사도들이 내 것이었듯 너도 내 것이다. 그들은 나의 자녀 이상이 아니었고, 너보다 더 큰 은혜를 입은 것도 아니었어. 그들이 나의 자녀였던 것만큼 너도 나의 자녀란다. 네 불신앙의 죄를 계속 자백하며 회개하라! 태도를 돌이키고 나와 내 말에 집중하라. 그러면 네 삶에 차례로 변혁을 일으키고, 네가 영향을 끼치도록 부름 받은 모든 사람의 삶에 변혁을 일으키는 변화를 계속 체험할 것이다!

　아빠를 의지하는 어린아이처럼 나를 의지하라. 네 아들 요시아가 어렸을 때를 기억해보아라. 그 애가 물이 두려워 수영장에 들어가지 못하고 자꾸 네 품 안으로 파고들 때 너는 계속 너를 믿으라고 말했어. 그 애는 물이 무서워서 뛰어들지 못했지만 너를 믿고 점프하라고 계속 설득한 것은 네가 그 애를 실망시키지 않을 것을 잘 알고 있기 때문이었지. 그리고 정말 너는 그 애를 실망시키지 않았다. 요시아는 물에 뛰어들었고 물에 대한 두려움을 극복할 때까지 반복하고 또 반복했어. 그런 과정을 통해 신뢰가 생기고 굳건해졌지.

　이제 너도 나를 믿고 뛰어들어라! 내가 붙잡아주겠다. 너는 할 수 있어. 뛰어들어라! 나는 너를 실망시키지 않을 것이고 실망시킬 수도 없어. 붙잡아줄게. 내 팔 안에서 너는 영원히 안전해! 너는 빠져 죽지 않아. 나는 너를 실망시키지 않아. 신뢰가 생기고 확고해질 것이다.

- 마이클(캐나다)

10

음성 듣기를
넘어
깊은 사랑으로

알지만 아는 것이 아닌 것

내 아내 패티는 뉴욕 서부에서 성장했다. 십 대 시절, 그녀는 대니라는 DJ가 진행하는 라디오 방송을 거의 매일 청취했다. 그는 무척 인기가 높아서, 젊은이들이 모이는 곳마다 그의 목소리가 요란하게 울렸다.

아내는 대학 졸업 후 다른 지방에서 잠깐 살다가 결혼한 뒤에 나와 함께 다시 뉴욕 서부로 이사했다. 어느 날, 함께 TV뉴스를 보던 아내가 십 대 시절에 종종 듣던 목소리를 알아듣고 깜짝 놀랐다. 대니가 라디오를 계속 진행하면서 지역 TV에 종종 얼굴을 내미는 유명 인사가 되었기 때문이었다. 패티는 드디어 그 목소리와 결합시킬 수 있는 영상을 갖게 되었고, 대니의 목소리를 듣고 싶을 때마다 TV 채널을 맞추고 쉽게 그의 목소리를 듣고 얼굴을 볼 수 있었다.

나는 이 책에서 당신이 영으로 주님의 음성을 듣고 식별하는 것을 돕고자 많은 방법과 원칙들을 제시하였다. 나는 또한 당신이 당신의 삶에 환상을 더하여 하나님의 움직임을 마음의 눈으로 볼 수 있기를, 그리고 당신이 영적 수용력(受容力)을 증대시키기 위해 마음의 채널을 맞추는 법도 배웠기를 소망한다. 하지만 거기서 멈춘다면 당신과 예수님의 관계는 패티가 대니를 아는 것보다 더 깊게 발전하지 못할 것이다.

패티는 대니의 목소리도 알고 얼굴도 안다. 그러나 대니를 개인적으로 아는 것은 아니다. 두 사람은 서로 만난 적도 없고 생각이나 느낌을 나눈 적도 없다. 그들 사이에는 사랑도 우정도 없다. 어떤 사람을 잘 모르면서 그 사람의 목소리만 아는 것은 가능한 이야기이다.

기노스코와 야다

이 책 초반부로 돌아가 보자. 하나님은 자녀들과 교통하기를 깊이 갈망하신다. 우리가 하나님의 음성을 식별할 수 있느냐는 것은 매우 중요한 문제이다. 그것이 하나님과 교통할 수 있는 능력을 증대시키기 때문이다.

그러나 우리의 목표는 그저 하나님의 음성을 아는 것이 아니라 하나님을 아는 것이다. 예수님은 "영생은 곧 유일하신 참 하나님과 그가 보내신 자 예수 그리스도를 아는 것"(요 17:3)이라고 말씀하셨다. 우리의 구원은 '소유'가 아니라 '관계'이다. 영생은 단순히 영원히 사는 것이 아니다. 우리는 또한 사랑 안에서 자라가야 한다.

'알다'에 해당하는 헬라어는 '기노스코'(ginosko)이다. 1장에서 보았듯이 이 단어는 안면이 있는 사람이나 친한 친구를 그냥 '아는 것'이 아니라 '점진적으로 발전하는 관계 속에서 친밀하게 사귀는 것'을 뜻하며, 창세기 4장 1절에서는 남편과 아내 사이의 가장 친밀한 인격적 관계를 가리킨다. 예수님은 이것이 영원한 생명이라고 말씀하셨다. 우리가 구속을 받은 까닭이 바로 이것, 즉 아버지와 아들과 시간을 함께하며 영원토록 더욱 달콤해지는 깊고 친밀한 사랑의 관계를 쌓기 위함이다.

'기노스코'와 동일한 의미를 가진 히브리어는 '야다'(yada)이다. 나는 기도 속에서 하나님과 사랑의 친교를 나누는 시간의 특징을 이 단어로 나타내기를 좋아한다. 기도는 우리가 행하는 행위가 아니라 하나님과 함께 있는 것이다. 기도를 간청, 탄원, 찬양, 감사로만 이해하는 우리의 제한된 의식 너머로 나아가지 않으면 우리가 창조된 목적인 하나님과의 깊은 사랑의 관계에 이를 수 없다. 물론 그러한 기도의 국면들은 중요하니 오해 없기를 바란다. 그러나 그것들이 '야다', 즉 '하나님을 친밀하게 아는 것'으로부터 흘러나오지 않으면 '종교적 행위'에 그칠 위험이 있다.

하나님의 갈망은 우리를 사랑하시는 것

예수님을 내 삶의 주님과 구주로 영접할 때 우리는 예수님과 약혼하게 된다. 우리가 회개한 이후로 주님께서 재림하실 때까지 이 땅에서 사는 시간은 주님과의 약혼 기간이다. 이 기간은 둘의 관계를 심화시키고, 소망과 꿈과 기쁨과 아픔과 성공과 도전을 나누면서 함께 많은 시간을 보낼 기회이다. 바울은 고린도 교회에 "내가 너희를 정결한 처녀로 한 남편인 그리스도께 드리려고 중매함이로디"(고후 11:2)라고 말했다. 주님께서 재림하실 때, 우리는 어린양의 성대한 혼인잔치에서 신랑이신 주님과 하나 된 교회의 일부가 될 것이다.

이 약혼 기간 동안, 우리의 약혼자께서 우리의 동행을 갈망하신다. 그분은 우리 마음에 있는 모든 것을 그분과 나누기 바라시며, 우리가 그분과 서로의 사랑을 만끽하며 조용히 함께 앉아 있을 수 있을 만큼 그분을 편하게 대하기를 바라신다. 주님은 내 아내의 기도일지에 다음과 같이 말씀하셨다.

너를 사랑한다. 나는 네가 마음을 나눌 누군가를 갈망하듯 너도 내게 돌아오기를 애타게 바란다. 나는 네 사랑이 필요하단다. 너를 정말로 사랑한다. 나의 사랑을 내게 표현하고 싶구나. 나를 거절하지 말라. 나는 너를 사랑한다. 내가 사랑의 선물로 네 위에 부어주는 모든 축복을 받아들이렴. 나의 자녀, 사랑하는 딸아! 너를 사랑한다. 너는 내게 참으로 소중하다. 너는 내 마음에 간직한 보물이야. 와서 네 삶을 나와 나누지 않겠니?

예수께서 정말로 사랑했던 도시 예루살렘을 내려다 보실 때, 사람들의 거부로 마음 아파 하셨지만 여전히 조건 없이 사랑하시며 탄식하셨다. "예루살렘아, 예루살렘아… 암탉이 제 새끼를 날개 아래에 모음같이 내가 너희의 자녀를 모으려 한 일이 몇 번이냐 그러나 너희가 원하지 아니하였도다"(눅 13:34).

예수님은 우리를 예수님 가까이 끌어당기시기를, 우리에게 안위와 정체성을 주시기를, 우리를 향한 사랑으로 고동치는 예수님의 마음을 느끼게 하시기를 여전히 갈망하신다.

그러나 우리는 너무 바빠 예수님과 함께할 시간을 내지 못한다며 예수님 마음을 얼마나 아프게 하는지! 관계 대신 규칙을 선택하고 사랑 대신 직무를 택함으로써 예수님 마음에 얼마나 깊은 상처를 입히는지!

우리 학교 학생 하나는 기도일지에서 다음과 같은 말씀을 받았다.

내 자녀야! 너는 기도를 잘 하지 못한다고 느끼고 있구나. 왜지? 기도는 너의 가깝고도 친한 친구, 바로 나와 그냥 대화하는 거야. 기도란 네가 이 땅의 친구와 하듯이 내게 와서 말하고 듣고 즐거워하는 것이야. 물론 나는 땅에 있는 친구 그 이상이고 너의 모든 것이지만 말이야!

내가 너를 통해 흘러나와 네가 생각하고 말하고 행하는 모든 것 안에 들어가도록 하여라. 더 많이 말하고, 더 많이 듣고, 더 많이 보아라! 나의 안내와 이끄심을 구하면 쉬울 것이다. 너를 사랑한다. 와서 나의 안식 안에서 쉬어라! 내가 흐르도록 허락하여라!

예수님은 우리와 '그저' 함께하는 것을 기뻐하신다

우리가 '야다'를 선택할 때 예수님이 얼마나 기뻐하실까?

"마치 청년이 처녀와 결혼함같이 네 아들들이 너를 취하겠고 신랑이 신부를 기뻐함같이 네 하나님이 너를 기뻐하시리라"(사 62:5).

우리 구주께서 우리를 향해 갖고 계신 사랑을 우리가 정말로 이해할 수 있을까? 들어보라!

"내 누이, 내 신부야 네가 내 마음을 빼앗았구나 네 눈으로 한 번 보는 것과 네 목의 구슬 한 꿰미로 내 마음을 빼앗았구나 내 누이, 내 신부야 네 사랑이 어찌 그리 아름다운지 네 사랑은 포도주보다 진하고 네 기름의 향기는 각양 향품보다 향기롭구나 내 신부야 네 입술에서는 꿀방울이 떨어지고 네 혀 밑에는 꿀과 젖이 있고 네 의복의 향기는 레바논의 향기 같구나"(아 4:9-11).

이것은 사랑에 빠진 한 남자의 고백이다. 물론 아가서는 남편과 아내의 사랑을 이야기하지만 또한 그리스도와 그분의 신부인 교회의 사랑에 대한 아름다운 표현이기도 하다. 예수님은 측량할 수 없는 사랑으로 우리를 사랑하시며, 그 사랑을 우리에게 표현하기를 갈망하신다.

예수님은 우리가 문제나 필요가 생겼을 때에만 예수님께 온다거나, 어떤 속셈을 갖고 예수님을 찾기를 바라지 않으신다. 예수님과의 교제가 우리로 많은 결실을 맺게 하지만, 단순히 우리가 영적 생산력을 높이기 위해 예수님께 나아오는 것은 바라지 않으신다. 예수님은 우리가 예수님을 너무도 사랑해서 예수님께 나아가지 않고는 배길 수가 없기 때문에 예수님께 오기를 바라신다. 주님은 내게 말씀하셨다.

나는 그냥 너와 함께 있는 것이 기쁘단다. 특별히 함께 무엇을 하지 않아도 그냥 같이 있는 것이 좋아. 네 찬양의 향기가 좋아. 너와 단 둘이 있는 이 시간이 내게는 참으로 평화롭구나! 마치 산에 흐르는 고요한 시냇물과도 같아. 나는 네가 내게 나오기를 기다린다. 그 시간은 내게 활력을 준단다. 네가 내게 나오기로 결정할 때 너는 나의 뜻을 이루는 것이고, 내게 실로 큰 기쁨을 주지. 그러니 자주 그리하고, 어떤 목표를 달성해야 할 때만 나에게 나오는 것이라고 생각하지 마라. 우리가 단지 함께 있는 것, 그냥 함께 있는 것이야말로 가장 큰 성취란다. 그러니 와서 서로를 기뻐하자꾸나!

사랑하면 함께하고 싶어진다

'첫눈에 사랑에 빠지는 것'은 낭만적인 공상이다. 사랑은 어느 날 갑자기 만발한 꽃으로 우리 마음에 들어오지 않는다. 사랑은 작은 씨앗에서 시작되고, 세심하게 돌봐주어야 강하고 아름다운 봉오리를 맺는다. 사랑은 함께 시간을 보내고, 함께 웃고 울고 일하고 노는 데서 온다. 할리우드 영화들이 선전하는 것과는 달리, 참된 사랑으로 향하는 지름길은 없다.

예수께서 열두 제자를 부르신 주된 첫 번째 이유는 그들이 예수님과 '함께 있게' 하시려는 것이다(막 3:14). 물론 제자들이 예수님을 도왔지만 예수님이 기본적으로 원하신 것은 그들의 조력을 받는 것이 아니었다. 예수님이 최우선적으로 바라신 것은 그들이 예수님과 함께 있고, 예수님의 친구가 되며, 예수님의 기쁨과 아픔을 나누는 것이었다.

아내와 데이트하던 시절, 우리는 거의 모든 시간을 함께했다. 우리는 강의 시간을 제외한 거의 모든 시간을 붙어 지냈다. 아침 일찍 일어나 함께 기도했고, 시간과 재정이 허락되면 데이트를 나갔다. 모든 것을 나누고, 삶의 아주 작은 부분이라도 상대방에게 감추지 않았다.

왜 그랬을까? 우리가 아침에 눈뜨는 시간을 함께 보내야 한다는 규칙을 정했기 때문에? 방학을 맞아 고향에 내려가면 매일 편지를 써야 한다는 법이 있어서? 알 수 없는 어떤 낯선 기운이 나를 강요하여 그녀와 몇 시간을 함께 보내기 위해 밤새 차를 몰고 달려가는 것 같은 미친 짓을 저지르게 했기 때문에?

물론 아니다! 우리가 서로 사랑했기 때문이다. 함께 있기를 원했기 때문이다. 떨어져 있으면 우리 안에 있는 무엇인가가 불완전해지는 것 같은 느낌이 들었기 때문이다. 함께 있을수록 더 많은 시간을 함께 있기 원했고 마침내 우리가 앞으로의 인생을 서로 사랑을 나누며 보내고 싶어 한다는 것을 알게 되었다.

주님의 부르심에 깊은 갈망으로 응답하라

주님과 나의 관계도 그렇다. 내 삶을 주님과 나누라고 강제하는 율법은 없다. 주님과 내가 매주 일정 시간 동안 기도일지를 쓰자고 규칙을 정한 것도 아니다. 그러나 주님의 사랑이 나를 그분께 끌어당긴다. 내가 삶의 분주함에 휩쓸릴 때면 주님의 임재 안으로 와서 편히 쉬라고 부르시는 주님의 음성이 내면 깊은 곳에서 들린다.

어느 날, 주님께서 말씀하셨다.

나는 알파와 오메가, 시작과 끝이니라. 네가 생각하거나 물을 수 있는 것을 초월한 모든 것을 충분히 행할 수 있지. 그러니 내게 오너라! 그러면 네 힘이 되어주고 네 연인이 되어줄 것이다. 함께하는 시간이 없이는 그렇게 되지 못할 것이니 너는 그저 단순하게 내게 오너라. 자주, 지속적으로 오너라. 나는 항상 여기 있으며, 언제나 듣고 대답할 준비가 되어 있다. 나는 크고 사랑이 충만한 하나님, 노하기를 더디 하고 자비가 충만한 하나님이다. 전심으로 나를 찾고 내게 와야 한다. 그렇게 하겠느냐?

거듭거듭 하나님은 하나님의 음성을 듣고, 와서 하나님과 시간을 보낼 사람들을 부르신다. 하나님은 내 아내에게 말씀하셨다.

네가 내 마음으로 사는 법을 배웠으면 좋겠구나. 너는 네 남편을 기쁘게 하는 법을 알고 있고 그를 기쁘게 해주려고 노력하잖니? 그와 같이 나를 기쁘게 하는 것들이 무엇인지 알아라. 나를 알고 나를 사랑해라. 그래야 내 안에 거할 수 있단다. 그리고 나와 함께 시간을 보내야 나를 알고 사랑할 수 있단다. 내게 오너라. 나를 알기 위해 시간을 내라.

우리의 영도 "깊은 바다가 서로 부르는 것"(시 42:7)같이 주님을 향한 갈망으로 응답한다.

"하나님이여 사슴이 시냇물을 찾기에 갈급함같이 내 영혼이 주를 찾기에 갈급하니이다 내 영혼이 하나님 곧 살아 계시는 하나님을 갈망하나니 내가 어느 때에 나아가서 하나님의 얼굴을 뵈올까"(시 42:1,2).

사랑에 빠진 연인들이 함께할 수 있는 모든 기회를 날래게 포착하는 것처럼 나의 마음도 내 영혼을 사랑하시는 연인과 함께할 모든 기회를 민첩하게 붙잡는다. 그리고 그분의 임재 안에 들어갈 때 평화와 만족과 기쁨을 발견한다.

"네 사랑이 포도주보다 나음이로구나 네 기름이 향기로워 아름답고 네 이름이 쏟은 향기름 같으므로 처녀들이 너를 사랑하는구나 왕이 나를 그의 방으로 이끌어 들이시니 너는 나를 인도하라 우리가 너를 따라 달려가리라 우리가 너로 말미암아 기뻐하며 즐거워하니 네 사랑이 포도주보다 더 진함이라"(아 1:2-4).

주님과 교제할 때 증인이 된다

주님과의 교통은 우리가 매주 특정한 시간에 행하는 특별 이벤트가 아니라 우리 존재의 모든 부분에 영향을 끼치는 삶의 방식이다. 예수님과의 관계 속에서 살아갈 때 우리 삶의 모든 것이 그 관계에 영향을 받는다.

일례로, 우리는 믿는 자들 모두 전도자가 되어야 한다는 것을 잘 알고 있으며, 전도 능력을 향상시키기 위해 책도 읽고 전도세미나에도 참석하지만, 역량 있는 전도자가 되지 못하여 주님을 실망시켜드렸다고 느낄 때가 많다. 일부 목회자들은 전도의 진정한 의미를 제대로 이해하지 못하여 너무나 자주 우리의 잘못을 나무라며 죄책감을 증대시킨다.

예수님은 "오직 성령이 너희에게 임하시면 너희가 권능을 받고 예루살렘과 온 유대와 사마리아와 땅 끝까지 이르러 내 증인이 되리라"(행 1:8)라고 말씀하셨지 "… 증언할 것이다"라고 하지 않으셨다. 이 구절의 '증인'은 동사가 아니라 명사로, 이 단어는 우리가 "무엇을 하느냐?"가 아니라 "어떤 사람이냐?"라는 것과 긴밀하게 관계되어 있다. 예수님은 분명 "내 증인이 되리라"고 말씀하셨다.

증인이 무엇인가? 늦은 밤, 당신이 간식거리를 사러 편의점에 갔다고 생각해보자. 물건을 고르고 있는데 계산대 쪽에서 시끄러운 소리가 들린다. 당신이 통로 쪽으로 고개를 내밀어 계산대를 보니 한 남자가 주인에게 칼을 들이대며 금전등록기에 있는 돈을 다 내놓으라고 위협한다. 강도가 돈을 빼앗아 도망치려고 입구 쪽으로 몸을 돌릴 때, 당신은 그의 얼굴을 똑똑히 본다. 잠시 후에 경찰이 도착한다. 당신은 경찰관에게 다가가 "제가 증인이에요. 모든 것을 다 보았어요!"라고 말한다. 경찰관은 당신에게 법정에 나아가 보고 들은 것을 다 증언해달라고 부탁한다. 판사는 당신의 증언 외에 다른 어떤 것도 고려하지 않는다. 그렇다. 듣지 못한 사람, 보지 못한 사람은 증인이 될 수 없다.

예수님은 성령이 우리에게 임하시면 우리가 예수님의 증인이 될 것이라고 말씀하셨다. 이는 성령이 우리에게 임하시면 우리가 예수님이 행하시는 것들을 보고, 예수님이 말씀하시는 것들을 들을 것이며, 그렇게 보고 들은 대로 다른 사람에게 이야기하게 되리라는 말씀이다.

베드로와 요한은 예수님이 의미하신 것을 정확히 이해했다. 그들은 성전 문에서 구걸하는 앉은뱅이를 보았을 때 예수께서 그 사람을 치유하시는 것을 영으로 보았고 아버지께서 주도하시는 대로 말했고, 이에 앉은뱅이가 걷고 뛰며 하나님을 찬양했다. 그런 다음 그들은 예수님에 대해 알고 있는 것들을 증언하기 시작했다. 그 결과 그들은 감옥에 갇혔고 법정에 끌려 나갔지만 산헤드린 공회는 그들이 증인으로서 진술하는 바에 깜짝 놀랐고 그들을 예수님과 함께 있던 자들로 인정하기 시작했다.

예수께서 행하시는 것을 보고, 말씀하시는 것을 듣고, 그렇게 예수께서 행하고 말씀하신 것을 증언하기 위해 세상 앞에 있는 증인대에 올라가는 것이 진정한 '증인됨'이다. 우리가 예수님과 함께해와서 예수님의 증인이 되었다면, 우리의 증언은 사람들의 마음을 설득시킬 것이고, 수많은 사람을 영원한 형벌에서 구할 것이다.

새로운 의미로 다가온 찬양

찬양을 하나님과 교통하는 총체적 체험의 일부로 보기 시작했을 때, 그것은 완전히 새로운 의미로 다가왔다. 내가 노래하는 것들의 실체를 보기 위해 마음의 눈을 열었을 때 찬양은 새로운 의미의 영적 접촉이 되었다.

나는 예수께서 아버지 우편에 앉아 계신 것과 그분의 백성들이 드리는 찬양으로 보좌에 임하시는 것, 우리의 찬양을 받으며 기뻐하시는 것과 우리에게 사랑을 베풀어주시는 것을 보기 시작했다. 내가 모든 것을 성령께 맡기자 성령께서 주관하시며 찬양의 노랫말 뒤에 있는 영적 실체들을 보여주신 것이다.

내 아내도 그러한 체험을 했다. 어느 주일 아침, 아내가 찬양을 하며 마음의 눈을 주님께 드리자 주님은 예배 시간 내내 그녀에게 아름다운 환상을 보여주셨다. 그 환상의 내용이 이 책에서 내가 말한 많은 원칙의 실효성을 입증하고 있기 때문에 나는 아내에게 책에 소개하면 좋겠다고 했다. 그 사건은 우리가 하나님 면전에 나아가 자신을 가라앉히고 마음에 자연스럽게 흐르는 생각들과 환상에 채널을 맞출 때, 성령께서 우리 안에서 활동적으로 흐를 수 있고 하나님께서 기이한 일들을 베풀어주실 수 있다는 것을 보여준다.

그때 내 아내는 엘리사 선지자가 했던 방법과 비슷하게 음악을 이용하여 자신을 잔잔하게 가라앉혔다(왕하 3:15). 그 이야기는 다음과 같다.

이번 주일은 여느 주일과 다름없이 시작되었습니다. 막내 조슈아가 밤에 여러 번 깨서 저는 무척 피곤했습니다. 남편은 제가 일어나자마자 교회에 가서 애들을 저 혼자 준비시켜야 했지요. 저녁 때 친구들이 온다고 해서 청소도 해야 했습니다. 집이 그야말로 아수라장이었거든요. 머리를 매만질 시간도 없이 간신히 옷을 입고 거울을 보았는데 평소보다 더 뚱뚱해 보여서 몸매가 잘 드러나지 않는 옷으로 갈아입어야 했지요.

교회에 도착했을 즈음 벌써 예배가 시작되고 있었습니다. 여느 주일처럼 기분이 좋지 않았지요. 남편이 저를 보더니 무슨 일이 있느냐고 물어서 주일이 너무 싫다고 대답했습니다. 하지만 박수치고 노래하며 찬양의 제사를 드리기 시작했습니다.

얼마 후에 찬양이 잠시 중단되고 회중 위로 고요한 기운이 찾아왔습니다. 제 내면에서 음성 하나가 계속 되풀이되었습니다.

"보아라! 네가 사랑하는 분이 백마를 타고, 정복하면서 그리고 정복하기 위해서 오고 계신다!"

저는 그것이 저에게만 임한 메시지인지 모든 교인에게 임한 메시지인지 확신할 수 없어서 잠자코 있었습니다. 그다음에 일어난 일에 비추어볼 때, 그것이 주님 앞에 오는 사자(使者)의 음성으로, 주님의 오심을 위해 저를 준비시키기 위한 것임을 알 수 있었습니다.

곧 주님께서 제게 오셨습니다. 주님은 흰 옷을 입고 백마를 타고 계셨죠. 주님이 말에서 내리실 때, 저는 주님께 달려갔습니다. 그러고는 저의 좌절과 분노와 우울함을 호소하며 서러움에 복받쳐 울기 시작했습니다. 주님은 그런

저를 꼭 안아주시고는, 제 어깨에 팔을 두르시더니 조금 전의 상황, 곧 저의 아침으로 데려가셨습니다. 주님은 그 환경이 제가 마음으로 느끼는 것만큼 그렇게 나쁜 것이 아니라고 가르쳐주시고 앞으로 그런 아침들을 보내지 않기 위해 해야 할 일들도 알려주셨습니다.

그렇게 제 아침을 치유해주신 뒤에 주님은 저를 데리고 주님이 타고 오신 말을 매어둔 풀언덕으로 돌아오셨습니다. 우리 교회 교인들이 다시 찬양하기 시작했고, 저도 함께 찬양했습니다.

저는 하늘까지 닿는 주님의 견고한 사랑과 신실하심과 의로우심과 지혜를 찬양했고 주님의 날개 그늘에서 평화를 찾는 것과 기쁨의 샘에서 마시는 것을 찬양했습니다. 그것은 저의 왕께 드리는 사랑의 노래였습니다. 주님의 얼굴을 바라볼 때, 주님을 향한 저의 깊은 사랑과 저를 향한 주님의 무한하신 사랑을 느낄 수 있었습니다.

그러고는 주님께서 슬픔 대신 주시는 기쁨을 찬양하는 행복한 노래를 부르며 박수를 치며 예수님을 바라보았는데 예수님은 춤을 추고 계셨어요! 저는 정결한 기쁨으로 가득한 예수님을 따라 웃지 않을 수 없었죠.

사람들이 'Let us adore'라는 곡으로 찬양하기 시작하자 주님이 함께 찬양하시며, 그분과 함께 아버지를 경배하도록 저를 초청하셨습니다. 우리는 팔짱을 끼고 하나님을 찬양하며 걷기 시작했습니다.

우리가 풀이 무성한 넓은 공터에 도착했을 때 예수님이 갑자기 말에 올라타셨습니다. 순간, 엄청난 수의 군중들이 공터에 모여들었습니다. 저는 그 많은 군중들 맨 앞줄에 서 있었고 예수님께서는 승리자의 모습으로 말을 타고 공터 주변을 달리셨습니다. "주님은 선하시다! 위대하시고 극진히 찬양 받으실 주님!" 하고 찬양하며 저는 자부심과 기쁨으로 가슴이 터질 것 같았습니다.

저는 군중들과 함께 위대한 승리를 축하했고, 승리를 이루신 그분을 드높였습니다. 예수님께서는 말을 타고 우리 옆을 지나가시면서 미소를 지으셨습니다. 그분 얼굴은 말할 수 없는 사랑과 고귀함으로 빛났습니다. 우리는 유다의 사자, 왕 중의 왕이신 그분을 찬양했습니다.

예수님은 공터 끝에 세워진 단상(壇上)에 오르셨습니다. 단상 위에는 차양이 드리워졌고 양옆으로 색색의 깃발과 기치들이 나부꼈습니다. 저는 누가 그 식을 집행하는지 볼 수 없었지만, 아버지께서 아름답고도 소박한 황금 왕관을 예수님께 씌워주고 계시는 것을 느낄 수 있었습니다. 군중들과 함께 찬양하고 있을 때 예수께서 단에서 내려와 공터를 가로질러 이쪽으로 오셨습니다. 저는 중세의 여인들처럼 길게 늘어뜨린 드레스를 입고 리본으로 장식한 높은 모자를 쓰고 있었습니다. 저는 예수님이 저를 개인으로서도 매우 중요하게 여기시지만 또한 교회의 상징으로 여기신다는 것을 알아차렸습니다. 우리 교인들이 '마라나타! 주의 나라여, 오셔서 다스리소서!' 찬양하고 있을 때, 예수께서 저를 예수님의 신부로서 단으로 데려가 예수님과 함께 다스리게 하셨기 때문입니다.

갑자기 '이 날은 주의 날일세' 찬양이 터져 나와 저는 실망하며 '이 찬양은 지금 상황에 맞지 않아! 내 환상이 끝났나봐'라고 생각했죠. 그러나 예수님은 그렇게 느끼지 않으셨습니다. 갑자기 저는 제가 군중들과 함께 공터에서 춤추는 것을 발견했습니다. 예수님은 우리가 아버지의 역사를 축하하는 것임을 깨우쳐주셨습니다. 예수님의 승리는 아버지의 능력을 통해서 가능했던 것입니다. 정말로 아버지께서 이 날을 만드셨고 그래서 우리는 그분 안에서 기뻐하며 즐거워할 수 있었던 것입니다.

예배의 마지막 찬송은 '주 안에서 항상 기뻐하라'였습니다. 예수님은 저를 데리고 다시 단상으로 돌아왔고 군중들은 여기저기 흩어져 미뉴에트 곡에 맞추어 춤을 추듯 기쁨의 춤을 추었습니다.

성만찬을 행하기 전, 저는 교인들이 성찬 테이블로 이동하는 것을 보았습니다. 예수님은 귀빈으로서 가운데 앉아 계셨습니다. 저는 예수님의 신부로서 예수님 왼쪽에 앉았고 우리 교회 장로인 로저는 그 잔치의 진행자로서 예수님 오른쪽에 앉아 있었습니다. 로저는 우리가 곧 대면하게 될 원수와 주님께서 이미 거두신 승리에 대해 말했습니다. 저는 실제로 성만찬의 잔을 들어 예수님께 축배를 제안하고 싶었지만 자제해야 했어요. 그것이 저의 영이 하고 있는 일이었거든요. 남은 시간 동안 우리는 우리의 승리의 통치자이자 친구이신 그분을 높이기 위한 증거들을 나누었답니다.

하나님과 교통하는 삶은 믿음을 낳는다

믿음은 하나님과 교통하는 삶에서 당연히 나오는 결과이다. 로마서 10장 17절은 믿음이 그리스도의 말씀(레마)을 듣는 것에서 비롯된다고 말한다. 예수님이 우리에게 하시는 말씀을 들을 때 믿음이 어려운 과업이 아니고, 자연스럽게 생겨난다.

멜 태리는 《급하고 강한 바람처럼》에서, 단순한 믿음은 예수님을 아는 것과 예수님께서 특정 상황에서 무엇을 하기를 원하시는지 알아차릴 수 있을 만큼 예수님과 친밀하게 지내는 데서 자연스럽게 나오는 결과이며, 그럴 때 우리는 단순하게 순종하면서 그분이 말씀하시는 것은 무엇이든 행할 수 있게 된다고 말했다.

당신은 50년 동안 부부의 사랑을 만끽해 온 노부부의 삶을 목격하는 특권을 누린 적이 있는가? 그들은 서로를 너무나 잘 알아서 상대방이 원하는 것이나 생각하는 것을 굳이 묻지 않아도 금세 알아차린다. 할머니는 할아버지의 아침상을 어떻게 차려야 하는지 잘 알고 있으며, 할아버지는 할머니가 어떤 색 옷을 좋아하고 또 어느 식당에 가야 즐거워하는지 잘 알고 있다. 할아버지가 유언장을 남기지 못하고 돌연 세상을 떠나더라도, 할머니는 할아버지의 금시계는 누구에게 주고 책은 누구에게 주어야 하는지 정확히 안다. 모든 것을 정직하게 공유하며 오랜 세월을 함께 살아왔기 때문에 상대방이 어떤 상황에서 무엇을 하기 원하는지, 어떻게 해야 상대방에게 도움을 줄 수 있는지 본능적으로 알고 있는 것이다.

그것이 '야다'에 기초한 믿음의 삶이다. 우리가 예수님과 사랑을 나눌 때, 주님의 레마가 우리 마음에 믿음을 낳고, 우리는 성경 말씀에 순종하며 살아갈 수 있게 된다.

사랑으로 주님을 끊임없이 의식하라

그리스도인들이 하나님의 음성을 듣는 법을 배우고자 하는 의욕을 갖게 하는 가장 강력한 동인의 하나는 하나님의 뜻을 알고자 하는 소망일 것이다. 우리는 인생의 모든 발걸음을 하나님께서 인도해주시기를 갈망한다. 그렇다. 우리 인생은 당연히 그렇게 되어야 한다. 그러나 주님의 뜻을 알려면 주님과 함께 있는 시간을 가져야 한다. 주님과 함께 있는 시간을 가질 때에 자연스러운 결과로 주님의 뜻을 알게 되기 때문이다. 주님께서는 시편에서 말씀하신다.

"내가 네 갈 길을 가르쳐 보이고 너를 주목하여 훈계하리로다 너희는 무지한 말이나 노새 같이 되지 말지어다 그것들은 재갈과 굴레로 단속하지 아니하면 너희에게 가까이 가지 아니하리로다"(시 32:8,9).

다윗 왕은 많은 종을 거느렸다. 그들의 임무는 왕의 움직임을 면밀히 살펴서 왕에게 필요한 것이 무엇인지 미리 예측하고 준비하는 것이었다. 그가 음식을 먹으려고 비스듬히 누우면 종들이 옆에 대기한다. 그가 무화과 케이크를 먹고 싶을 때 그저 그것을 슬쩍 바라보기만 하면 옆에 대기하고 있던 종들이 즉각 그 신호를 알아차리고 무화과케이크를 대령한다. 포도주를 더 마시고 싶을 때에도 눈짓만 하면 종들이 즉각 잔을 채워준다. 종들이 주의 깊게 주시하고 있기 때문에 왕은 자기가 무엇을 원하는지 말할 필요가 없이 그냥 눈짓만 보내면 된다.

주님은 이런 방식으로 우리를 안내하기 원하신다고 말씀하신다. 주님은 우리가 주님을 면밀하게 주시하여 주님이 무엇을 바라시는지 즉각 알아차리기를 원하신다. 주님은 우리가 오직 주님께 초점을 집중하여 우리를 인도하기 위한 주님의 눈동자의 움직임을 정확히 포착해내기를 바라신다. 주님은 말의 입에 재갈을 물려 명령에 복종하지 않으면 고통을 주거나 고삐를 매어 행동의 자유를 완전히 박탈해버리는 마부처럼 우리를 인도하고 싶어 하지 않으신다. 주님은 눈동자의 움직임으로 우리를 안내하기를 바라신다.

주님의 음성을 듣기 시작했을 때 우리 부부는 균형 잡힌 태도로 주님의 안내를 받는 법을 배우느라 애썼다. 주님은 내 아내에게 말씀하셨다.

네 삶은 결단으로 가득하다. 네가 행하고 말하는 것들 하나하나가 다 선택과 결단에 관계되어 있지. 나는 너를 위해 그 모든 결정을 해주고 싶구나. 무엇을 결정하기 전에 나를 바라보고, 내가 원하는 것들로 너를 가득 채우렴.

아내는 그 말씀이 끊임없이 주님께 질문을 해야 한다는 의미이며, 그러면 너무 진이 빠질 것 같다고 생각해서 받아들이지 않았다.

주님께서 다시 말씀하셨다.

내 말의 뜻은 끊임없이 내게 질문하라는 것이 아니라 내가 무엇을 바라고 또 어떻게 대답할는지 끊임없이 의식해야 한다는 것이다. 내가 네게 원하는 것은 마음의 대화를 넘어, 영적인 의식을 갖는 것이다. 내가 네 안에 살고 있고, 내가 인격이라는 것, 나는 지혜롭고 너를 사랑하고 있다는 것, 그리고 네가 네 자신을 인도하는 것보다 내가 너를 훨씬 더 잘 인도하기를 바라며 또 그럴 수 있다는 것을 의식하는 것 말이다.

너는 내가 네 의지를 억제하고 있다는 것을 알아차리고 종종 "제 뜻이 어쨌다고요?" 하고는 네가 원하는 행동을 개시하지. 그것은 내가 바라는 것이 아니야. 나는 네가 네 자신의 욕구와 입맛에 대해서는 "그래서 뭐?"라고 말하고 나에게는 "네, 주님!"이라고 말하기 바란다.

요약

'야다'는 그리스도인의 삶의 중심이요 기독교 신앙의 핵이다. 우리가 행하는 모든 것의 원천과 성취가 예수님을 향한 사랑 안에 있어야 하기 때문이다. 우리는 무슨 일을 하든지 예수님을 향한 사랑으로 해야 하며, 우리의 모든 생각과 행위와 말이 예수님을 친밀하고도 깊이 '아는 것'(야다)에서 흘러나와야 하며, 우리가 행하는 모든 것이 우리를 예수님을 더욱 사랑하는 데로 데려가야 한다. 우리는 예수님을 알아감으로써(야다) 날마다 성장해야 한다. 우리는 우리 영혼의 연인을 날마다 더욱 깊이 사랑해야 한다.

지금 예수께서 그분의 사랑을 당신에게 나눠주려고 기다리고 계시다. 당신이 예수님께 나와서 삶을 예수님과 함께 나누기를 기다리신다. 주님과의 달콤한 교제를 갈망하는가? 그렇다면 그 길로 향하는 문을 열도록 도와주는 다음 네 가지 열쇠를 기억하고 잘 사용하라.

열쇠 하나 : 당신 안에 자연스럽게 흐르는 성령의 음성을 받기 위해 마음의 주파수를 맞춰라.

열쇠 둘 : 당신 안에서 움직이시는 하나님의 움직임을 감지할 수 있도록 자신의 내면을 잠잠히 가라앉혀라.

열쇠 셋 : 마음의 눈을 열어 하나님의 꿈과 환상으로 채워달라고 구하라.

열쇠 넷 : 마음에 찾아오는 자연스러운 대화를 기록하라.

무엇인가가 하나님과의 소통을 막는 것처럼 느껴지면 앞으로 돌아가 성막에 관한 내용을 다시 읽거나 히브리서 10장 22절의 '미세 조정' 원칙(제6장 참조)에 비추어 자신을 점검하라. 온유하고 겸손한 영을 유지하는 것, 그래서 당신이 받은 것들을 하나님의 기록된 말씀과 그리스도의 몸에 비추어 기꺼이 검사하는 것도 매우 중요하다.

이제 당신의 가장 친한 친구에게 나아가자! 그분을 만나자! 내가 장면 하나를 설정할 테니 그 장면으로 들어오라. 이제부터 내가 하는 이야기를 천천히 잘 읽고, 마음으로 그리고, 듣고, 느껴라! 그리고 내 이야기가 끝부분에 이르면, 성령께서 원하시는 대로 그다음 장면을 주관해달라고 구하라. 당신이 말하고 싶은 모든 것을 예수님께 말하고 예수님이 당신에게 무엇이라 말씀하시는지 잘 들어라. 이제 이야기를 시작해보겠다.

마음의 환상에 마중물을 부어보자

나를 따라 갈릴리 지방 어느 산자락으로 가자.

맑은 여름날이다. 공기가 후덥지근하지만 여기는 산자락이라 부드러운 바람이 상쾌하게 불어온다. 당신은 무성한 풀밭 아무 데나 편하게 앉는다. 머리 위로 날아가는 새들의 지저귐에 가끔 고개를 들어 위를 올려다본다. 저 멀리 아래로 갈릴리 바다에 반사된 햇빛이 아른아른 반짝인다.

군중들이 주변에 모여드는 것이 어렴풋이 느껴진다. 당신은 예수님을 만나러 이곳에 왔기 때문에 맨 앞에 있는 사람들에게 시선을 향한다. 베드로와 야고보, 요한과 안드레, 그리고 그분과 늘 함께 다니는 다른 제자들도 보인다. 그들이 가는 방향을 따라 시선을 옮겨보니 저 앞, 사람들에게서 좀 떨어진 곳에 예수님이 커다란 바위에 등을 기대고 고개를 숙인 채 앉아 계시다. 평화로운 예수님의 표정을 보고 당신은 예수님이 하늘의 아버지와 이야기하시는 중이라는 것을 알아차린다.

당신은 예수님께서 말씀하시기를 기다리는 동안, 지난 며칠을 돌이켜본다. 당신은 지난 몇 주 동안, 나사렛의 목수의 아들이 하나님나라의 말씀을 전파하고 병자들을 치유하면서 이스라엘 전역을 다니고 있다는 이야기를 들었다. 처음에 당신은 그분 역시 자칭 메시아라 주장한 많은 사람의 하나일 것이라 생각하여 관심을 갖지 않았지만 소문이 계속되자 그분이 다른 사람들과 같지 않다는 것을 느꼈다. 정말로 이 예수라는 분은 말의 능력만으로 귀신 들린 사람을 해방시켜주고 병자들을 고쳤을 뿐 아니라 실로 대단한 권세로 가르쳐 서기관과 바리새인들조차 침묵하게 했다. 더욱이 예루살렘과 두로와 시돈과 데가볼리에서 새로운 소식이 들려오자 당신은 이 예수라는 분에 대해 더욱 더 관심을 갖게 되었다.

그런데 바로 며칠 전, 그분이 당신 마을에 왔다는 소식이 들렸다. 어떤 장사치들은 그분을 따라다니는 엄청난 군중들을 상대로 대목을 잡으려고 미친 듯이 열을 올렸지만 당신은 가게 문을 닫고 지금 이렇게 그분을 만나러 여기 온 것이다.

당신은 무심코 풀 한 잎을 뽑아 씹으면서 생각에 잠긴다. 그분의 가르침을 처음으로 들은 것은 회당에 갔을 때였다. 사람들은 그분에게 성경을 읽으라고 요청했고, 이에 그분이 앞으로 나가자 기대감으로 웅성거렸다. 그분은 두루마리를 펴서 맑고도 강인한 음성으로 읽어나갔고 그날 읽어야 할 부분을 다 읽은 뒤에 가르치기 시작했다. 아, 그때 얼마나 놀라운 지혜가 흘러나왔던기! 남자들은 더 잘 들으려고 앞으로 나왔고 여자들은 한 마디라도 놓칠세라 귀를 쫑긋 세웠다.

"하나님나라는 여기 여러분 가운데 있습니다! 여러분의 구원자를 계속 찾지 마십시오. 하나님께서 바로 오늘 여러분을 찾아 오셨기 때문입니다."

그분이 말을 끝마치자 잠시 침묵이 흘렀다. 거룩한 기운이 회당을 가득 메우고 있음을 모두가 느꼈고 아무도 그 기운을 훼방하기를 원하지 않았기 때문이었다. 그때 어린아이 하나가 갑자기 울어 침묵을 깨뜨렸다. 동시에 사람들의 뜨거운 토론으로 회당이 시끄러워지기 시작했다. 몇 사람이 성을 내며 회의적인 반응을 보였기 때문이었다. 하지만 그들은 언제나 부정적이고 비판적이었기 때문에 당신은 그러려니 생각했다. 그에 반하여 대부분의 사람들은 관심을 표하며 더 많이 듣기를 바랐다.

당신 뒤에 앉아 있던 소녀가 킬킬거릴 때, 문득 어린 라헬에 대한 생각이 뇌리를 스쳤다. 당신은 라헬의 부모와 어릴 때부터 친구로 지내왔다. 그들은 하나님께 자녀를 허락받지 못하여 늘 슬픔에 잠겨 있었다. 그러나 마침내 허락하시어 라헬의 엄마가 아기를 가졌다는 소식이 퍼졌을 때 온 마을 사람들이 자기들 일처럼 기뻐하고 축하해주었다. 하지만 라헬이 세상에 나오자 그 기쁨은 차갑게 가라앉고 말았다. 그 애가 소경으로 태어났기 때문이었다. 당신은 라헬이 자라는 것을 지켜보았고, 그 애가 문간에 앉아 다른 애들이 뛰노는 소리를 듣는 것을 지켜보면서 그 애와 그 애의 부모가 안쓰러워 무척이나 마음이 아팠다. 라헬은 어른들의 근심을 잊게 해주려고 언제나 밝은 미소를 짓는 귀엽고 명랑한 아이였다.

당신은 라헬의 부모에게 아이를 예수님께 데려가자고 제안했고 그 애의 부모는 당신의 제안을 따랐다. 예수님 근처에는 언제나 군중들이 북적거렸지만, 이웃들은 라헬과 그 애의 부모를 보자 예수님께 더욱 가까이 가게 길을 터주었다. 그래서 마침내 당신 일행 네 사람은 예수님 가까이 다가갈 수 있었다.

사람들을 헤치고 앞으로 나아가는데 군중들이 웅성거리기 시작했다. 가까이 가보니 어떤 남자가 목발을 던져버리고, 이 사람 저 사람 보이는 대로 끌어안고, 팔짝팔짝 뛰면서 하나님을 찬양하고 있었다. 예수님은 그가 기뻐하는 것을 은은한 미소로 바라보고 계셨다. 그러고는 이쪽으로 시선을 돌려 라헬을 바라보셨다. 순간, 예수님의 표정이 믿을 수 없는 사랑과 연민의 표정으로 바뀌었다. 예수님은 당신의 일행 쪽으로 오시어 라헬 앞에 무릎을 꿇고는 무엇이라 속삭이셨다. 무슨 말인지 들리지는 않았지만 라헬이 환한 미소를 지으면서 고개를 끄덕였다. 예수님은 손바닥을 오므려 그 아이의 얼굴에 대시고는 다시 부드럽게 속삭이더니 라헬의 이마에 입을 맞추셨다.

바로 그 순간, 당신은 그 애의 검고 큰 눈에 빛이 도는 것을 목격했다. 라헬의 얼굴에 몇 가지 감정이 모여들었다. 처음에는 놀람이었고 다음에는 신기함이었고 그다음에는 기쁨이었다. 그 애가 난생 처음 본 것은 예수님의 얼굴이었다. 예수님은 라헬에게 미소를 보냈고 라헬은 작은 두 팔로 예수님의 목을 휘감아 크게 포옹했다. 흥분한 라헬이 예수님을 얼마나 세게 끌어안았던지 예수님이 균형을 잃고 엉덩방아를 찧을 뻔했다. 근처에 있던 모든 사람들이 환희와 정결한 기쁨 그 자체에 젖어 환하게 웃었다. 예수님께서는 라헬을 번쩍 안아 그 애의 부모에게 건네셨다. 라헬의 부모는 차오르는 감격과 분출하는 감정들로 인해 차마 말을 할 수가 없었지만 예수님은 그들의 마음을 다 알고 계셨다.

바위에 등을 기대고 기도하던 예수님께서 서서히 움직이신다. 당신은 다시 갈릴리 산자락으로 돌아온다. 그분과 말을 할 수 있기를 얼마나 고대했던가! 당신은 그분께 말할 것도 많고 물을 것도 많다. 그때 예수님께서 당신을 정면으로 보시며 미소를 보내신다. 당신도 자동적으로 미소로 화답한다. 예수님과 대화를 나누고자 하는 마음이 더욱 강렬해진다.

드디어 예수님께서 가르치기 시작하자 군중들이 침묵하며 경청한다. 예수님 말씀이 메마른 농토에 내리는 단비처럼 당신 마음에 내린다. 당신은 그 모든 말씀을 받아먹는다. 당신의 영이 생동하기 시작하는 것이 느껴진다. 몇 분 간격으로 예수님과 눈이 마주친다. 당신은 예수님의 말씀이 곧 당신에게 하는 말씀이라는 것을 느낀다.

당신은 생각한다. '아! 예수님과 단 둘이 이야기할 수 있다면! 저분은 내 마음의 이 간절한 바람을 알고 계실까? 나의 내면 깊은 곳에 정박하고 있는 이 소망을 헤아리실까? 아! 저분과 단 둘이 이야기를 할 수 있다면! 그러나 그건 불가능해. 군중들이 다 물러간다고 해도 그분은 항상 제자들에 둘러싸여 계시잖아! 더욱이 나 같은 사람을 위해 시간을 내어주실 리가…'

당신은 시간이 흐르는 것도 모른 채 넋을 잃고 그분을 응시한다. 예수님 말씀이 당신에게는 생명이므로 한마디도 놓치지 않으려고 주의를 기울인다. 그분 말씀이 거의 끝나간다는 것이 느껴지자 낯선 슬픔이 당신 마음을 붙잡는다. 그분 말씀이 끝나면 마음에 삭혀 놓았던 감정들을 그대로 지닌 채 혼자 집으로 돌아가야 한다는 것을 알기 때문이다. 당신은 걱정한다. 당신은 결코 그분 앞을 떠나고 싶지 않다.

마침내 예수님의 가르침이 끝난다. 군중들은 마을에서 밤을 보내기 위해 짐을 주섬주섬 챙겨 마을로 돌아간다. 해가 서산으로 기울고 있건만 당신은 움직일 마음이 없다. 아직 그 자리를 떠나고 싶지가 않다. 그 거룩한 땅에 앉아 그 순간을 꼭 붙잡기를, 영원히 맛보기를 원한다.

그때 예수님께서 제자들에게 조용히 무엇이라 말씀하신다. 제자들이 당신 쪽을 바라본다. 하지만 그들이 그 자리를 떠나면서 힐끗 보았기 때문에 당신은 알아차리지 못한다.

잠시 후, 당신은 모든 사람이 다 떠나고 예수님과 당신만 남았다는 것을 불현듯 깨닫는다. 당신은 어리둥절한 표정으로 주변을 둘러본다. '이런 일이 가능한가? 내가 정말 예수님과 단 둘이 있는 것인가?' 예수께서 잔잔한 미소를 보내시며 고개를 끄덕이시고는 당신 바로 앞에 서서 함께 가자고 눈짓하신다. 당신은 눈앞에서 일어나고 있는 일들을 믿을 수가 없지만 허둥지둥 따라간다.

당신은 예수님과 함께 낮은 언덕 위로 올라가 앉는다. 처음에는 무척이나 부끄러워 말이 쉽게 나오지 않지만 예수께서 부드럽게 대화를 이끌어주신다. 당신 마음은 환희로 폭발한다. 당신 생애에 그보다 더 아름다운 날이 있을까 싶다. 당신은 마음에 있던 말들을 그분께 쏟아내기 시작한다. 마음에 있는 모든 것을 그분께 다 아뢰려는 열망으로 이런저런 말들이 두서없이 앞다투어 쏟아져 나온다. 그래도 예수님은 다 듣고 이해하신다. 당신은 그분께서 그래 주실 것이라 알고 있었다.

이제 당신을 갈릴리 그 언덕에 남겨놓고 나는 빠지겠다. 성령께 다음 장면을 주관해달라고 기도하라. 예수님께 말하고 싶은 것들을 말하라! 묻고 싶은 것들을 물어라! 그리고 마음에 보글보글 자연스럽게 솟기 시작하는 단어나 말이나 인상에 마음의 주파수를 맞추어라. 그것들이 하나님의 음성이다. 당신이 내적인 고요함을 유지할 때에 이 장면이 활기를 띨 것이며 아버지의 주도 아래 태어난 생명력으로 움직일 것이다.

당신 마음에 자연스럽게 흐르는 것들을 기도일지에 기록하라. 그러면 당신도 하나님과의 친밀한 교통을 시작했다는 것을 깨달을 것이다. 그리고 그것은 당신의 영적 여정에 전적으로 새로운 날이 밝았음을 알리는 신호탄이 될 것이다. 그러니 이제 시작해보자!

1. 헬라어 성경의 로고스와 레마

신약성경에 '말씀'으로 번역된 헬라어 두 단어 '로고스'(logos)와 '레마'(rhema)가 서로 구별된다는 점을 내게 처음으로 알려준 사람은 한국의 조용기 목사였다. 그는 레마가 성령과의 교제를 나타낸다고 말했다. 레마는 하나님께서 우리 마음에 말씀하신 말씀이라고 하면서, 그리스도인은 하나님의 기록된 말씀뿐 아니라 레마로 사는 법을 배워야 할 것이라고 강조했다.

나는 우리가 성령과 교통해야 하며 우리 마음에 있는 하나님의 음성을 들어야 한다는 말이 합당하다고 생각했기 때문에 그 아이디어에 흥미를 느꼈다. 나는 귀가하자마자 그 두 단어의 구별을 직접 확인하기 위해 성구사전을 꺼냈다. 그러나 신약성경의 너무나 많은 구절들에서 그 두 단어가 중복되어 나타나고 있는 것 같아 적잖이 당황했다. 나는 조 목사가 말한 그 구별을 확인할 수 없을 것 같아서 그 문제를 그냥 보류해놓았다.

2년 정도 지났을 때, 주님께서 나를 이끌어 그 문제를 다시 숙고하게 하셔서 신약성경에서 레마가 사용된 구절 70개를 정밀하게 연구하다가 정말로 놀라운 사실을 발견하게 되었다(당신도 부록 2를 참조하여 그 구절들을 꼼꼼하게 읽어보기를 권한다). 나는 2년 전에 놓쳤던 사실을 발견하고 큰 충격을 받았다. 그것은 바로, 그 70개 구절이 '기록된 말씀'이 아니라 '말해진 말씀'을 지칭하는 것처럼 보였다는 것이었다.

순간, 나는 이 레마라는 단어가 변별적인 특징을 갖고 있을 수도 있겠다고 생각했고 또 조 목사가 암시한 대로 하나님께서 나의 마음에 말씀하신 말씀을 지칭하기 위해 이 단어를 사용할 수도 있겠다고 생각했다.

그런 생각을 염두에 두고 성경사전을 찾아보았을 때 신약성경에서 로고스가 331회, 레마가 70회 사용되었다는 것을 알게 되었다. '신약신학사전'은 로고스를 "모으다, 세다, 말하다, 지적인, 이성적인, 합리적인, 영적인"으로 정의하고 레마를 "의도적으로 진술된 것 : 단어, 말, 문제, 사건, 경우"라 정의한다.

또한 '바인즈 신약성경주해사전'은 로고스를 "생각의 표현. a) 생각이나 개념을 구체화하는 것 b) 말이나 진술로서 단순히 대상의 이름을 일컫는 게 아님"이라 정의하고 레마를 "말해진 것을 지칭함. 연설이나 기록에서 말해진 것을 지칭함"이라 정의하고 있다는 것도 알게 되었다.

나는 그 두 사전이 로고스와 레마의 차이를 어떻게 설명하고 있는지 주목했다. '신약신학사전'은 그 차이를 다음과 같이 기술했다.

"일반적인 경우 로고스는 그리스도께서 선언하신 것들을 지칭하는 반면 레마는 개인적인 말이나 의견에 관계되어 있다. '사람이 무슨 무익한 말(레마)을 하든지'(마 12:36), 예수께서 '한 마디(레마)도 대답하지 아니하시니'(마 27:14), '말(레마)로 표현할 수 없는 말(레마)을 들었으니'(고후 12:4)."

'바인즈 신약성경주해사전'은 로고스와 구별되는 개념으로서 레마의 의미를 다음과 같이 기술했다. "레마의 의미는 '성령의 검 곧 하나님의 말씀(레마)을 가지라'는 명령에 예시되어 있다. 여기서 말하는 '말씀'은 우리가 갖고 있는 성경 자체가 아니라 성령께서 우리가 필요할 때에 사용하도록 우리의 기억에 가져오시는 '개인의 성경', 즉 우리 마음에 일정하게 말씀을 공급하는 꼭 필요한 개인의 성경을 지칭한다."

나는 신약성경에 나온 레마의 모든 용례를 직접 연구함으로써 얻은 통찰과 성경사전의 이러한 정의들을 서로 결합하여 내가 마음으로 듣는 하나님의 음성이 레마라는 것을 알게 되었다. 그리고 나는 그 레마, 즉 나의 내면에서 들리는 하나님 음성이 사람들과 상담을 할 때에 필요한 말들을 정확하게 공급해준다는 것을 발견했다.

일례를 들어보겠다. 어느 날, 우리 교회 교인 한 사람이 자신의 직장 상사 한 사람을 보내면 상담을 해줄 수 있느냐고 전화를 했다. 나는 그 직장 상사를 알지도 못하고 본 적도 없다. 나는 15년 동안 '로고스'를 연구해왔으므로 알고 있는 모든 것을 120분이라는 짧은 시간에 다 말해줄 수 없을 것 같았다. 레마가 필요했다. 주님 앞에 나아가 그 사람을 향한 말씀이 무엇인지 여쭙자 주님은 세 가지를 말씀하셨다.

"그는 건장한 체격에 붉은 줄무늬 셔츠를 입고 있을 것이다. 그에게는 나의 무조건적인 사랑을 확신하는 것이 필요해!"

그는 정말로 건장한 체격에 붉은 줄무늬 셔츠를 입고 있었다. 그는 자신의 문제를 이야기했다. 몇 해 전에 예수님을 영접했지만 곧 타락의 길로 걷기 시작했고, 회개하고 돌아왔지만 다시 타락의 길을 걷게 되었다는 것이었다. 주님을 따르다가 타락하고, 회개하고 다시 따르다가 또 타락하고… 이러한 악순환이 지난 몇 해 동안 그의 삶의 양식이었다. 그는 자신에게 배당된 용서의 분량을 이미 다 써버려서 더 이상 용서받을 수 없을 것이라는 생각에 소망을 잃고 좌절한 상태였다.

나는 그 사람에게 하나님의 무한하신 사랑을 전했고, 마침내 그가 하나님의 측량할 수 없는 사랑과 용서를 확신하게 되었을 때 하나님의 선하심에 감격하지 않을 수 없었다. 하나님께서 놀라우신 지혜로 그의 상황에 딱 맞는 말씀을 주셨기 때문이었다. 사실 하나님께서 그의 외모에 대해 내게 말씀해주실 필요가 없었지만 그렇게 하신 것은 이런 방식으로 이제 막 하나님의 음성을 듣기 시작한 내게 확신과 격려를 주시기 위함이었다.

세례 요한은 예수님께서 하나님의 말씀(레마)을 한다고 말했다(요 3:34). 예수님께서도 자신이 "오직 아버지께서 가르치신 대로 이런 것을 말하는 줄도 알리라… 나는 내 아버지에게서 본 것을 말하고"(요 8:28,38)라고 선언하셨다. 예수님께서 레마의 말씀을 하셨을 때, 그 말씀이 현상의 표면을 뚫고 들어가 인간의 마음 바로 그것, 인간의 영을 어루만지셨다. 내 경우에도 그랬다. 머리의 추론으로 말할 때는 그 말이 사람들 마음에 닿기도 하고 그렇지 않기도 했지만 마음으로 받은 것을 말할 때는 나의 사역이 언제나 바람직한 결과를 나타냈다.

2. 신약성경에서 '레마'라는 단어가 나온 70개 구절

레마는 아래 54개 구절에 '말씀'(한글 개역개정성경의 번역은 다소 다를 수 있음)으로 번역되어 있다.

마 4:4	마 12:36	마 18:16	마 26:75
마 27:14	막 14:72	눅 1:38	눅 2:29
눅 3:2	눅 4:4	눅 5:5	눅 20:26

눅 24:8	눅 24:11	요 3:34	요 5:47
요 6:63	요 6:68	요 8:20	요 8:47
요 10:21	요 12:47	요 12:48	요 14:10
요 15:7	요 17:8	행 2:14	행 5:20
행 6:11	행 6:13	행 10:22	행 10:37
행 10:44	행 11:14	행 11:16	행 13:42
행 16:38	행 18:25	행 26:25	롬 10:8(두 번 나옴)
롬 10:17	롬 10:18	고후 12:4	고후 13:1
엡 5:26	엡 6:17	히 1:3	히 6:5
히 11:3	히 12:19	벧전 1:25(두 번 나옴)	
벧후 3:2	유 17	계 17:17	

레마는 아래 8개 구절에 '말'(한글 개역개정성경의 번역은 다소 다를 수 있음)로 번역되어 있다.

막 9:32	눅 1:65	눅 2:17	눅 2:50
눅 2:51	눅 7:1	눅 9:45(두 번 나옴)	눅18:34

레마는 아래 세 구절에 '것'(thing. 한글 개역개정성경의 번역은 다소 다를 수 있음)으로 번역되어 있다.

눅 2:15	눅 2:19	행 5:32

그외 두 구절

마 5:11 "… 거짓으로 너희를 거슬러 모든 악한 말(레마)을 할 때에는…"
눅 1:37 "대저 하나님의 모든 말씀(레마)은 능하지 못하심이 없느니라"

3. 레마의 종류와 성경의 예

생명을 주는 레마 : 하나님께서 현재 우리 마음에 주고 계신 말씀
요 14:10 "내가 너희에게 이르는 말(레마)은 스스로 하는 것이 아니라 아버지께서 내 안에 계셔서 그의 일을 하는 것이라"
요 17:8 "나는 아버지께서 내게 주신 말씀들(레마)을 그들에게 주었사오며"
(눅 1:38, 5:5 ; 요 3:34, 5:19, 20, 30, 6:63, 8:26, 28, 38 ; 행 10:13 ; 고후 12:4 ; 엡 6:17 ; 히 11:3, 12:19 등을 참조하라.)

생명을 줄 수 있는 레마 : 하나님의 기록된 말씀
행 5:20 "가서 성전에 서서 이 생명의 말씀(레마)을 다 백성에게 말하라 하매"

중립적인 레마 : 나 자신에게서 나온 말
마 18:16 "두세 증인의 입으로 말(레마)마다 확증하게 하라"

파괴적인 레마 : 사탄이 퍼뜨린 일반화된 말
마 12:36 "무슨 무익한 말(레마)을 하든지 심판 날에 이에 대하여 심문을 받으리니"

가장 파괴적인 레마 : 사탄이 현재 우리 마음에 하는 말

행 6:11 "이 사람이 모세와 하나님을 모독하는 말(레마)을 하는 것을 우리가 들었노라"

우리의 목표 성령과의 교제를 통하여 아버지께서 현재 우리 마음에 말씀하시는 것만 말함으로써 최대량의 생명을 낳는 것(요 14:10,16)이다.

4. 계시의 체험을 기술하는 데 사용된 신약성경의 헬라어 단어들

신약성경에는 꿈과 환상을 통한 하나님과의 접촉과 계시의 체험에 대해 기술하는 단어와 어구들이 많다.

오나르

꿈을 지칭하는 통상적인 단어. 수면 중에 본 환상을 명확하게 지칭함. 마 1:20, 2:12, 13, 19, 22, 27:19 등에 사용됨.

에눕니옴

자는 중에 본 환상. 자는 중에 받은 것의 돌연성, 자는 중에 환상을 받았음을 강조함. 행 2:17, 유 8절 등에 사용됨.

호라마

환상으로 번역된 단어. 깨어 있을 때에 받은 환상뿐 아니라 밤이나 자는 중에 체험한 환상을 지칭함. 마 17:9 ; 행 7:31, 9:10, 12, 10:3, 17, 19,

11:5, 12:9, 16:9, 10, 18:9에 사용됨.

오파시스

시각기관으로서의 눈, 종류에 상관없이 어떤 것의 나타남, 심지어 광경을 나타내기도 하지만 초자연적인 환상을 의미하기도 함(행 2:17, 계 9:17). 헬라어에서는 물질적인 것과 비물질적인 것의 구별에 대한 인식이 뚜렷하게 나타나지 않고 그 두 종류의 '봄'을 참된 인식으로 간주함.

옵타시아

환상으로 번역된 단어. 자기폭로, 자아를 드러내는 것을 의미함. 눅 1:22, 24:23 ; 행 26:19 ; 고후 12:1 등에 사용됨.

엑스타시스

영어의 '엑스터시'(ecstasy. 황홀경)의 어원. 문자적으로는 "자아의 옆으로 비켜남, 교체됨, 자아를 거슬러"의 뜻. 일반적으로 당황, 혼란스러움, 극단의 공포 등의 느낌을 수반함. 깨어 있을 때의 체험이나 수면 중의 체험 양자를 지칭할 수 있음. 심리학적으로 수면 중의 꿈과 각성 상태의 경계선에서 일어나는 심상, 즉 꾸벅꾸벅 졸거나 잠이 깨기 직전에 일어나는 심상이 이 단어가 묘사하는 상태와 어울림. 성경에 '비몽사몽'이라 번역되기도 했지만, '비몽사몽'을 이 단어의 직역으로 사용하는 것은 옳지 못함. 막 5:42, 16:18 ; 눅 5:26 ; 행 3:10, 10:10, 11:5, 22:17 등에 사용됨.

기노마이 엔 프뉴마티

"성령에 감동되어"(계 1:10)로 번역된 어구. 이는 환상을 볼 수 있는 상태, 성령에 의해 직접 정보를 전달받을 수 있고 말을 받을 수 있는 상태를 나타냄. 관련 어구는 마 4:1 ; 막 1:12 ; 눅 1:41, 4:1 등.

에피스테미, 파리스테미

어떤 실체가 밤이나 낮에 곁으로 다가오고 있다는 사실을 지칭함. 눅 1:11 ; 행 10:30, 16:9, 23:11, 27:23 등에 사용됨.

앙겔로스

물리적으로 실재하는 사자(使者), 심부름꾼, 혹은 하나님에 의해 보냄을 받은 신적 존재를 의미함. 이에 반대되는 용어로는 귀신, 마귀, 사탄을 뜻하는 '다이몬', '다이모니온', '디아볼로스'가 있는데 이 단어들은 비물질적인 존재 혹은 사탄에게서 나온 능력을 지칭함. 사도행전 10장 13절과 유다서 8절과 그 외에 계시록의 많은 예에서 볼 수 있는 것처럼 우리는 꿈이나 환상 체험에서 천사나 귀신과 접촉할 수 있다.

블레포, 에이도

'보다', '인식하다'의 뜻. 통상적으로는 외적 감각 기관으로 '보는 것'을 의미하는 데 사용되지만 영적 감각으로 보는 것을 지칭하는 데 사용되기도 함(계 1:2, 11 ; 막 9:9 ; 눅 9:36). 이 단어가 외적 시각과 내적 시각 둘 다 지칭하는 이중의 의미를 갖고 있기 때문에 초대 교회는 환상을 감지하고 깨닫고 받는 것을 어렵게 생각하지 않았으며 환상을 통하여 본 것들을 외적 물리적 세계에 대한 인식과 대등하게 타당한 것으로 간주했다. 블레포는 단지 물리적으로 보는 것을 의미하지만 에이도는 존재하는 모든 것, 사물의 본질을 보고 인식하는 것을 부가적으로 의미함.

아포칼룹시스

'계시'로 번역된 단어. 문자적으로는 "담론, 신의 노출 혹은 계시"를 뜻함. 롬 16:25 ; 고전 14:6, 26 ; 고후 12:1, 7 ; 갈 2:2 등에 사용됨.

신약의 그리스도인들이 환상 체험을 기술하기 위해 이처럼 다양한 단어들을 선택해야 했다는 사실은, 그들이 자신들의 환상 체험의 유형을 매우 정확하게 정의할 수 있었다는 것을 명백하게 입증한다. 대조적으로 오늘 우리의 환상 체험을 명확하게 정의하기 위해 찾을 수 있는 적절한 단어는 한두 개에 불과하다. 이러한 어휘의 빈약함이 현대 사회에서 우리의 환상 체험이 그만큼 결핍되어 있음을 증명하는 것이 아닐까 생각해본다. 우리의 다양한 영적 체험을 명확하게 묘사하기에 적절한 단어들을 수없이 갖게 될 날이 오기를 고대한다!

5. 하나님은 환상(Vision)과 심상(Image)을 어떻게 사용하시는가?

어떤 주제에 대한 하나님의 뜻을 깨닫기 위한 최선의 방법은 창세기에서 요한계시록에 이르기까지 그 주제와 관련된 성경구절들을 모두 모으고, 신중하게 묵상한 뒤, 그 주제에 관한 하나님의 뜻을 당신 마음에 말씀해달라고 성령께 구하고, 성령께서 깨우쳐주시는 깨달음을 기록하는 것이다.

그래서 나는 컴퓨터 성경의 단어검색 프로그램을 이용하여 꿈, 환상, 선견자, 봄, 눈 등에 대해 다루는 구절들을 정리한 뒤 우리의 깨달음을 더 명확하게 해주는 동일 문맥의 구절들을 부가해보았다. 뒤에 나오는 성경구절들이 바로 그런 것들이다.

이 구절들을 주의 깊게 묵상할 때에 계시의 영을 허락해 달라고 하나님께 구하고(엡 1:17,18), "하나님께서 내 삶에서 꿈과 환상을 어떻게 사용하기를 바라시는가?" 하는 주제에 대해 하나님께서 계시해주시는 것들을 믿음으로 받기 바란다.

아마 당신은 다음과 같은 주제들을 탐사하기 원할 것이다.

1. **하나님은 내 삶에서 꿈과 환상을 어떻게 사용하기를 바라시는가?**
   a. 하나님께서 그것들을 통해 말씀하실까?
   b. 이러한 체험은 통상적인 것일까?
   c. 사탄도 꿈과 환상을 통해 말할까?
   d. 꿈과 환상을 어떻게 검증하지?
   e. 하나님께서 내 안에 주시는 환상의 흐름을 촉진시키기 위해 내가 할 일은 무엇일까?

2. **하나님은 나와 접촉하기 위한 수단으로 심상을 사용하시는가?**
   a. 그렇다면, 심상을 적절하게 사용하려면 어떻게 해야 할까?
      - 몇 가지 예를 제시해보기.
   b. 심상을 부정적으로 사용하는 경우는 어떤 경우일까?
      - 몇 가지 예를 제시해보기.

3. **나는 마음의 눈을 효율적으로 사용하도록 훈련을 받을 수 있을까?**

- 당신의 대답의 근거가 되는 성경구절을 제시해보기.

4. 이 외에도 당신이 다루고 싶은 질문들이 있으면 아래와 같은 일람표를 만들어 이러한 '성구사전 공부법'을 따라 해답을 탐색해보라.

색인 : 환상

제목 : 영적 삶에서 환상과 꿈이 차지하는 위치

범위 : 창세기 1장 1절-요한계시록 22장 21절

주제 : 1. 꿈 2. 환상 3. 선견자 4. 봄 5. 눈

명령들

창 3:5-7	민 12:6	삼상 28:6	삼상 28:15
시 89:19	호 12:10	욜 2:28	행 2:17
요 5:19,20	요 8:38		

열린 눈

하나님께서 주시는 환상을 보려면 성령에 의해 마음의 눈이 열려야 한다. 성경은 모든 사람이 다 열린 눈을 가진 것은 아니라고 분명히 말한다. 우리는 이러한 부족함과 필요를 인정하고, 하나님께 우리 마음의 눈을 열어달라고 구해야 한다.

창 21:19	민 22:31	민 24:2-4	민 24:15,16

신 29:2-4	삼상 3:1-10	삼상 3:15	왕하 6:15-17
욥 33:15,16	시 119:18	사 42:18-20	사 44:18
렘 5:21	애 2:9	마 13:15,16	막 8:18
요 12:40	행 28:27	롬 11:8	롬 11:10
고후 4:18			

보기 위해 바라보는 것

성경은 눈을 드는 것과 보기 위해 바라보는 것을 매우 강조한다.

창 18:1,2	창 31:10-12	출 3:1-6	출 16:9-11
수 5:13-15	대상 21:16	단 10:1	단 10:5-16
시 5:3	시 25:15	시 123:1,2	시 141:8
사 8:17	사 17:7,8	사 40:26	겔 1:1,4
겔 2:9	겔 8:3-5	겔 8:7	겔 10:1
겔 10:9	겔 44:1	겔 44:4,5	단 12:5
슥 1:18	슥 2:1	슥 4:2	슥 5:1
슥 5:5	슥 5:9	슥 6:1	

선견자

선지자들은 선견자라 불리기도 했다. 그들은 영적인 세계에서 전능하신 하나님을 보는 사람들이었다. '선견자'라는 것은 성경에 흔히 등장하는 호칭이며 직무였다. 그러므로 오늘날 교회의 삶에서도 이 호칭과 직무가 회복되어야 한다고 생각한다. 우리는 선지자인 선견자들을 훈련해야 한다.

십자가의 새 언약 안에서 지성소의 휘장이 찢어졌으므로 우리는 전능하신 하나님의 보좌의 방에 직접 나아갈 수 있다. 우리 모두는 예언을 할 수 있다(고전 14:31).

삼하 15:27	삼하 24:11	대상 25:5	대상 29:29
대하 9:29	대하 19:2	대하 29:30	대하 35:15
암 7:12	삼상 9:9-11		

선견자의 책무

선견자의 책무는 왕에게 조언과 충고를 하는 것, 백성들을 권고하는 것, 하나님 말씀을 백성들에게 전하는 것, 하나님 말씀을 기록하는 것 등을 포괄했다.

삼하 24:11,12	왕하 17:13	대상 9:22	대상 17:3
대상 17:4	대상 17:15	대상 21:9,10	대상 26:28
대상 29:29	대하 9:29	대하 12:15	대하 16:7-10
대하 29:25	대하 32:32	대하 33:18,19	대하 35:15
겔 40:2	겔 40:4	겔 40:6	합 2:2,3
계 1:10,11	계 1:14		

6. 교회사 전반의 꿈과 환상

꿈과 환상은 신구약 시대 전반에 널리 퍼져 있었을 뿐 아니라 교회사의 변함없는 한 부분이기도 했다. 교회가 지난 2천 년 동안 꿈과 환상을 지속적으로 체험했다는 것을 명확히 조망할 수 있도록 꿈과 환상에 대한 초기 교부들의 이해와 견해를 예로 제시해보았다.

어거스틴

어거스틴(AD 354-430)은 오늘의 교회처럼 꿈을 무시하는 대신 12권으로 된 저서 《창세기의 문자적 해석》(De Genesi ad Litteram) 전반을 통하여 꿈과 환상에 대한 견해를 설명했다.

폴리갑

《폴리갑의 순교》(Martyrdom of Polycarp)라는 책은, 서머나 교회의 감독 폴리갑(Polycarp. AD 80-165)이 순교하기 얼마 전에 기도를 했는데 기도 직후에 어떤 일이 일어날시에 대해 상징적인 심상을 통해 고지를 받았다고 말한다. 그는 자신이 베고 있는 베개에 불이 붙는 것을 보고는 그러한 파괴적인 이미지가 자신의 체포와 죽음이 임박했음을 나타내는 것임을 깨달았다.

순교자 저스틴

터툴리안이 가장 탁월한 변증가라고 칭송했던 순교자 저스틴(Justin Martyr. AD 125-163)은 자신의 저서에서 꿈이란 영들이 보낸 것이라고 말했다. 그는 사악한 영들과 하나님 양자(兩者)가 꿈을 준다고 믿었다.

이레니우스

리용의 감독 이레니우스(Irenaeus. AD 140-203)는 영지주의 사상을 비판하는 저서에서 그리스도인의 삶과 꿈에 대한 견해를 진술했다. 그는 주요 저서인 《모든 이단에 반대하여》(Against Heresies)에서, 사도행전 10장에 나오는 베드로의 꿈에 대해 지적인 어조로 감식력을 갖고 논평하면서 그 꿈 자체가 베드로의 체험의 진정성을 입증하는 증거라고 주장했다. 그는 바울이 드로아에서 꾸었던 꿈의 신뢰성을 역설했고 마태복음에 나오는 요셉의 꿈에 대하여는 요셉이 꿈을 꾸었다는 사실 자체가 그가 참 하나님과 매우 가까운 관계였음을 보여주는 것이라고 결론지었다. 또한 그는 다른 책에서, 하나님은 인간의 눈에 직접적으로 보이지는 않지만 환상과 꿈을 통하여 하나님의 본성과 영광에 유사한 것들을 인간에게 전달해주신다고 설명했다.

클레멘트

알렉산드리아의 교부 클레멘트(Clement. AD 150-215)는 잠의 본질과 의미에 대해 논하면서 다음과 같이 촉구했다.

"참된 빛의 자녀들아! 이 빛에 대하여 문을 닫지 말자! 대신 이 빛으로 우리 자신을 비추고, 어둠에 숨은 사람들의 눈을 비추고, 진리 자체를 응시하고, 그 광선을 받자. 그리고 지혜와 총명으로 참된 꿈을 나타내자!… 또한 올바로 숙고하는 사람의 눈에 참되게 보이는 꿈은 육신이 집착하는 것에 의해 어지럽혀지지 않은, 그 자체가 최상의 방법으로 우리에게 권고를 하는 맑은 영혼의 생각이다… 이렇게 맑은 영혼이 항상 하나님께 시선을 고정하고, 인간의 육신을 '깨어 있음'으로 흠뻑 적시는 하나님과의 영속적인 대화를 통해 인간을 천사들이 받은 은혜와 대등하게 들어 올리는 것이고 깨어 있음을 통하여 생명의 영원함을 잡는 것이다."

오리겐

알렉산드리아의 교부 오리겐(Origen, AD 185-254)은 이단에 대항하여 저술한 《켈수스에 대한 반론》(Against Celsus)이라는 책에서 성경의 꿈에 대하여 변론하며 말했다. "그럼에도 우리는 할 수 있는 한 우리의 입장을 견지해야 한다. 그리고 많은 사람들이 꿈속에서 인상을 받았다는 것과 그 중에는 하나님의 것에 관계된 것들도 있고 이생의 미래 사건들에 관계된 것도 있다는 것과 그리고 이 꿈이 하나님의 섭리의 교리를 수용하는 모든 이들에게 명료하게나 불가사의하게 나타났다는 사실을 믿음의 문제로서 힘껏 주장해야 할 것이다. 그러므로 꿈속에서 인상을 받을 수 있는 인간의 마음이 깨어 있을 때에도 반드시 환상 속에서 인상을 또 받아야 한다고 주장하는 것은 인상을 받는 사람의 유익을 위해서나 그 사람에게서 이야기를 듣는 사람의 유익을 위해서나 실로 불합리하다 말하지 않을 수 없다."

이렇게 오리겐은 꿈과 환상의 유사성을 논한 뒤에 꿈의 본질에 대해 말했다. 그는 같은 책에서, 많은 사람들이 꿈과 환상 속에서 그들 삶을 뚫고 들어온 이런 종류의 직접적인 비약에 의해 이교의 길에서 회심했다고 단언했고 이런 종류의 회심의 예가 사람들에게 많이 알려져 있다는 점을 분명히 밝혔다.

터툴리안

카르타고 출신의 신학자 터툴리안(Tertullian. AD 160-225)은 자신의 저서 《영혼에 관하여》(De Anima)의 여덟 장을 할애하여 꿈과 잠에 대하여 논했다. 그는 모든 꿈을 믿었고 잠자는 아기의 움직임을 근거로 그것을 입증했다. 그는 꿈이 귀신, 하나님, 인간의 영혼이 만드는 자연적인 꿈, 황홀경의 상태와 그 특유의 상황 혹은 무의식, 이렇게 네 가지 원천에서 비롯된다고 믿었다. 그는 말했다. "그러므로 우리는 이 환상이라는 것을 예언과 동일하게 약속된 것으로 여기며, 예언을 인정하고 존중하는 것처럼 인정하고 존중한다. 또한 우리는 성령의 다른 능력들을 교회의 동인으로 간주한다. 우리는 성령께서 교회를 위해 보냄을 받으셨으며, 주님께서 모든 이들에게 은혜를 나누어주시는 것처럼 교회 안에서 성령의 은사들을 집행하신다고 믿어 의심하지 않는다…"

시프리안

카르타고의 주교 시프리안(Cyprian. AD?-258)은 플로렌티우스 푸피아누스에게 보낸 편지에서 "어떤 사람들이 꿈을 조롱하고 환상을 어리석게 여긴다는 것을 모르는 바 아니지만, 그것이 분명 교회의 감독을 믿기보다 감독에 대한 반대를 믿으려는 사람들에게 해당된다는 말이라는 것도 모르는 바 아닙니다!"라고 말했고, 다른 편지에서는 하나님께서 "많은 명백한 환상"을 통하여 교회의 공회를 인도하고 계시다고 말했다. 그는 자신이 밤에 환상을 보고 회심했기 때문에 그런 말을 하는 것이라고 그 편지의 수신자인 셀레리누스에게 설명했다.

락탄티우스

콘스탄틴 황제의 아들의 가정교사였던 락탄티우스(Lactantius. AD 240?-320?)는 《신의 기관》(Divinae Institutiones)이라는 저서의 한 장(章) '종교에서의 이성과 꿈과 점술과 신탁과 이와 유사한 조짐들의 사용에 대하여'에서 이방인은 물론 그리스도인들도 꿈을 통하여 미래에 대한 지식을 받았다는 사실을 입증하는 예들을 제시했다. 그는 논리적 오류의 예로, 꿈을 믿지 말라는 꿈을 꾼 어떤 사람에 대한 이야기를 들기도 했다.

콘스탄틴 대제

락탄티우스는 AD 300년에 콘스탄틴(Constantine. AD 274-337)에게 대승을 안겨주었던 하늘의 환상에 대해 기록했다. 그 이야기는 절박한 상황에 처하여 하나님께 도움을 청하는 콘스탄틴에게서 시작된다.

"결국 그는 하나님이 누구인지 계시해달라고 간청했고 오른팔을 펴서 그 난관을 타개할 수 있게 해달라고 간절하게 기도하며 그분을 불렀다. 그가 그렇게 뜨겁게 애원하며 기도하는 동안 매우 놀라운 징조가 하늘로부터 그에게 나타났다. 만일 다른 어떤 사람이 내게 그런 이야기를 했다면 정말 믿기가 어려웠을 것이다. 그러나 승리의 황제 자신이 그 일을 겪은 뒤 오랜 시간이 지나서 지인들과 세상 사람들에게 높이 우러름을 받을 때 나에게 직접 말했고, 황제 자신이 맹세로 자신의 진술을 확증했을 뿐 아니라 오랜 시간이 흐른 뒤에 실제로 나타난 증거들이 그것이 진실임을 뒷받침하고 있는 이상 누가 믿기를 주저할 수 있단 말인가?"

"그는 어느 날 오후, 날이 이미 저물기 시작했을 무렵, 태양 너머 높은 하늘에서 빛의 십자가를 보았고 거기에 '이것으로 정복하라!'라는 글자가 새겨진 것을 자신의 두 눈으로 똑똑히 보았다고 나에게 전했다. 황제는 그 장면에 대경실색했다고 하면서 당시 원정에 임했던 숱한 군사들도 그 이적을 목격했다고 말했다."

"처음에 황제는 그 허깨비 같은 기괴한 현상의 의미를 의심했다. 그 의미에 대해 곰곰이 생각하는 동안 날이 저물어 밤이 찾아왔다. 그런데 황제가 잠들었을 때, 하나님의 그리스도께서 황제가 낮에 하늘에서 보았던 것과 똑같은 상징을 들고 꿈에 나타나셨고, 낮에 하늘에서 보았던 상징과 비슷한 것들을 만들어 적과의 모든 교전에서 방호수단으로 사용하라고 명하셨다."

"황제는 다음 날 아침 일찍 일어나 부하들에게 그 기이한 일을 전했다. 그러고는 금 세공장들과 보석 세공장들을 불러 자신이 보았던 그 상징의 형태를 묘사한 뒤 금과 보석으로 그것을 만들라고 명했다. 그때 그들이 만든 그 상징을 나 자신도 보았다."

소크라테스

교회 역사가 소크라테스(Socrates. AD 380?-450?)는 안디옥의 이그나티우스가 꾸었던 꿈에 대해 언급했다. 이그나티우스는 번갈아가며 응답하는 방식으로 찬양하는 천사들의 환상을 보았다.

아타나시우스

알렉산드리아의 주교 아타나시우스(Athanasius. AD 295-373)는 기독교 변증의 대작으로 꼽히는 저서 《이단에 대항하여》(Against the Heathen)에서 말했다. "육신이 조용할 때, 쉴 때, 졸 때, 인간은 종종 내적으로 움직이면서 다른 고장으로 여행하거나 산책을 하거나 친구들을 만나는 등 자신의 마음 밖에 있는 것들을 본다. 그리고 종종 이러한 수단에 의해 그날의 일들을 예견하고 예상한다. 그런데 인간이 자신 너머에 있는 것들을 생각하고 인식하는 이것이 분별 있는 영혼에서 기인한 것이 아니면 어디에서 기인한 것일까?"

"… 왜냐하면 인간의 영혼은 육신과 결합하거나 하나가 될 때라도 육신이라는 작은 차원 안에 갇히거나 그것에 상응하지 않기 때문이다. 인간의 영혼은 육신이 죽은 것처럼 잠을 자면서 움직이지 않을 때에도 그 자체가 지닌 능력에 의해 깨어 있는 상태를 유지하며, 육신의 자연적인 능력을 초월하며, 육신 안에 있으면서도 마치 육신을 떠나 여행을 하듯 땅 위에 있는 것들을 상상하고 주시하며, 심지어는 종종 육신과 땅의 존재들 위에 있는 성도와 천사들과 대화를 나누기도 하며, 자신의 정결함을 확신하여 그들에게 접근하기도 한다. 그럴진대 육신과 영혼을 결합하신 하나님께서 정하신 때가 되어 그것이 육신으로부터 분리될 때에는 그것이 불멸의 지식을 한층 더 많이, 한층 더 명확하게 갖지 않겠는가?"

닛사의 그레고리

갑바도기아 출신의 교부인 닛사의 그레고리(Gregory of Nissa. AD 331-393)는 대표적인 철학 저서 《인간의 형성에 관하여》(On the Making of Man)에서 인간의 삶에서 꿈과 잠이 차지하는 위치와 의미에 대해 논했다. 그는 인간이 잠을 잘 때 감각과 이성은 쉬고 인간의 영혼 중에서 덜 이성적인 부분들이 등장하여 인간을 주관하는데, 이때 이성이 완전히 소멸되는 것이 아니라 지푸라기 더미에 덮인 불처럼 연기를 발산하면서 깨달음(현대의 꿈 연구가들이 소위 '부차적 정신활동'이라 일컫는)을 얻는다고 믿었다.

그는 계속 말했다. "이렇게 모든 사람들이 자신들의 마음의 안내를 받을 때, 하나님은 몇몇 사람들이 하나님과 명백한 교통을 하기에 부족함이 없다고 간주하신다. 그래서 꿈속의 상상이 대등하고 유사한 방법으로 모든 사람들에게 일어나지만 그중에 어떤 사람들이 자신들의 꿈을 수단으로 하나님의 나타나심을 체험하는 것이다…"

그의 논지는 인간 영혼의 비이성적인 부분(현대의 심층심리학이 '무의식'이라 일컫는 것)을 통해 알려지지 않은 방법으로 오는 자연스러운 통찰이 있는데, 하나님께서 바로 이 인간 영혼의 비이성적인 부분을 통하여 인간과 직접 교통하신다는 것이었다.

그다음으로 '꿈'이라는 주제를 완벽하게 총괄하면서 그것이 가질 수 있는 다른 의미들을 설명했다. 그는 꿈이라는 것이 한 인간이 매일 수행하는 직업과 한 인간의 생활에서 발생하는 사건들을 회상시킬 수도 있고, 배고픔이나 목마름 등의 신체 상태나 감정 상태를 반영할 수도 있고, 의학적 차원에서 신체의 질병에 단서를 제공할 수도 있다고 말했다. 그레고리는 미신적 견해를 피력하는 대신, 꿈에 대한 현대의 분석적 연구가 기초하고 있는 원리들을 조리 있게 설명했다.

또한 그는 '40명의 순교자들을 칭송하며'라는 제목의 설교에서 자신이 꾸었던 꿈에 대해 말했다. 언제인가 그가 순교한 일단의 군인들을 추도하는 의식에 참석했는데 갑자기 꿈을 꾸게 되었고, 그 꿈에서 순교자들이 나타나 그리스도인으로서 그의 나태함을 질책해 그것이 이후 그의 삶에 지대한 영향을 끼쳤다는 것이다.

닛사의 그레고리가 꿈이 인간의 자아 너머에 있는 깊은 것을 계시할 수 있다고 철학적으로나 실제적으로나 개인적으로 믿었다는 것은 명백하다.

위대한 바실

갑바도기아 출신의 교부로서 동방교회의 수도원을 창시했던 바실(Basil the Great, AD 329-379)은 이사야서 주석에서 "꿈의 불가해성은 성경에서 비유적 의미나 감추어진 의미로 상징되었던 것들과 매우 유사하다. 그래서 요셉과 다니엘 두 사람이 예언의 은사를 통해 꿈을 해석하곤 했다. 이성의 힘 그 자체는 진리에 도달할 만큼 그렇게 강하지 못하기 때문이다"고 말했다.

한번은 자신의 꿈을 해석해달라고 청하는 어떤 여성의 편지를 받고 그녀의 꿈을 해석하여 답장을 보냈다. 이때 그녀에게 보낸 편지는 그가 꿈을 매우 진지하게 받아들이고 있었다는 점을 암시한다. 그는 그녀의 꿈이 의미하는 것이 바로 '하나님께서 환상 속에서 자신을 드러내시는 것이 예사이므로 영적으로 환상을 응시하고 계발하기 위해 더 많은 시간을 보내야 한다는 것'이라고 말했다.

나지안주스의 그레고리

콘스탄티노플의 대감독 나지안주스의 그레고리(Gregory of Nazianzus, AD 329-389)는 자신의 두 번째 시집에서 "하나님은 소년이던 나를 밤의 꿈속에서 부르셨고 나는 지혜의 목표에 도달하게 되었다"고 기록했다. 그는 다른 책에서, 밤에 본 그 환상이 그의 삶 전체를 하나님을 위해 활활 타오르게 만든 불꽃이었다고 말했고, 또 다른 책에서는 귀신도 인간의 꿈을 통해 말할 수 있는 능력을 소유하고 있다고 하면서 "꿈이라는 가짜 모조품을 지나치게 믿지 말라! 어떤 것에 의해서도 겁을 먹지 말라! 유쾌한 환상에 의해 자신을 부풀리지 말라! 귀신이 당신을 잡으려고 너무나 종종 그런 덫을 놓기 때문이다!"라고 경고했다.

존 크리소스톰

콘스탄티노플의 대주교 존 크리소스톰(John Chrysostom, AD 345-407)은 사도행전 주석 제1장에서 "어떤 사람에게는 은혜가 꿈을 통해 부여되고 어떤 사람에게는 직접 바로 쏟아진다. 선지자들은 정말 꿈속에서 영적인 것들을 보고 계시를 받았다"고 진술했다. 그는 하나님의 뜻에 자신의 뜻을 굴복시킨 사람들에게는 환상이나 깜짝 놀랄 하나님의 현현이 필요하지 않기 때문에 하나님께서 그런 사람들에게 꿈을 통해 말씀하시는 것이라고 말하면서, 그 진리에 대한 예로 예수님의 직계 조상인 요셉과 베드로와 바울을 들었다.

시네시우스

키레네의 주교 시네시우스(Synesius, AD 373-414)는 전적으로 꿈을 다룬 책을 저술했다. 그는 그 책에서 말했다. "어떤 사람은 깨어 있을 때에 배우고 어떤 사람은 잠을 잘 때에 배우고… 깨어 있는 상태에서는 인간이 선생이 되지만 꿈을 꿀 때는 하나님이 선생이 되신다. 하나님은 꿈을 꾸는 사람을 하나님의 용기로 비옥하게 하여, 배우는 것과 성취하는 것이 동일한 것이 되도록 하신다. 그렇다면 풍성한 열매를 맺는 것이 가르치는 것보다 더 낫지 않겠는가?"

시네시우스는 꿈에 대해 논할 수밖에 없는 타당한 이유들을 설명한 뒤에 꿈을 연구함으로써 얻을 수 있는 축복들을 열거했다. 그의 말을 따르면, 꿈에 대한 적절한 연구는 하나님이 주시는 인상을 명확히 받는 정결한 영혼들에게 장래에 대한 지식을 줌과 아울러 그것이 내포하는 모든 의미를 깨우쳐준다. 또한 꿈은 신체의 기능 부전에 대한 중요한 정보들과 그것을 치유하기 위한 방법을 제공한다.

더 중요한 점은 꿈이 인간의 영혼을 영적인 것들에 대해 고려하는 데로 데려간다는 것과 그래서 설령 그것이 장래에 대한 것들을 알려주면서 시작되더라도 마침내는 인간의 영혼을 하나님께로 돌리고 하나님을 향한 사랑을 발달시킨다는 것이다. 또한 시네시우스는 자신이 저술 작업을 할 때나 다른 목표를 추구할 때 꿈을 통해 어떻게 도움을 받았는지, 그리고 또 이 꿈이 인생의 어려움에 짓눌린 사람들에게 얼마나 큰 소망을 주는지에 대해 기록했다.

그는 대중적인 해몽서를 의지하는 사람들을 비판하면서, 꿈이라는 것은 꿈을 꾸는 사람 본인의 체험과 지속적으로 비교함으로써만 이해할 수 있다고 주장했다. 그는 꿈의 본질적인 특징이 '개인적'이라는 것이므로 꿈은 꿈꾸는 사람 본인이 자신의 삶을 기초로 이해해야 한다고 보았다. 꿈 가운데는 하나님의 직접적인 계시도 있지만 그 내용이 모호하여 해석하기 까다로운 것들도 많다. 이에 대하여는 꿈에 대해 진지하게 연구하는 사람이라면 누구든지 깨어 있을 때의 삶은 물론 잠을 잘 때의 삶도 알기 위해 자신이 꿈 꾼 것들을 기록해야 할 것이라고 제안했다.

심지어 그는 꿈과 신화(神話)가 상관관계를 갖고 있다고 말하면서, 신화가 꿈에 근거한 것이라는 개인적인 견해를 피력하기도 했다. 신화에 대해 진짜로 관심을 갖고 있는 사람은 자신의 꿈의 중요한 의미를 깨닫는

데 도움을 받을 수 있다.

마지막으로 그는 꿈이 영생에 대한 힌트를 준다고 확신하는 이유를 제시했다. 잠을 자는 상태와 깨어 있는 상태의 관계가 사후의 영혼의 삶과 꿈속의 삶의 관계와 동일하므로, 이 꿈속의 삶이 사후의 영혼에 의해 주도되는 삶의 종류를 가늠할 수 있게 해준다는 것이다.

암브로즈

밀라노의 감독 암브로즈(Ambrose. AD 333-397)는 로마의 데오도시우스 황제에게 회개를 촉구하는 편지를 보냈다. 그는 그 유명한편지에서, 하나님께서 자신의 꿈속에 나타나시어 만일 황제가 회개하지 않으면 황제 앞에서 성찬식을 베풀지 말라고 명하셨다고 선언했다. 암브로즈는 극적인 어조로 말했다. "황제께서 혼자 읽도록 저 또한 직접 이 편지를 쓰고 있습니다… 저는 경고를 받았습니다. 사람에 의한 것도 사람을 통한 것도 아닙니다. 하나님 바로 그분께서 경고하신 것입니다. 제가 성찬식 준비를 하고 있던 바로 그날 밤에 무척이나 번민하고 있을 때, 황제께서 저의 꿈속에 나타나 교회에 들어오셨습니다. 그러나 저는 황제께 성만찬을 베풀어도 좋다는 허락을 받지 못했습니다… 우리 하나님은 여러 가지 방법으로 경고하십니다. 때로는 하늘의 표징으로, 때로는 선지자들의 명령으로 경고하십니다. 심지어 죄인들의 꿈에 나타나시어 교회의 믿음과 평화를 훼방하는 모든 것을 제거해달라고 간청해야 한다는 것과 교회의 믿음과 평화를 지켜달라고 구해야 한다는 것을 깨우쳐주십니다!"

어거스틴은 하나님께서 암브로즈의 꿈에 나타나 순교자 두 명이 버려진 곳을 계시해주셔서 교회가 그들의 시신을 수습하여 장례를 치렀다고 말했다.

암브로즈는 이 편지 외의 많은 신학적 저작들에서, 천사의 능력은 성령께 예속되어 있고 또 성령에 의해 움직이므로 인간의 꿈을 통하여 말하는 천사는 성령의 지시를 따라 움직이는 것이라고 말했다.

어거스틴

어거스틴(Augustine. AD 354-430)은 그리스도인의 삶에서 꿈이 차지하는 위치와 그것에 대한 자신의 이해에 대해 폭넓게 저술했다. 인간의 인식에 대한 그의 연구는 고대 세계의 누구의 연구보다 더 정교했다. 그는 실체라는 것이 인간의 신체로 반응하는 외적 대상과 그러한 감각기관의 경험이 주는 '인상', 즉 성질상 '정신적인' 인상으로 구성되어 있다고 하면서, 우리가 이 감관 경험을 내적으로 인식하고 그렇게 인식한 것들을 자아의 행위를 통하여 다시 대상과 연결하는 것이라고 말했다.

그는 인간이 갖고 있는 상상력이라는 재주를 대상과 의식을 중재하는 다리라고 일컬음으로써 키레네의 시네시우스와 거의 유사한 견해를 나타냈다. 어거스틴은 인간이 감관 경험이 제공하는 것들을 받아들이고 중재하는 외적인 눈과 그렇게 모이고 축적된 '기억'이라 불리는 정신적인 실체들을 관찰하고 다루는 내적인 눈을 갖고 있다고 보았다.

또한 인간의 외적 인식에서 비롯된 실체들과 '기억'이라는 내적 인식에서 비롯된 실체들 이외에도, 자율적인 영적 실체들(천사나 귀신)이 존재하며 그것들이 그들 자신을 인간의 내적인 눈에 직접 나타낼 수도 있다고 말했다. 그렇게 인간의 내적인 눈에 나타난 영적 실체들은 인간이 내적으로 인식하여 축적한 정신적 실체들과 본질적인 성질이 같다. 그러므로 어거스틴은 인간이 잠을 자거나 황홀경에 빠진 상태에서 자신의 기억에 있는 것들을 체험할 수도 있고 또 "그것과 유사한 영적 본질을 지닌 영적 실체들의 혼합을 통하여 다른 감추어진 기운"을 체험할 수도 있다고 보았다.

이 자율적 실체들은 육신이 없다. 하지만 그들은 우리가 외적인 눈으로 체험할 수 있도록 육신의 외관을 취할 수도 있고, 우리가 내적인 눈을 통하여 의식할 수 있도록 우리의 꿈이나 환상이나 황홀경 속에서 그들 자신을 자연스럽게 직접 나타낼 수도 있다. 그러므로 인간은 꿈을 꿀 때에 외적 감관에 의해 축적된 무의식의 기억과 이 자율적 존재들의 자연스러운 나타남으로 가득한 창고를 선사받는 것이며, 초기의 교부들이 "영의 영역"이라 불렀던 세계에 접근하는 것이다.

천사들이 인간의 영혼과 직접 접촉하여 메시지를 제시하는 것처럼 귀신들도 그렇게 한다. "그러나 귀신들은 그럴듯하고도 은밀한 방법으로 인간을 설득한다. 귀신들은 육신을 갖고 있지 않은 덕택에, 인간이 깨어 있든지 잠을 자든지 그들 자신을 인간의 생각과 혼합해버리는 가공(架호)의 환상을 통하여 인간이 모르는 사이에 인간의 육신 안에 들어온다."

어거스틴은 자신의 수많은 저작에서 꿈과 환상에 대한 이론을 전개함과 아울러 하나님의 섭리에 의한 꿈들의 예를 들었다. 그 가운데 가장 중요한 것의 하나는 그의 모친 모니카가 꾼 꿈이었다.

어느 날 모니카는 자신이 측량도구 위에 서 있는 것을 보았다. 빛나는 미소를 지닌 청년 하나가 그녀에게 다가왔고, 그녀가 곧 울음을 터뜨리자 청년은 이유를 물었다. 그녀는 자기 아들이 아직 그리스도께 돌아오지 않아 슬프기 때문이라고 말했다. 그러자 그 청년이 보라고 말했다. 그 순간, 그녀가 서 있는 눈금과 동일한 눈금 위에 어거스틴이 서 있는 것이 보였다.

그녀는 곧 위안을 받았고, 그 상징이 주는 의미를 깨달은 뒤, 아들이 회개하도록 인내와 소망으로 기도할 수 있었다. 모니카가 받았던 환상들과 꿈들에 대한 이야기는 어거스틴은 '고백록'에 몇 차례 언급되어 있다.

제롬

성경을 라틴어로 번역한 제롬(Jerome. AD 345-420)은 젊은 시절에 성경을 읽을까 고전을 읽을까 고민하다가 꿈을 꾸었다.

"갑자기 내 영이 무엇인가에 붙들려 심판의 보좌 앞에 끌려가게 되었다. 심판의 보좌는 찬란한 빛으로 환하게 빛났고 그 주변에 있는 사람들도 밝은 빛을 발산했다. 그래서 나는 즉각 땅에 엎드렸고 감히 고개를 들어 위를 올려다보지 못했다. 심판의 보좌에서 음성이 나와 내가 누구며 무엇을 하는 자이냐고 묻기에 '나는 그리스도인입니다!'라고 대답했다. 그러자 그곳에 앉아 있는 이가 '거짓말하지 마라! 너는 키케로(로마의 정치가, 법률가, 학자)를 따르는 자이지 그리스도를 따르는 자가 아니다! 네 보화가 있는 곳에 네 마음도 있기 때문이다!'라고 말했다. 순간, 나는 벙어리처럼 말을 잃었고 곧 채찍의 고통을 느꼈다. 그분께서 내게 태형의 벌을 내리셨기 때문이었다. 그러나 '스올에서 주께 감사할 자 누구리이까'(시 6:5)라는 말씀이 자꾸 떠올라 채찍의 고통보다 양심의 따끔거림에 의해 더 가혹한 고문을 받았다."

"그럼에도 나는 흐느끼면서 눈물을 쏟았고 '오, 주여! 자비를 베푸소서! 자비를 베푸소서!'라고 간청했다. 나는 채찍을 맞으면서 계속 크게 울부짖었다. 마침내 심판의 보좌 옆에 있던 사람들이 보좌에 앉으신 이 앞에 무릎을 꿇더니 젊은 나를 불쌍히 여겨달라고 간청하기 시작했다. 이에 그분께서는 내게 회개할 시간을 허락하셨다. 나를 위해 기도해준 사람들은 혹이라도 내가 다시 이방의 책을 읽고 또… 하면, 그분께서 계속 징벌을 내리실 것이라 주의를 주었다."

"그래서 나는 맹세를 했고, 그분의 이름을 부르면서 '주여! 제가 다시 세상의 책을 소유하거나 혹 읽는다면 그것이 제가 주님을 부인하는 것입니다!'라고 말했다. 이렇게 맹세하자마자 나는 주님의 면전을 떠나 세상으로 돌아오게 되었다. 그리고 정말 놀랍게도 내가 이 이야기를 사람들에게 했을 때, 나의 두 눈이 얼마나 진한 눈물에 젖어 있었던지 가장 회의적인 사람들조차 나의 비탄을 보고 확신하게 되었다. 내가 보았던 것은 사람들이 종종 비웃는 졸음이나 어리석은 꿈이 아니었다. 납작 엎드린 내 앞에 있던 빛나는 심판의 보좌가, 나로 하여금 두려움에 떨게 했던 그 무서운 심판이… 그리고 진실로 고백하건대 지금까지 실제로 검푸르게 멍이 들어 있는 나의 어깨가, 그 꿈에서 깨어난 후에도 오랫동안 낫지 않은 채찍의 상처가, 그리고 내가 지금 이전에 인간의 책을 읽을 때보다 훨씬 더 열정적으로 하나님의 책을 읽고 있다는 사실이 그것의 증거이다!"

제롬은 성경을 읽으면서 꿈과 환상의 가치를 귀하게 여기게 되었다. 그는 예레미야서 23장 25절을 주해할 때 예레미야 선지자의 우려에 공감하면서 꿈은 하나님께서 계시의 도구로 이용하시는 일종의 예언이라고 말했다. 그러므로 인간의 삶이 하나님을 향하기만 하면 꿈은 하나님의 귀한 계시가 될 수 있지만, 하나님을 섬기는 대신에 자아의 이익을 섬기는 사람들이 자신들을 위해 꿈을 구하고 해석할 때는 우상이 될 수 있다.

꿈의 가치는 그것을 구하는 사람과 해석하는 사람에 따라 좌우된다. 때로 하나님은 하나님의 종들이 불의한 이들에게 지혜를 나타내 보이도록 바로나 느부갓네살 같은 불의한 이들에게 꿈을 보내신다. 그러므로 꿈을 해석하는 것은 하나님 말씀을 가진 사람들의 책무로 돌아가야 한다.

하나님 말씀은 이교도의 제의(祭儀)로는 구할 수 없다. 제롬은 이사야서 65장 4절의 주해에서 이사야 선지자의 어조를 따라 "무덤 사이와 우상의 신전에 앉아 꿈이나 가증스러운 행위로 미래의 일을 점치기 위해 익숙하게 하던 대로 제물로 바쳐진 짐승의 가죽에 벌렁 드러눕는 자들"을 신랄하게 비판했다. 그러나 나중에 갈라디아서를 주해할 때는 특별히 "바울에게 참된 빛을 가져다주었던" 사도행전 16장의 환상에 비추어 꿈을 장려했다.

제롬은 꿈과 환상에 어떤 차이도 두지 않고 둘 다를 귀하게 여겼다. 그러나 매우 유감스럽게도 그는 교회로 하여금 이러한 체험들을 거리끼게 만드는 근거를 견고하게 확립해놓고 말았다. 레위기 19장 26절과 신명기 18장 10절을 라틴어로 번역하면서 '아난'(구약에서 총 10회 나오는 단어로, 현존하는 거의 모든 성경번역본이 '짐을 치는 것' 혹은 '점쟁이'라 번역하고 있다)이라는 히브리어를 다른 문맥과는 다르게 번역했기 때문이었다. 그것은 명백한 오역이었다. 그는 "점을 치지 말며 술법을 행하지 말며"라는 율법을 "점을 치지 말며 꿈을 주목하지 말며"라는 금령(禁令)으로 바꾸어놓고 말았다.

벌게이트(Vulgate. 제롬이 번역한 라틴어 성경)의 권위를 인정하던 교회는 꿈을 '점을 치는 것'과 점쟁이들의 말을 듣는 미신적 행위와 동일한 것으로 분류하게 되었고, 이후 교회는 1천 년의 암흑기에 들어가게 된다. 제롬 이후부터 토머스 아퀴나스의 저작이 나올 때까지 꿈과 환상에 대해 말하는 교회사의 자료는 거의 찾아보기 힘들다.

토머스 아퀴나스

아리스토텔레스의 철학에 지대한 영향을 받은 아퀴나스(Thomas Aquinas. AD 1225?-1274)는 기독교를 아리스토텔레스의 세계관으로 축소시켰다. 그 세계관은 직접적인 영적 접촉의 여지를 허락하지 않았으므로, 꿈과 환상 역시도 천사와 마귀에 대한 체험과 영적 치유와 방언과 다른 이적들과 마찬가지로 교회의 관심에서 제외되었다.

그러나 그는 마지막 생애를 평생에 저술했던 사상과 완전히 상반되게 보냈다. 그가 삼중(三重)의 꿈 체험을 통해 하나님과의 직접적인 관계에 들어갔고 이후에 책을 쓰거나 받아쓰게 하는 것을 중단했기 때문이었다. 그는 저술을 계속하라는 주변의 권고를 받았을 때 "더 이상 쓸 수 없습니다. 너무도 놀라운 것들을 계시로 받아서, 무엇을 쓴다 해도 지푸라기처럼 보일 뿐더러 지금 나는 죽음을 기다리고 있기 때문입니다!"라고 대답했다. 이것은 교회로 하여금 꿈에 대한 시각을 수정하고 전능하신 하나님으로부터 오는 계시를 인간의 마음에 전하는 꿈의 능력을 다시 주목하게 하는 전환점이 되었다.

그러나 아퀴나스 이후 꿈의 가치에 관한 교회의 견해가 방향을 바꾸기 시작한 것도 사실이지만, 현대의 합리주의와 궤를 같이 하면서 성경과 초대 교회 교부들의 가르침에서는 완전히 이탈한 견해가 오늘의 교회를 지배하고 있는 것도 사실이다. 오늘의 교회는 하나님께서 꿈과 환상을 매개로 그분의 자녀들과 실제로 교통하신다고 주장하는 사람을 여전히 곱지 않은 눈으로 보고 있다.

아브라함 링컨

아브라함 링컨(Abraham Lincoln)은 암살을 당하기 며칠 전, 자신의 죽음이 임박했음을 알리는 꿈을 꾸었다. 링컨의 경우 말고도 꿈의 가치를 입증하는 현대의 사례들을 얼마든지 제시할 수 있지만 그것이 우리의 목표는 아니므로 생략하기로 하겠다. 서점에 나가면 그리스도인들에게 꿈의 해석을 위한 철학적 신학적 근거를 제시하는 서적들도 많고, 현대의 그리스도인들이 체험하고 있는 다양한 꿈과 환상에 대한 간증을 실은 책들도 많으니 참고하기 바란다.

우리가 이번 연구에서 계속 살핀 것처럼 초대 교회의 교부들은 꿈과 환상을 서로 바꾸어 쓸 수 있는 것으로 여겼다. 고로 이 연구의 상당 부분이 주로 꿈에 집중되어 있더라도 그것이 넓은 의미에서 환상도 포함하고 있는 것이리 생각해야 할 것이다.

지금은 교회가 꿈과 환상과 계시에 대한 성경의 이해로 돌아가야 할 때다!

하나님과 대화하기

초판 1쇄 발행	2018년 12월 24일
초판 2쇄 발행	2019년 2월 11일

지은이	마크 & 페티 버클러		
옮긴이	배웅준		
펴낸이	여진구		
책임편집	안수경, 최현수		
편집	김아진, 권현아, 이영주, 김윤향		
책임디자인	마영애 ǀ 노지현, 조아라		
기획·홍보	김영하	해외저작권	기은혜
마케팅	김상순, 강성민, 허병용	마케팅지원	최영배, 정나영
제작	조영석, 정도봉	경영지원	김혜경, 김경희
이슬비전도학교	최경식	303비전성경암송학교	박정숙
303비전장학회 & 303비전꿈나무장학회	여운학		

펴낸곳	규장
주소	06770 서울시 서초구 매헌로 16길 20(양재2동) 규장선교센터
전화	02)578-0003 팩스 02)578-7332
이메일	kyujang0691@gmail.com 홈페이지 www.kyujang.com
페이스북	facebook.com/kyujangbook 인스타그램 instagram.com/kyujang_com
카카오스토리	story.kakao.com/kyujangbook
등록일	1978.8.14. 제1-22

ⓒ 한국어 판권은 규장에 있습니다.
이 출판물은 저작권법에 의해 보호를 받는 저작물이므로 무단 전재와 무단 복제를 할 수 없습니다.

책값 뒤표지에 있습니다.
ISBN 978-89-6097-563-7 03230

규 ǀ 장 ǀ 수 ǀ 칙

1. 기도로 기획하고 기도로 제작한다.
2. 오직 그리스도의 성품을 사모하는 독자가 원하고 필요로 하는 책만을 출판한다.
3. 한 활자 한 문장에 온 정성을 쏟는다.
4. 성실과 정확을 생명으로 삼고 일한다.
5. 긍정적이며 적극적인 신앙과 신행일치에의 안내자의 사명을 다한다.
6. 충고와 조언을 항상 감사로 경청한다.
7. 지상목표는 문서선교에 있다.

하나님을 사랑하는 자 곧 그의 뜻대로 부르심을 입은 자들에게는 모든 것이 합력하여 善을 이루느니라(롬 8:28)

규장은 문서를 통해 복음전파와 신앙교육에 주력하는 국제적 출판사들의 협의체인 복음주의출판협회(E.C.P.A:Evangelical Christian Publishers Association)의 출판정신에 동참하는 회원(Associate Member)입니다.